善積 章

理系が解く『日本書紀』の謎

前方後円墳時代の王朝史復元

彩流社

まえがき

平成から令和へと元号が改まりましたが、未だ『古事記』と並ぶ日本最古の歴史書である『日本書紀』には、数多くの謎が残されています。今回、古代の大王制から天皇制へと移る時期の謎に的を絞って論考を行い、真実の歴史を探求したいと思います。話は全体におよびますが、主に宇治谷孟《つとむ》著『日本書紀・全現代語訳』の上巻部分に相当する初代神武《じんむ》天皇から、飯豊《いいとよ》天皇などを経て、継体《けいたい》天皇までの王朝史の復元です。

解析の方法は、畿内に造られた巨大大王墓の築造時期や分布等が大王権力のありかを示しているとの考えをベースに、『日本書紀』、『古事記』、『三国史記』、さらに金石文などの各記録が一致するのか、しないのかの検証を行い、より真実に近いと思われる歴史を追究します。

神武天皇から継体天皇までの王朝の初期段階は、いまだ共立王的大王制であり、その後、欽明《きんめい》天皇から専制王としての天皇制が始まると考えます。なお、天皇称号の使用については推古《すいこ》朝からと云う説が有力です。河内国分《かわちこくぶ》にある松岳山《まつおかやま》古墳出土とされる銅板製の「船氏王後墓誌《ふなしおおごぼし》」に「等由羅宮《とゆらのみや》（豊浦宮）治天下天皇」との、おそらくは推古天皇に関する記述が見られます。

この船氏王後の首《おびと》の墓誌が築造時期に埋められたものか、追葬時のものかは不明ですが、西暦六六三年頃に作成されたものといわれています。

大和・河内を中心として造られた大王古墳の分布を調べると、崇神《すじん》天皇の時代の奈良盆地には、大型王墓群が分散して築造されている事から、当時は有力豪族による共立王の時代であったと推論できます。

これらの大型古墳は、その後、三輪《みわ》山麓から徐々に西進し、盆地西北部の沙紀《さき》の地へ、さらに大和から河内に入る手前の地である馬見《うまみ》に移り、古代河内の中心地であった古都古市《ふるいち》に、その後、大阪湾へと進み、難波津《なにわのつ》の南、百舌鳥野《もずの》に至り、日本最大の大仙陵《だいせんりょう》古墳が造られます。百舌鳥野の三基の巨大な御陵《ごりょう》古墳以降の大型古墳は、河内の大塚山古墳から、最後は、五条野丸山《ごじょうのまるやま》古墳へと、再び大和にもどります。

河内大塚山古墳（墳丘長《ふんきゅうちょう》三三〇米《メートル》）を、継体大王の未完墓とする説が有力です。継体大王期に九州北部の勢力である筑紫国造磐井《つくしくにのみやつこいわい》を打ち破り、毛人《もうじん》の住む東国を除いて、ほぼ日本列島全土の統一が成りました。これを受けて制度的にも、統一王朝を確立していったのが欽明天皇と四人の御子（敏達《びたつ》、用明《ようめい》、崇峻《すしゅん》、推古天皇）です。これらの推論から、大倭《やまと》の時代を終らせ、新たに日本国を創始した栄誉は、欽明帝に帰すべきだと考えます。

では『日本書紀』の森に分け入りたいと思います。

理系が解く『日本書紀』の謎☆目次

本書に登場する歴代天皇（天皇号と天皇御名、『日本書紀』／『古事記』、◎は各章の表題に採用の天皇、皇后）

初代◎神武《じんむ》天皇（かむやまといわれびこ）
　神日本磐余彦／神倭伊波礼毘古命
2　綏靖《すいぜい》天皇（かむぬなかわみみ）
　神渟名川耳／神沼河耳命
3　安寧《あんねい》天皇（しきつひこたまてみ）
　磯城津彦玉手看／師木津日子玉手見命
4　懿徳《いとく》天皇（おおやまとひこすきとも）
　大日本彦耜友／大倭日子鉏友命
5　孝昭《こうしょう》天皇（みまつひこかえしね）
　観松彦香殖稲／御真津日子訶恵志泥命
6　孝安《こうあん》天皇（やまとたらしひこくにおしひと）
　日本足彦国押人／大倭帯日子国押人命
7　孝霊《こうれい》天皇（おおやまとねこひこふとに）
　大日本根子彦太瓊／大倭根子日子賦斗邇命
8　孝元《こうげん》天皇（おおやまとねこひこくにくる）
　大日本根子彦国牽／大倭根子日子国玖琉命
9　開化《かいか》天皇（わかやまとねこひこおおひひ）
　稚日本根子彦大日日／若倭根子日子大毘毘命
10代◎崇神《すじん》天皇（みまきいりびこいにえ）
　御間城入彦五十瓊殖／御真木入日子印恵命
11　垂仁《すいにん》天皇（いくめいりびこいさち）
　活目入彦五十狭茅／伊久米伊理毘古伊佐知命
12　景行《けいこう》天皇（おおたらしひこおしろわけ）
　大足彦忍代別／大帯日子淤斯呂和気天皇
13　成務《せいむ》天皇（わかたらしひこ）
　稚足彦／若帯日子天皇
14　仲哀《ちゅうあい》天皇（たらしなかつひこ）
　足仲彦／帯中日子天皇
◎神功《じんぐう》皇后（おきながたらしひめのみこと）
　気長足姫尊／息長帯比売命
15◎応神《おうじん》天皇（ほむた）
　誉田（別）／品陀和気命
16◎仁徳《にんとく》天皇（おおさざき）

大鷦鷯／大雀命

17 履中《りちゅう》天皇（いざほわけ）
去来穂別／伊耶本和気王

18 反正《はんぜい》天皇（みづはわけ）
瑞歯別／水歯別命

19◎允恭《いんぎょう》天皇（をあさづまわくごのすくね）
雄朝津間稚子宿禰／男浅津間若子宿禰命

20代 安康《あんこう》天皇（あなほ）
穴穂／穴穂御子

21◎雄略《ゆうりゃく》天皇（おおはつせのわかたけ）
大泊瀬幼武／大長谷若建命

22 清寧《せいねい》天皇（しらかのたけひろくにおしわかやまとねこ）
白髪武広国押稚日本根子／白髪大倭根子命

飯豊《いいとよ》天皇（おしぬべのひめみこ）
忍海部女王

23 顕宗《けんぞう》天皇（をけ）
弘計／袁祁之石巣別命

24 仁賢《にんけん》天皇（おけ）
億計／意祁王

25 武烈《ぶれつ》天皇（おはつせのわかさざき）
小泊瀬稚鷦鷯／小長谷若雀命

26◎継体《けいたい》天皇（をほど）
男大迹／袁本杼命

27 安閑《あんかん》天皇（ひろくにおしたけかなひ）
広国押武金日／広国押建金日王

28 宣化《せんか》天皇（たけおひろくにおしたて）
武小広国押盾／建小広国押楯命

29 欽明《きんめい》天皇（あめくにおしはらきひろにわ）
天国排開広庭／天国押波流岐広庭天皇

30代 敏達《びたつ》天皇（ぬなくらのふとたましき）
渟中倉太珠敷／沼名倉太玉敷命

31 用明《ようめい》天皇（たちばなのとよひ）
橘豊日／橘豊日王

32 崇峻《すしゅん》天皇（はつせべ）
泊瀬部／長谷部若雀天皇

33 推古《すいこ》天皇（とよみけかしきやひめ）
豊御食炊屋姫／豊御食炊屋比売命

34 舒明《じょめい》天皇（おきながたらしひひろぬか）
息長足日広額

◇一話完結方式を採用していますので、内容が重複している場合があります。
◇図表番号については、各話毎に①から始まる番号付けを行っています。
◇歴史に関する内容なので、旧仮名遣いや、メートル法による記述でない場合があります。
◇本書の内容に含まれる引用部分については、著作権法に従い、引用原典を記述しています。

＊＊＊

◇本書では、和泉国は霊亀二年（七一六年）に河内国から分れた為、地域分けでは河内国としています。
◇天皇名については、宇治谷孟著『日本書紀』を基本とし、必要に応じて次田真幸著『古事記』の記述に従います。
◇難漢字の場合、最も意味の近い漢字や、簡略字で代用している場合があります。
◇古代尺については、時代により長さが変わりますが、本書では、古墳時代前半期に用いられた歩＝一・三八三メートルで換算しています。

プロローグ——巨大大王墓の分布

令和元年（西暦二〇一九年）七月六日、国連機関・ユネスコは、古代エジプト王朝の大ピラミッド群や中国古代の秦《しん》の始皇帝陵《しこうていりょう》に匹敵する世界最大級の墳墓である大仙陵《だいせんりょう》古墳（堺市）や誉田御廟山《こんだごびょうやま》古墳（藤井寺市）を含む旧河内国《かわちのくに》に築造された多数の大型古墳群を世界文化遺産に登録すると決定しました。

大阪で初の世界遺産となる百舌鳥《もず》・古市《ふるいち》古墳群は、百舌鳥野エリア（堺市）と古市エリア（羽曳《はびき》野《の》市、藤井寺市）にある計四十九基の古墳で構成されます。それらは、四世紀後半から五世紀後半の約一世紀間に築かれました。大和と大阪湾岸を結ぶ東西交通路である長尾街道（大津路）や竹ノ内街道（丹比《たじひ》路）の西端部である大阪湾岸（百舌鳥）と、湾岸から大和に至る街道の中間地点に位置する古都古市の地域に造られ、今日まで長く大切に保存されてきました。

図①に、三世紀後半から六世紀初頭の期間に畿内各地に築かれた大王墓（概ね、墳丘長《ふんきゅうちょう》が約二〇八米《メートル》・古代尺一五〇歩《ぶ》以上）の古墳について、推定される築造時期毎に、古墳名、墳丘長、現御陵名を示しました。これらの古墳はすべてが前方後円墳です。今回、世界文化遺産となったのは、図①・下段の河内エリアの古墳群である事が分かります。

大型前方後円墳の嚆矢《こうし》は、大和の国の東部、三輪《みわ》山に近い箸中にある三世紀後半に築かれたとされる箸墓《はしはか》古墳です。平地に築かれ、水濠を有しています。大きさは墳丘長二七八米（設計墳丘長・古代尺で約二〇〇歩）で、基本的な大王墓の大きさと考えられる墳丘長一五〇歩を優に超えています。この箸墓には、巫女《みこ》王伝説や築造伝説が残っています。箸墓古墳を『三国志』魏志東夷伝倭人条（以下、『魏志』倭人伝）記載の倭《わ》の女王卑弥呼《ひみこ》の王墓とする説がありますが、第一話の検証で、倭国は北九州王権との考察から、箸墓は大和の巫女王の陵墓《りょうぼ》と推論しました。

卑弥呼の「径百餘歩（倭人伝）」のおそらく円墳は、卑弥呼死去以降の三世紀後半に造られましたので、箸墓と同時期の築造ではありません。一方、箸墓は、前方後円墳として築かれています。なお、

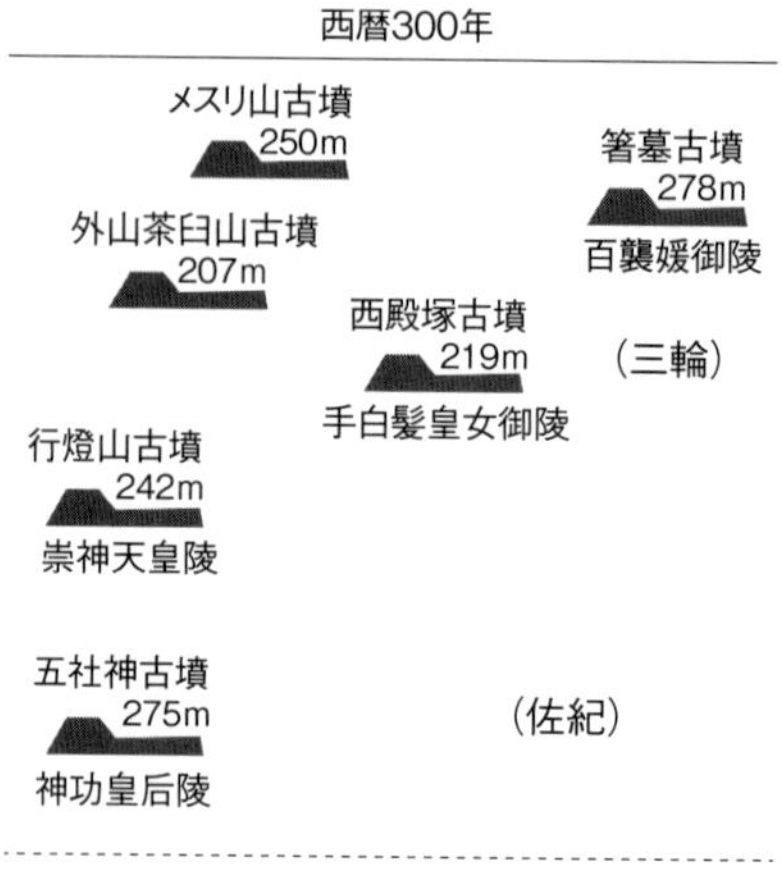

注記：概ね墳丘長 208m（150 歩）以内の古墳

図① 畿内大型古墳の分布と御陵名（宮内庁比定）

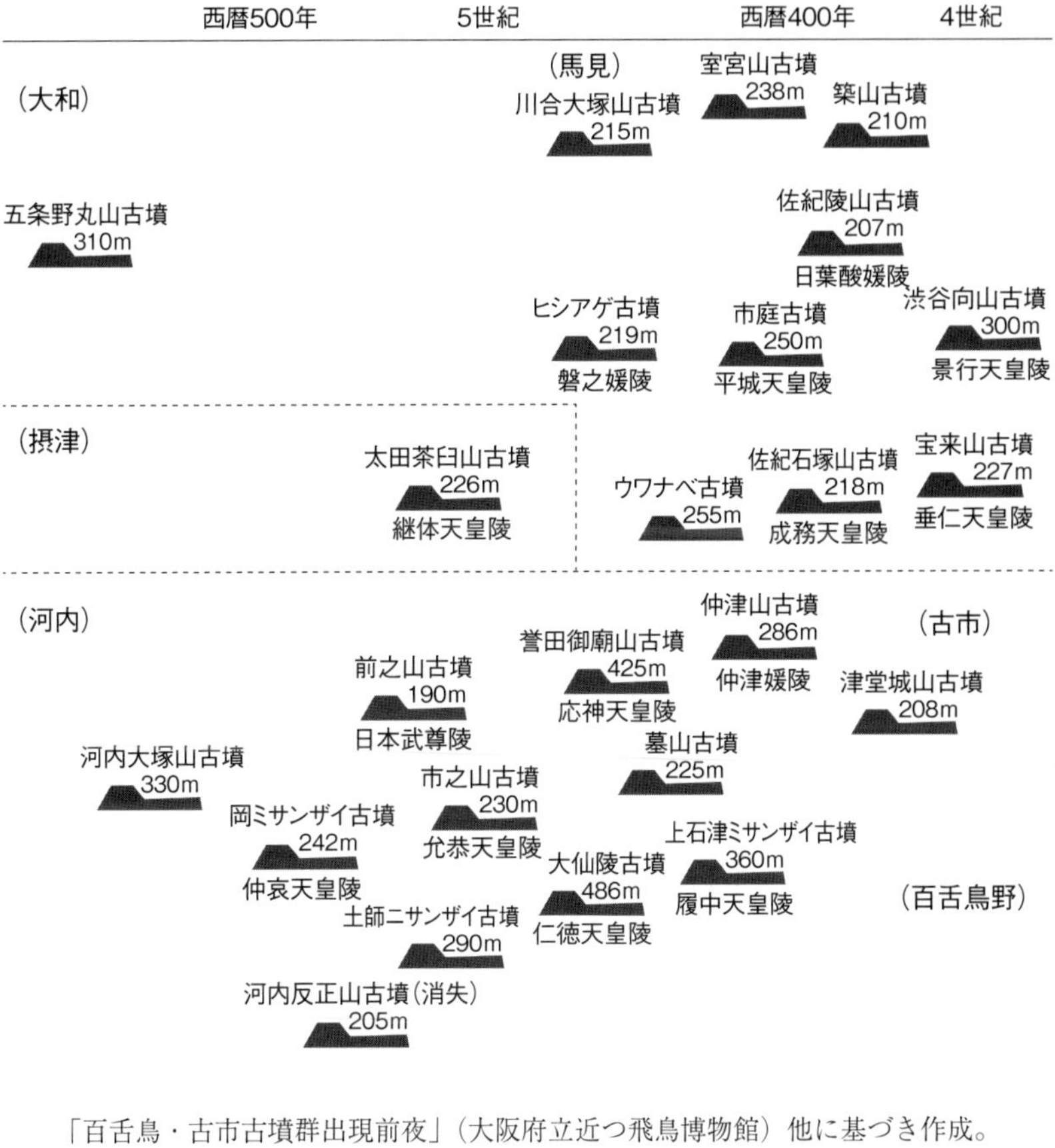

「百舌鳥・古市古墳群出現前夜」（大阪府立近つ飛鳥博物館）他に基づき作成。

この墳形の由来については諸説ありますが、すなおに考えてみます。古墳時代前期には大和盆地を取り巻く山々の尾根上に古墳が築かれました。工数（人×時間）が少なく築造が容易であり、平野部から毎日、仰ぎ見る事が出来ます。その場合、陵墓（円墳・後円部）に接して祭祀《さいし》場所が必要になります。円墳に接する尾根の一定範囲を平地化して整備した場所が前方部になりました。

以降、前方後円墳が平野部に降りてきた際にも前方部と後円部の墳形が保たれ、加えて、土砂の運搬工数を少なくするため、周囲に濠を掘り、その土を築山の土として使ったと考えられます。周濠は貴重な農作のための溜め池として機能しました。なお、北九州王権による卑弥呼の陵墓の情報が大和に伝播して、対抗上、大和の箸墓が、大型化した可能性はあります。

図①を眺めてみると、これらの大型の前期古墳が一定の規格で築造されている事がわかります。ほぼ古代尺のきりの良い数字が採用されているようです。例えば、初期の箸墓や五社神《ごさし》古墳は墳丘長二〇〇歩の設計、続いて築造されたメスリ山古墳や行燈山《あんどんやま》古墳は一八〇歩（約二五〇米）の設計です。築造に必要な人力と財力を考慮すれば、これらの大型古墳が、大王もしくは大王級の権力者の墓である事は疑いようがありません。大王権力が三輪に陵墓を築いた一族から沙紀《さき》、更には、百舌鳥・古市の一族、最後には、大和の五条野丸山《ごじょうのまるやま》古墳を築いた一族へと移っていった事も明らかです。

『日本書紀』と『古事記』の天皇崩御記事に基づき、推古《すいこ》天皇までの御陵地を表①に書き出してみました。景行《けいこう》天皇に続く成務《せいむ》天皇までの御陵は大和に築かれ、仲哀《ちゅうあい》天皇以降、巨大王墓が旧河内国（古市・百舌鳥野）に陸続《りくぞく》と築かれます。一部の天皇御陵は大和に築かれますが、巨大ではあり

表① 天皇陵と築造地

神武天皇	畝傍山北方白橿尾御陵	大和	畝傍山東北御陵	大和
綏靖天皇	衝田崗御陵	大和	桃花鳥田丘上御陵	大和
安寧天皇	畝傍山御蔭御陵	大和	畝傍山南御蔭井上御陵	大和
懿徳天皇	畝傍山真名子谷御陵	大和	畝傍山南纖沙谿上御陵	大和
孝昭天皇	掖上博多山麗御陵	大和	掖上博多山上御陵	大和
孝安天皇	玉手岡上御陵	大和	玉手丘上御陵	大和
孝霊天皇	片岡馬坂上御陵	大和	片岡馬坂御陵	大和
孝元天皇	剣池中崗上御陵	大和	剣池嶋上御陵	大和
開化天皇	伊耶河坂上御陵	大和	春日率川坂本御陵	大和
崇神天皇	山辺勾岡上御陵	大和	山辺道上御陵	大和
垂仁天皇	菅原之御立野御陵	大和	菅原之伏見御陵	大和
景行天皇	山辺道上御陵	大和	山辺道上御陵	大和
成務天皇	沙紀多他那美御陵	大和	倭狭城盾列御陵	大和
仲哀天皇	河内恵賀長江御陵	河内	河内国長野御陵	河内
神功皇后	狭城楯列御陵	大和	狭城盾列御陵	大和
誉田天皇	川内恵賀裳伏崗御陵	河内	記述せず	
仁徳天皇	毛受之耳原御陵	河内	百舌鳥野御陵	河内
履中天皇	毛受御陵	河内	百舌鳥耳原御陵	河内
反正天皇	毛受野御陵	河内	耳原御陵	河内
允恭天皇	河内恵賀長枝御陵	河内	河内長野原御陵	河内
安康天皇	菅原之伏見岡御陵	大和	菅原伏見御陵	大和
雄略天皇	河内多冶比高鷲御陵	河内	河内丹比高鷲原御陵	河内
清寧天皇	記述せず		河内坂戸原御陵	河内
顕宗天皇	片崗石坏崗上御陵	大和	傍丘磐坏丘御陵	大和
仁賢天皇	記述せず		埴生坂本御陵	河内
武烈天皇	片崗之石坏崗御陵	大和	傍丘磐坏丘御陵	大和
継体天皇	三島之藍御陵	摂津	藍野御陵	摂津
安閑天皇	河内古市高屋御陵	河内	河内古市高屋丘御陵	河内
宣化天皇	記述せず		倭狭桃花鳥坂上御陵	大和
欽明天皇	記述せず		河内古市**桧隅坂合御陵	大和
敏達天皇	川内科長御陵	河内	磯長御陵	河内
用明天皇	石寸掖上**科長中御陵	河内	磐余池上**河内磯長御陵	河内
崇峻天皇	倉椅崗御陵	大和	倉梯岡御陵	大和
推古天皇	大野崗**科長大御陵	河内	合葬陵**河内磯長山田御陵	河内

ません。大王権力が大和の勢力から河内の勢力に移行した事は明らかです。大王墳の分布と『日本書紀』の記述は、概ね合致しています。

今回、更に詳細に『日本書紀』の記述を精査し、歴史の再現を行います。その際、『古事記』、金石文他の資料を基に真実に近づいた際の、最後の検証については、大王墓の分布との照合で確認を行います。

ただ、大王墳の分布による考察を行う際、注意すべき点があります。古墳の消滅の問題です。築造以来、万世一系の天皇墓として認識され守られてきた大王墓は、概ね残っていると思われますが、それ以外の大王墓は破壊されている可能性があります。近年でも、継体《けいたい》天皇の寿陵《じゅりょう》（生前建造墓）であり、かつ未完墓かと云われている河内大塚山古墳（墳丘長 約二五〇歩）の西側近傍にあった河内反正山《はじやま》古墳が宅地開発により消失しました。この消失した大王墳については、川内眷三《けんぞう》氏が論文「河内大塚山古墳の研究動向と周辺域古墳群の復原」で詳しく述べられています。

論文では、反正山古墳の規模は、墳丘長は一七〇米前後、前方部幅は約一五〇米、後円部径は約一〇〇米と推計されています。一方、小澤一雅氏の論文「前方後円墳の墳形計画と築造企画」に示された主要古墳の形状相対値を基に河内反正山古墳の墳丘長を推計したところ（表②参照）、墳丘長二〇五米の大きさが妥当との結論に至りました。大王墳の基準墳丘長である一五〇歩（約二〇八米）に近似します。

なお、表②には、主に河内の大王墳墓の推定被葬者、墳丘長、墳形比率を示しています。消失し

表② 大王墓の墳形（含：推計値）
（すべて前方後円墳、河内反正山古墳を追加しています）

御陵地（推定）	推定埋葬者	所在エリア	A)墳丘長	B)前方部幅	C)後円部径	A/B	A/C
箸墓古墳	巫女王	大和	280	132	161	2.1	1.7
仲津山古墳	仲哀天皇	古市	286	188	168	1.5	1.7
土師ﾆｻﾝｻﾞｲ古墳	仁徳父帝	百舌鳥	288	226	160	1.3	1.8
誉田御廟山古墳	允恭父帝	古市	416	290	257	1.4	1.6
大仙陵古墳	仁徳天皇	百舌鳥	486	300	244	1.6	2.0
市之山古墳	允恭天皇	古市	230	159	137	1.4	1.7
上石津ﾐｻﾝｻﾞｲ古墳	履中天皇	百舌鳥	362	237	208	1.5	1.7
岡ﾐｻﾝｻﾞｲ古墳	雄略天皇	丹比	242	183	145	1.3	1.7
河内反正山古墳	反正天皇	丹比	205	150	100	1.4	2.0
河内大塚山古墳	継体天皇	丹比	335	210	165	1.6	2.0
五条野丸山古墳	欽明天皇	大和	308	211	162	1.5	1.9

単位はｍ

前方後円墳

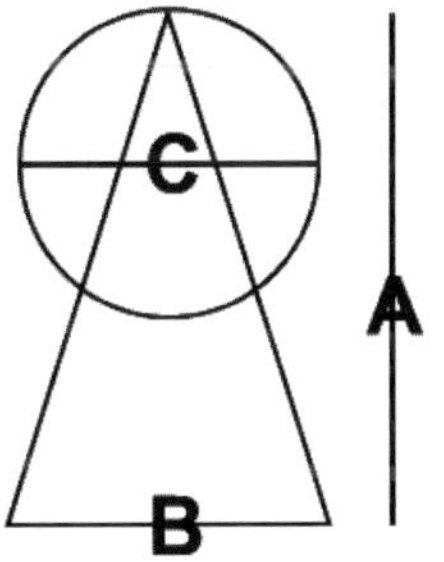

注記）墳丘長などの測定数値は、各論文で異なる場合があります。
測定年代の違いにより、雨水や地震による崩落、浸食、豪の水位変化他の影響魚受けます。又、測定者の基点の置き方等により、測定数値が変わってしまいます。

基礎資料：大阪電気通信大学 小沢一雅氏「前方後円墳の墳形計測と築造企画」

た反正山古墳の読みは「はじやま」ですので、読みからは土師山《はじやま》が連想されます。この名称からは、多くの円筒埴輪を有し、かつ、河内大塚山古墳より前の時期に築造された完成墓であったと思われます。今回の検証を行ってゆく上で、このような消えた古墳があるかも知れないとの見方に基づく考察も必要となります。

先に述べたように、表①は初代神武《じんむ》天皇から第三十三代推古天皇までの『日本書紀』と『古事記』に記載された御陵地の一覧です。図①で、各御陵にお祀りしている被葬大王名は正しいのでしょうか。本書「日本書紀の謎」で難解な謎を一つ一つ解明してゆく中で、天皇御陵並びに大王墓の真の主《あるじ》を出来るだけ多く見つけたいと考えております。

第一話　神武天皇の謎

■天皇の即位年をめぐって

神武《じんむ》天皇に関する最大の謎は、即位の年が定まっていない事です。この謎を解きたいと思います。

日本の初代王とされる神武天皇は『日本書紀』では神日本磐余彦天皇《かむやまといわれびこのすめらみこと》、『古事記』では神倭伊波礼毘古命《かむやまといはれびこのみこと》と呼ばれています。その即位の年を求めて記紀の森の中へ分け入ります。

『日本書紀』研究の先達である森博達《ひろみち》氏の書かれた『日本書紀の謎を解く』では、記紀の森と林を探検し、正格漢文と和化漢文を区別する事で、見事に『日本書紀』の述作者を見つけ出されています。本書でも『日本書紀』と『古事記』の記述を比較検証する事で、神武天皇の即位年を推論します。初代王の即位の年が神武東征の完成年に相当します。

日本の古代史本では、神武天皇の橿原宮《かしはらのみや》での即位の年を西暦紀元前六六〇年としています。

その根拠は『日本書紀』の天皇即位年の太歳《たいさい》（木星の十二年周期を利用した古代暦）表記と在位年数の記述のようです。ただ、紀元前六六〇年は縄文時代晩期です。倭国《わこく》女王卑弥呼《ひみこ》の時代が二世紀中頃から三世紀前半ですから、真実とは思えません。

紀元前六六〇年は、日本国の肇国《ちょうこく》神話としての神武天皇即位年です。

まず、古代史本の即位年の決定過程を追検証します。

『日本書紀』は、天皇の即位に関する情報として、即位年を太歳《たいさい》で記録し、また、天皇の崩御記事では、在位年数を残しています。

○『日本書紀』・即位年の記述

（例）「崇神《すじん》天皇紀」「元年春正月壬午朔甲午皇太子即天皇位……是年也太歳甲申」

　注記・壬午朔甲午《みずのえうまさくきのえうま》は、月の何日かを干支《えと》で表記する方法（表①②）、壬午が月の一日目の干支、以降、甲午までの日数で当月の何日かが分かる。

　意約すると「元年春正月の十三日に皇太子が即位……この年は、太歳では甲申《きのえさる》の年なり」となります。

○『日本書紀』・崩御年の記述

（例）「崇神天皇紀」「践祚六十八年冬十二月戊申朔壬子崩時年百廿歳明年秋八月甲辰朔甲寅葬于山邊道上陵」

　意訳すると「天皇の践祚《せんそ》（即位とほぼ同じ）から六十八年を経た冬十二月五日に崩御された。御年百二十歳、明くる年の秋八月五日に山邊道《やまのべのみち》上陵に葬った」となります。


なお、太歳年も十干十二支《じっかんじゅうにし》同様、同じ表記の年が六十年毎にめぐってきます。

継体《けいたい》天皇の即位の年（西暦五〇七年）から順次、干支を遡って行くと、表③『日本書紀』の天皇

表① 干支表(十干十二支)

1	甲子	きのえね	31	甲午	きのえうま
2	乙丑	きのとのうし	32	乙未	きのとのひつじ
3	丙寅	ひのえとら	33	丙申	ひのえさる
4	丁卯	ひのとのう	34	丁酉	ひのとのとり
5	戊辰	つちのえたつ	35	戊戌	つちのえいぬ
6	己巳	つちのとのみ	36	己亥	つちのとのい
7	庚午	かのえうま	37	庚子	かのえね
8	辛未	かのとのひつじ	38	辛丑	かのとのうし
9	壬申	みずのえさる	39	壬寅	みずのえとら
10	癸酉	みずのとのとり	40	癸卯	みずのとのう
11	甲戌	きのえいぬ	41	甲辰	きのえたつ
12	乙亥	きのとのい	42	乙巳	きのとのみ
13	丙子	ひのえね	43	丙午	ひのえうま
14	丁丑	ひのとのうし	44	丁未	ひのとのひつじ
15	戊寅	つちのえとら	45	戊申	つちのえさる
16	己卯	つちのとのう	46	己酉	つちのとのとり
17	庚辰	かのえたつ	47	庚戌	かのえいぬ
18	辛巳	かのとのみ	48	辛亥	かのとのい
19	壬午	みずのえうま	49	壬子	みずのえね
20	癸未	みずのとのひつじ	50	癸丑	みずのとのうし
21	甲申	きのえさる	51	甲寅	きのえとら
22	乙酉	きのとのとり	52	乙卯	きのとのう
23	丙戌	ひのえいぬ	53	丙辰	ひのえたつ
24	丁亥	ひのとのい	54	丁巳	ひのとのみ
25	戊子	つちのえね	55	戊午	つちのえうま
26	己丑	つちのとのうし	56	己未	つちのとのひつじ
27	庚寅	かのえとら	57	庚申	かのえさる
28	辛卯	かのとのう	58	辛酉	かのとのとり
29	壬辰	みずのえたつ	59	壬戌	みずのえいぬ
30	癸巳	みずのとのみ	60	癸亥	みずのとのい

表② 月の何日かを干支表記する方法

例）崇神天皇即位の日を干支で表す
【壬午朔甲午=13日】

	表①番号	
1月1日：	19	壬午（みずのえうま）
2日：	20	癸未（みずのとのひつじ）
3日：	21	甲申（きのえさる）
4日：	22	乙酉（きのとのとり）
5日：	23	丙戌（ひのえいぬ）
6日：	24	丁亥（ひのとのい）
7日：	25	戊子（つちのえね）
8日：	26	己丑（つちのとのうし）
9日：	27	庚寅（かのえとら）
10日：	28	辛卯（かのとのう）
11日：	29	壬辰（みずのえたつ）
12日：	30	癸巳（みずのとのみ）
13日：	31	甲午（みのえうま）
14日：	32	乙未（きのとのひつじ）
15日：	33	丙申（ひのえさる）
・		
・		
30日：	48	辛亥（かのとのい）
31日：	49	壬子（みずのえね）

即位年に示すとおり、神武天皇の即位年は西暦紀元前六六〇年となります。これが古代史本の採用する天皇即位年です。作製した年表からは、神功《じんぐう》皇后（西暦二〇一年就位、西暦二七〇年崩御）の時代が倭《わ》の女王卑弥呼《ひみこ》（西暦二三九年、魏《ぎ》に朝貢《ちょうこう》）の時代と重なります。但し、「第三話　神功皇后の謎」で考察するように、神功皇后は卑弥呼ではありません。大和王家が年代を合わせる事で、中華王朝に、卑弥呼が神功皇后であると錯覚させたかったのだと思われます。

表③の第六代考安《こうあん》天皇の在位年数が一〇二年である事からも、西暦紀元前六六〇年に神武天皇が即位されたという推論は誤りです。かといって、『日本書紀』が誤った在位年数を記述しているとも思えません。読み方を誤まっているのだと考えます。

神武天皇の即位年を求める作業に入ります。

横軸に、第一代から第五十一代までの天皇代数、縦軸に初代神武天皇から第五十一代桓武《かんむ》天皇

表③『日本書紀』の天皇即位年
（太歳即位年規準）

	太歳	即位年	在位	太歳該当年				
神武天皇	辛酉	B.C.660	80			B.C.720	B.C.660	B.C.600
綏靖天皇	庚辰	B.C.581	33			B.C.701	B.C.641	B.C.581
安寧天皇	癸丑	B.C.548	38			B.C.668	B.C.608	B.C.548
懿徳天皇	辛卯	B.C.510	35			B.C.630	B.C.570	B.C.510
孝昭天皇	丙寅	B.C.475	83			B.C.595	B.C.535	B.C.475
孝安天皇	己丑	B.C.392	102	B.C.452	B.C.392	B.C.332		
孝霊天皇	辛未	B.C.290	76		B.C.350	B.C.290	B.C.230	
孝元天皇	丁亥	B.C.214	57			B.C.274	B.C.214	B.C.154
開化天皇	甲申	B.C.157	60			B.C.217	B.C.157	B.C.097
崇神天皇	甲申	B.C.097	68			B.C.157	B.C.097	B.C.037
垂仁天皇	壬辰	B.C.029	100			B.C.149	B.C.089	B.C.029
景行天皇	辛未	A.C.071	60	A.C.011	A.C.071	A.C.131		
成務天皇	辛未	A.C.131	61	A.C.071	A.C.131	A.C.191	A.C.251	A.C.311
仲哀天皇	壬申	A.C.192	9		A.C.132	A.C.192	A.C.252	A.C.312
神功皇后	辛巳	A.C.201	69			A.C.201	A.C.261	A.C.321
応神天皇	庚寅	A.C.270	43			A.C.210	A.C.270	A.C.330
仁徳天皇	癸酉	A.C.313	87			A.C.253	A.C.313	A.C.373
履中天皇	庚子	A.C.400	6			A.C.280	A.C.340	A.C.400
反正天皇	丙午	A.C.406	6			A.C.286	A.C.346	A.C.406
允恭天皇	壬子	A.C.412	42			A.C.292	A.C.352	A.C.412
安康天皇	甲午	A.C.454	3			A.C.334	A.C.394	A.C.454
雄略天皇	丁酉	A.C.457	23					A.C.457
清寧天皇	庚申	A.C.480	5					A.C.480
顕宗天皇	乙丑	A.C.485	3					A.C.485
仁賢天皇	戊辰	A.C.488	11					A.C.488
武烈天皇	己卯	A.C.499	8					A.C.499
継体天皇	丁亥	A.C.507	25					A.C.507

までの即位年をプロット（点を打つ）して、図①を作成しました。この図は、天皇代数に対して、初代からの在位年数を積み上げていったグラフでもあります。

図① 天皇代数と即位年

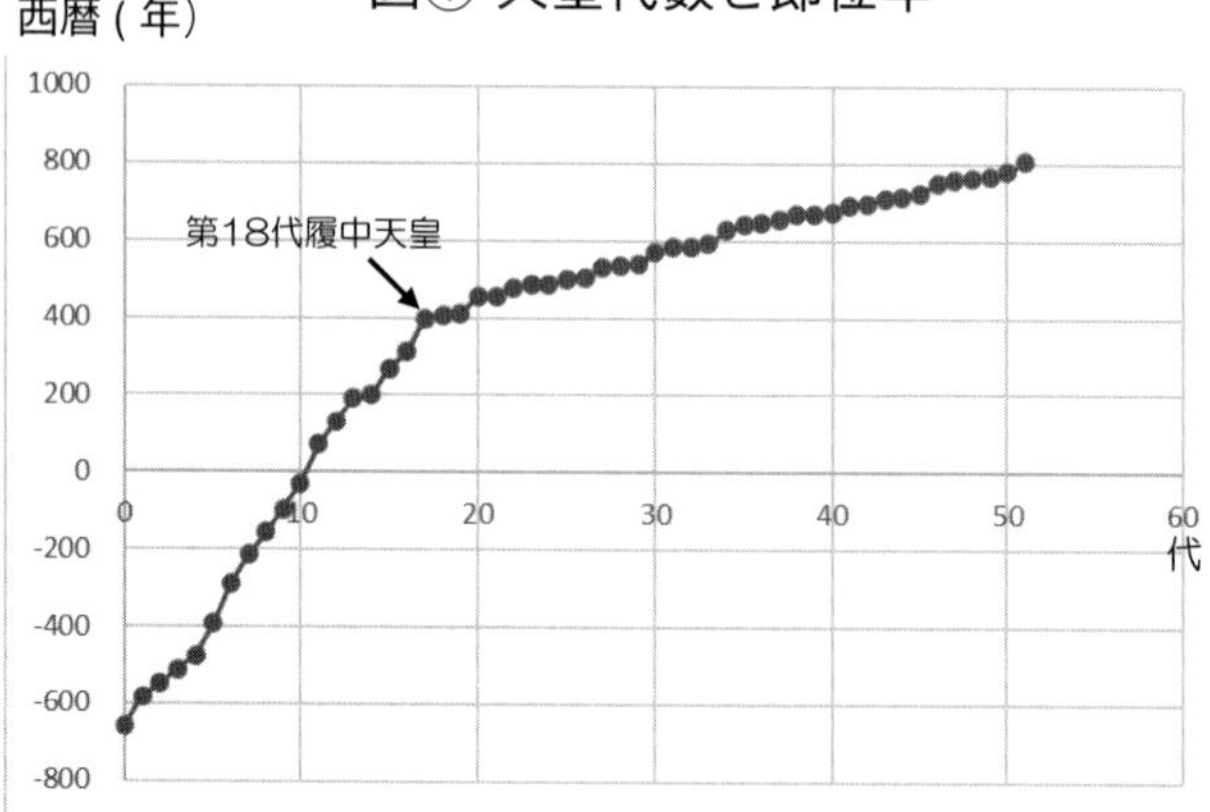

本来、直線近似できるプロットになる筈なのに、そうはなっていません。

まことに奇妙です、グラフの線が屈曲しています。

その理由を調べます。

まずは、古代朝鮮王朝の場合も、グラフの線が屈曲するのかを調べておきます。

『三国史記』では、王の在位情報は、次の様に記録されています。

○「百済《くだら》本紀」在位年数、崩御月、崩御事由等が書かれています。

（例）「汾西《プンソ》王紀」

原文「七年冬十月王爲樂浪太守所遣刺客賊害薨」

意訳すると「在位七年の冬十月、楽浪太守《らくろうたいしゅ》の放った刺客により汾西王は殺害され、亡くなった」となります。

○「新羅《しらぎ》本紀」在位年数、崩御月、崩御事由等が書かれています。
（例）「基臨《キリム》王紀」
原文「十三年夏五月王寢疾彌留赦内外獄囚六月王薨」
意訳すると「在位十三年、夏の五月に病で床に就かれた。恩赦を実施、六月に、基臨王は崩御された」となります。

なお、両本紀共、始祖の即位年を古く見せようとしています。十済《シプジェ》（後の百済）の初代温祚《オンジョ》王の即位年は西暦紀元前十八年とされています。ただし「百済本紀」の編者も、これはまずいと思ったか、第十三代近肖古《クンチョゴ》王（西暦三四六年即位）の記事のところにこの件に関する注記を残しています。即ち古記に云うとあり、「百済開国以来文字を知らず、ここに来て高興博士が書記を始めた」として、「百済本紀」の古い記事の信憑性が低い事を明らかにしています。

また、斯盧《サロ》（後の新羅）の始祖の赫居世《パルクヌィ》・居西干《コスォハン》の即位年も、在位年を遡ると西暦紀元前五十七年になるとされています。百済と新羅の両始祖の即位年の記述は、創成神話とみなされ、信用されていません。

図②と図③に百済王と新羅王の即位年をプロットしてみました。在位年数の推移を見ると、両図ともに初期の王の在位期間が伸ばされています。『日本書紀』の崩御年のグラフと良く似ています。「百済本紀」では西暦二〇〇年以前「新羅本紀」では西暦六〇〇年以前のデータは加工されているようです。直線部の百済王の平均在位は、ほぼ十五年です。一方の新羅王は、十三年です。百済の

図② 歴代百済王と即位年

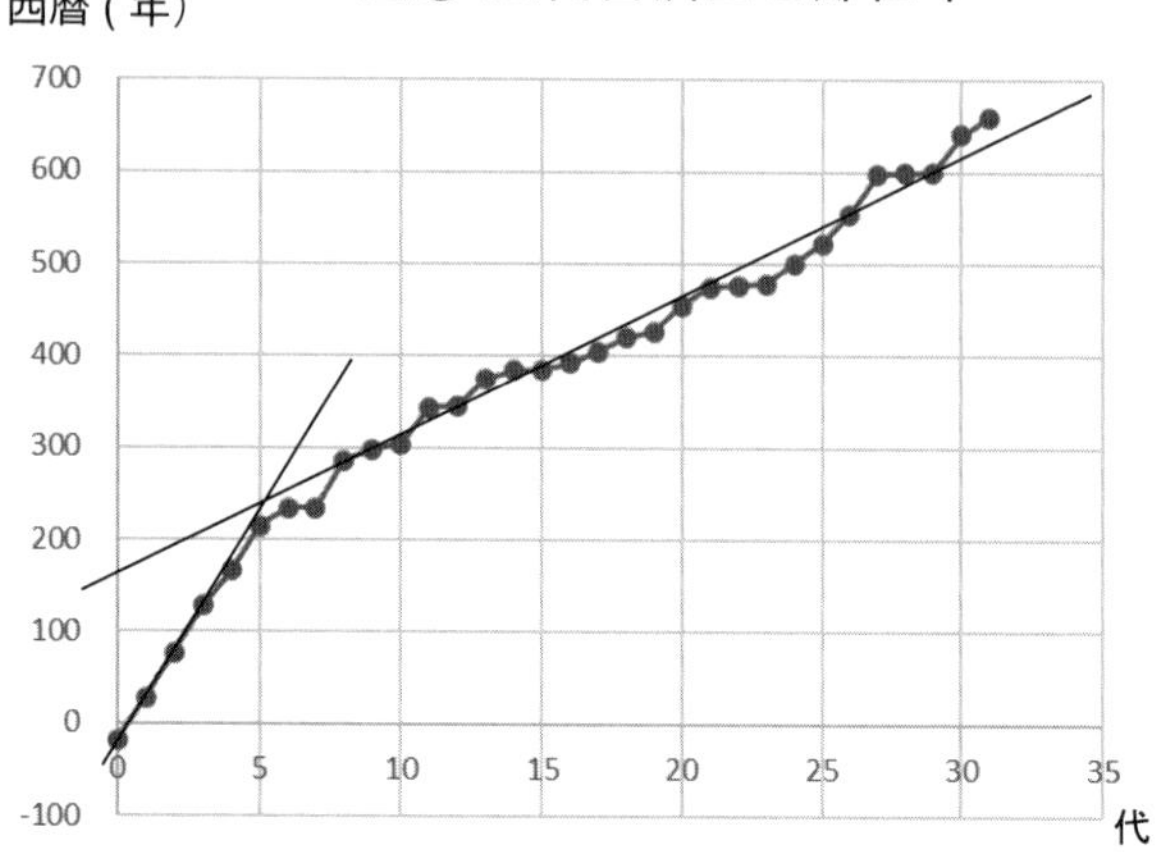

図③ 歴代新羅王と即位年

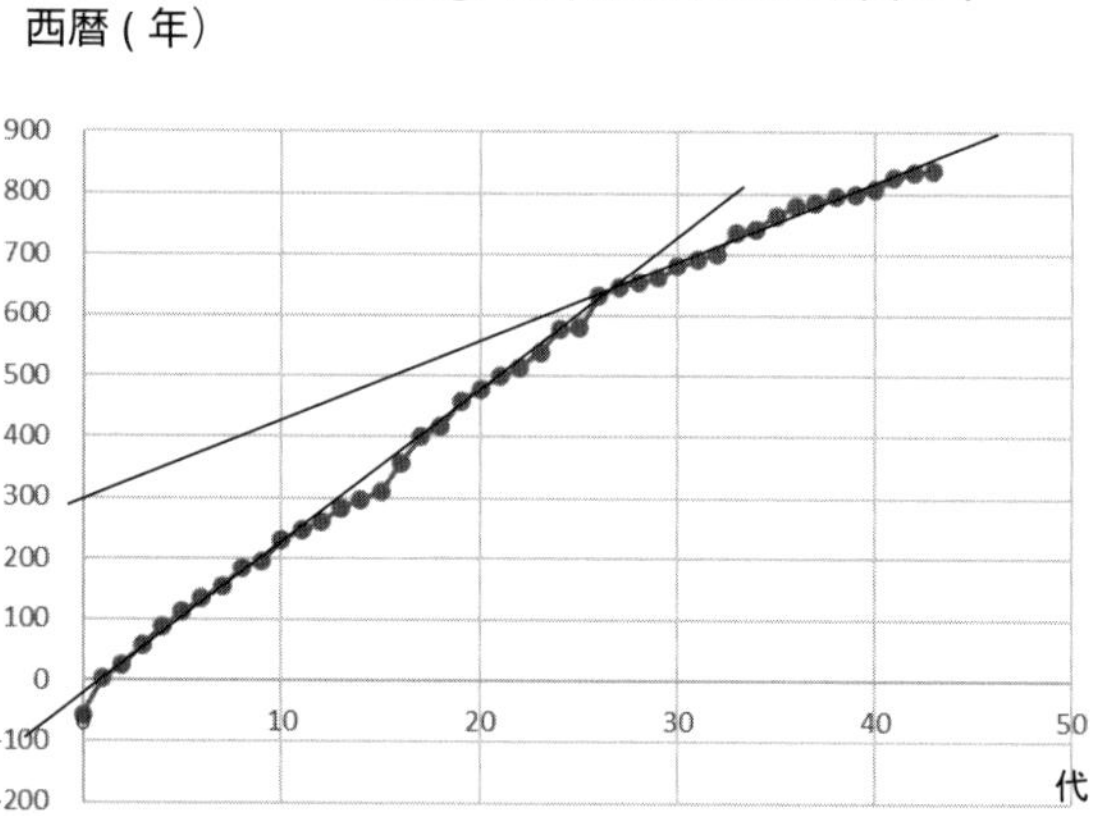

始祖王の推定即位年は、グラフから西暦一六〇年前後の年、新羅の場合は、西暦三〇〇年前後となります。

一方、両国の正式の建国年は、百済が西暦三四六年、第十三代近肖古王の時代、新羅が西暦三五六年、第十七代奈勿《ネムル》王の時代とされます。百済と新羅の建国年は、大倭《やまと》では、ほぼ景行《けいこう》天皇の時代です。

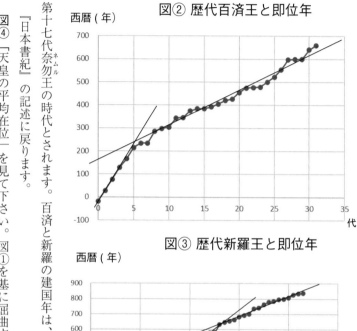

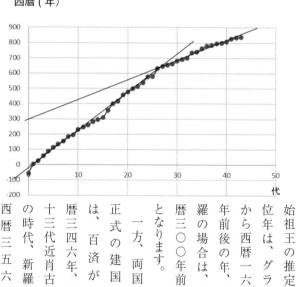

『日本書紀』の記述に戻ります。

図④「天皇の平均在位」を見て下さい。図①を基に屈曲点以降のプロットに直線を載せ、初代神武天皇即位年を外《がい》挿《そう》法により求めてみました。

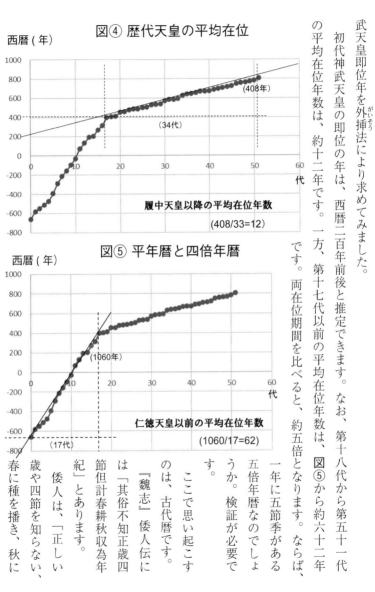

初代神武天皇の即位の年は、西暦二百年前後と推定できます。なお、第十八代から第五十一代の平均在位年数は、約十二年です。一方、第十七代以前の平均在位年数は、図⑤から約六十二年です。両在位期間を比べると、約五倍となります。ならば、一年に五節季がある五倍年暦なのでしょうか。検証が必要です。

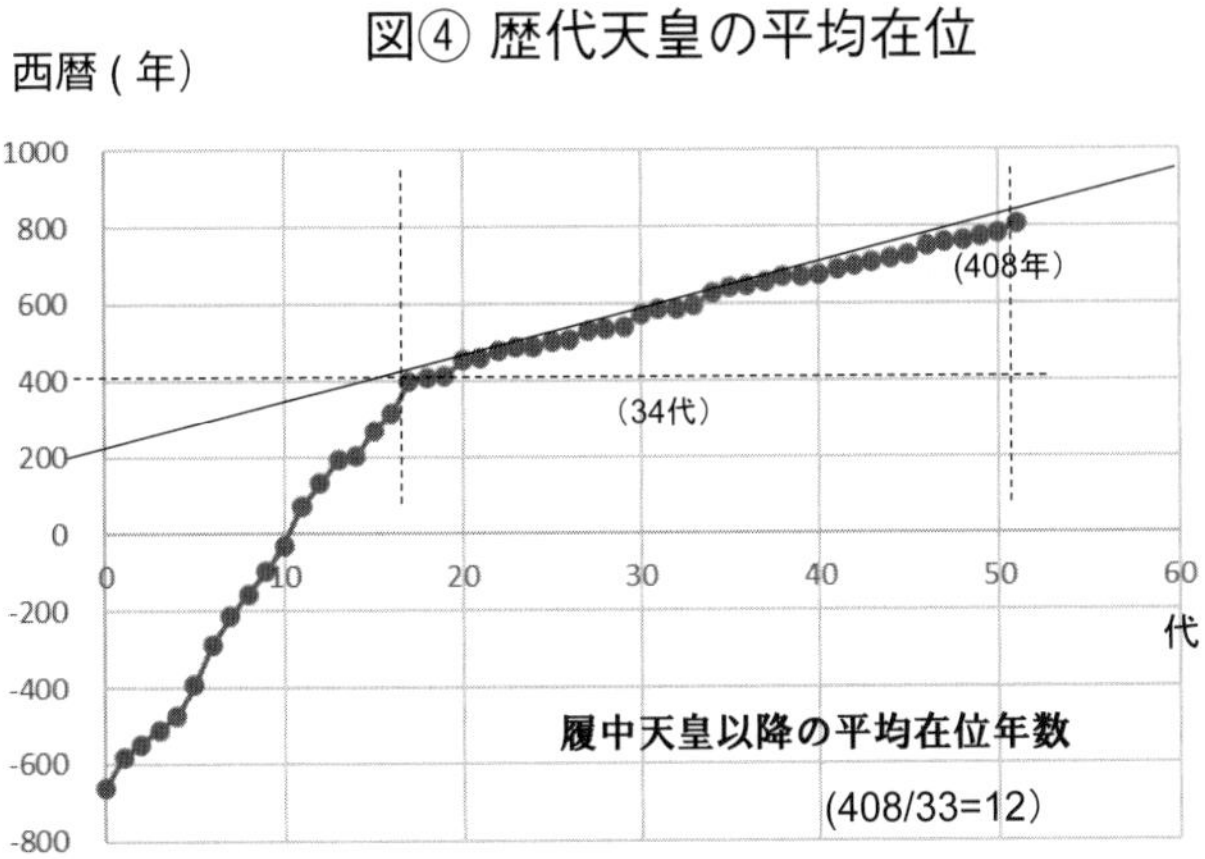

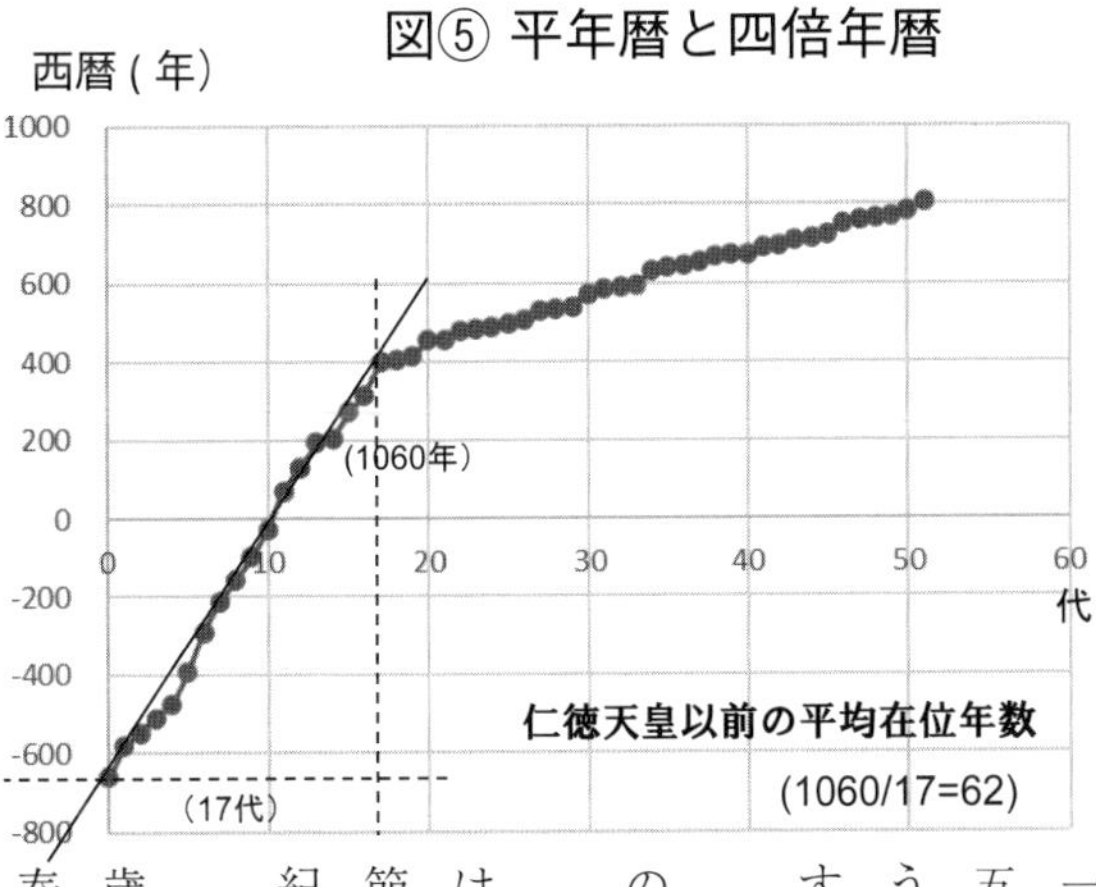

ここで思い起こすのは、古代暦です。『魏志』倭人伝には「其俗不知正歳四節但計春耕秋収為年紀」とあります。

倭人は、「正しい歳や四節を知らない、春に種を播き、秋に収穫する事を年紀とする」、とあります。ここからは一年を春耕秋収でわける二倍年暦が想定されますが、一方で『古事記』の記述にある天照大神《あまてらすおおみかみ》の岩戸隠れの話などから、太陽信仰があったとも判断できます。当然、夏至《げし》と冬至《とうじ》は、古代人にとって重要な節季でした。このような背景から、冬至・春分（春耕）、夏至・秋分（秋収）で、時の移り替わりを量る四倍年暦も、また自然であったと思われます。

春夏秋冬を強く意識する日本人にとって、三か月間を一年と数える暦でも、四季それぞれが、四年毎にめぐってくると考えれば、違和感はありません。四年に一度の閏年《うるうどし》も慣れれば違和感が無いのと同様です。古代人にとって、日々の暮らしの中で、絶対年代を意識する必要はなかったと考えます。

谷崎俊之氏の論文「倭人の暦を探る」では四倍年暦の存在を指摘されています。氏は、結論として原始暦は四倍年暦の太陽暦であるとされました。冬至・夏至の二倍暦の存在も考えられますが、図④と図⑤の傾斜の比率約五倍から、古代大和では、四倍年暦を採用していたと推定できます。

ちなみに『日本書紀』の「天皇年紀」に、もし二倍年暦を採用した場合、神武天皇即位は紀元前一三〇年、崇神天皇崩御は西暦一八五年前後となり、崇神天皇御陵の築造時期は、三世紀初頭となりますが、その時期の大和には、偉大な崇神天皇御陵に相応《ふさわ》しい大型古墳が見当たりません。

さらに、二倍年暦の場合、天皇の平均在位は約三十二年であり、全天皇が、十五歳で継位、在位三十二年、四十七歳で崩御に近い天皇年紀を持たないと二倍年暦の成立はあり得ません。当時の平均寿命（推定五十歳以下）を考慮すれば、平均在位三十二年は、あり得ません。

以上の考察から、四倍年暦の適用が正しいと判断できます。では、どの天皇から、平年暦に変わっているのでしょう。グラフの屈曲点は、第十八代履中《りちゅう》天皇です（図①）。仁徳《にんとく》天皇までの天皇の在位年数は、四倍年暦で記録されていると判断できます。

■『古事記』の活用

正しい神武天皇即位年を求める作業に入りたいと思います。

では、仁徳天皇から神武天皇まで、在位年数の四分の一の年数を遡れば、正しい神武天皇即位年が求められるでしょうか。無理です。グラフの履中天皇以後と仁徳天皇以前の平均在位の比は約五倍でした。四倍で遡っても、正しい神武天皇即位年が出る筈がありません。計算してみると西暦一三〇年前後となります。正しくありません。グラフの検証により、正しい即位年は西暦二〇〇年前後だとの結果が出ています。打開策を見つけましょう。

『古事記』の力を借ります。

本居宣長も『古事記伝』で『日本書紀』は後代の改変に汚されているが、『古事記』は古《いにしえ》の言葉のままで記され、上代の清らかなる真実が分かると述べているそうです。全く同感です。

筆者は『日本書紀』は、中華王朝への説明用に編まれた外交用書物、一方の『古事記』は、内廷用もしくは国内用に編纂された書物と考えています。更に『日本書紀』は宮廷内の新勢力（主流）

が編纂、『古事記』は旧勢力（傍流）が編纂した書物ではないかと推論しています。そこで『古事記』については、一部改変があったとしても『日本書紀』よりは信用できると考えます。『古事記』には崩御年の記録が欠けている天皇も多く存在し、また、本来あるべき場所にあるべき記事が無い、さらには、欠落部に歌謡が挿入されている事なども『古事記』の記述が、より信頼できる理由です。『日本書紀』の年紀に『古事記』の天皇崩御年による修正を加えて天皇年代を遡り、神武天皇即位年を求める作業に入りたいと思います。

該当年を確実視できる歴史上の基点を定めてから、在位年数を用いて天皇年代を遡及する事にします。まずは『日本書紀』です。『日本書紀』の継体天皇十七年のところに、百済武寧《ムリョン》王の崩御記事があります。一九七一年に韓国公州市（古代の熊津）で武寧王陵が発見され、崩御年の刻まれた墓誌石が発見されています。盗掘されていない百済王の墳墓の発見です。日韓の歴史研究を進展させる奇跡的発見と云えるでしょう。

○「武寧王墓誌」

「寧東大将軍百済斯麻王年六十二歳癸卯年五月崩到」

この銘文から、癸卯《みずのとのう》の年の五月に六十二歳で亡くなった事がわかります。癸卯の年の表現は、六十年で一巡りする十干十二支の干支で表した古代の年記法です。干支から、武寧王は西暦五二三年に亡くなった事がわかります。

武寧王崩御年が、継体天皇在位十七年（『日本書紀』）に当たります。

この年を基点にして、崩御年を求める事で『日本書紀』を遡ってみます。

継体天皇即位年は、西暦五二三年から十七年を遡った西暦五〇七年と推算できます。崩御年については諸説ありますが『日本書紀』では、在位二十五年に薨去《こうきょ》された事になっていますので、西暦五三一年崩御となります。

継体天皇より順次、天皇の在位年数を用いて遡る事で、神功皇后元年までの年紀がほぼ決定できます。仁徳天皇、応神《おうじん》天皇、神功皇后の在位年数は、四倍年暦で記録されていると判断し、平年暦に換算しています。また、天皇崩御の年の即位か、または、その翌年の即位かにより、結果に多少の誤差を含みます。

結果を**表④**「『日本書紀』と『古事記』の天皇崩御年」の上段に示します。

次は『古事記』です。

『古事記』は、初期の天皇については崩御年が欠けていますが、崇神天皇以降、かなりの天皇の崩御年を残しています。
○『古事記』の崩御年の記述（なお、記紀間で崩御時の年齢が異なります）
（例）「崇神天皇紀」に「天皇御歳壹佰陸拾捌歳戊寅年十二月崩御陵在山邊道勾之岡上也」と記述されています。

意訳すると「天皇の御歳百六十八歳、戊寅《つちのえとら》の年の十二月に崩御された。御陵は、山邊道の勾之岡《まがりのおか》の上に在り」となります。

このように、各天皇の崩御年齢と崩御年月が残されています。なお、崩御時の年齢の百六十八歳はあり得ず、四十二歳、もしくは二倍年暦の八十四歳でしょう。『日本書紀』の年齢の数え方は、二倍暦であるとする学説が有力です。

『古事記』は、天皇崩御年を干支表記で遺しています。表④の最下段に各天皇の崩御年の干支を載せておきました。

継体天皇崩御年は丁未《ひのとのひつじ》の年ですので西暦五二七年が該当します。『日本書紀』の崩御年とは一致しません。允恭《いんぎょう》天皇の崩御年は甲午《きのえうま》の年で西暦五一四年、四五四年、三九四年が候補年となります。表の上段の『日本書紀』の崩御年との照合で、西暦四五四年と推定できます。雄略天皇の崩御年は、己巳《つちのとのみ》の年で両天皇の間の年、西暦四八九年です。

次の百舌鳥野《もずの》の三天皇、反正《はんぜい》、履中、仁徳天皇の崩御年も『日本書紀』の在位年数等との照合などから求める事が出来ます。仁徳天皇の崩御年である丁卯《ひのとのう》の年は、西暦四八七

西暦300年

『日本書紀』（復元）	『古事記』	干支年
崇神天皇　元年		
崇神天皇　崩御	崇神天皇　崩御（三一八）	戊寅
垂仁天皇 景行天皇 成務天皇 仲哀天皇	垂仁天皇 景行天皇	
神功皇后　元年（三四九）		
	成務天皇　崩御（三五五）	乙卯
｜	仲哀天皇　崩御（三六二）	壬戌
神功皇后一八年（三六六）	（神功皇后）	
応神天皇　元年（三六七）		

表④『日本書紀』と『古事記』の天皇崩御年

注記1）上段の日本書紀の年記は、継体天皇より在位年で神功皇后まで遡った天皇崩御年。

なお、仁徳、応神天皇、神功皇后の在位は、四倍年暦から平年暦に換算しています。

注記2）下段の古事記の年記は、干支年が記録されている天皇の崩御年を遡っています。

日本書紀	古事記	
西暦400年		
応神天皇一一年（三七七）		
仁徳天皇　元年（三七八）		
——	応神天皇　崩御（三九四）	甲午
仁徳天皇二二年（三九九）		
履中天皇　元年（四〇〇）		
履中天皇　六年（四〇五）		
反正天皇　元年（四〇六）		
反正天皇　五年（四一〇）		
允恭天皇　元年（四一二）		
	仁徳天皇　崩御（四二七）	丁卯
	履中天皇　崩御（四三二）	壬申
	反正天皇　崩御（四三七）	丁丑
允恭天皇四二年（四五三）		
安康天皇　元年（四五四）	允恭天皇　崩御（四五四）	甲午
安康天皇　三年（四五六）		
雄略天皇　元年（四五七）		
雄略天皇二三年（四七九）	安康天皇	
清寧天皇　元年（四八〇）		
清寧天皇　五年（四八四）		
飯豊女王　元年（四八四）		
飯豊女王　退位（四八四）		
顕宗天皇　元年（四八五）		
顕宗天皇　三年（四八七）		
仁賢天皇　元年（四八八）	雄略天皇　崩御（四八九）	己巳
仁賢天皇十一年（四九八）		
武烈天皇　元年（四九九）		
武烈天皇　八年（五〇六）	清寧天皇 飯豊天皇 顕宗天皇 仁賢天皇 武烈天皇	
西暦500年		
継体天皇　元年（五〇七）		
武寧王薨去（五二三）		
■継体天皇十七年（五二三）		
継体天皇二五年（五三一）	継体天皇　崩御（五二七）	丁未

年、四二七年、三六七年が候補年です。『日本書紀』の仁徳天皇の崩御年が西暦三九九年ですので、この年より遡る事は無いと判断し、西暦四二七年と推論しました。

応神天皇の崩御年は甲午の年で、西暦三九四年と三三四年が候補年です。仁徳天皇の在位八十七年は、平年暦に換算すると、在位は約二十二年となります。仁徳天皇崩御年の西暦四二七年との対比で西暦三九四年と推論できます。

仲哀《ちゅうあい》天皇の崩御年は壬戌《みずのえいぬ》の年で、西暦三六二年と三〇二年のどちらかが該当します。応神天皇在位四十一年と神功皇后在位六十九年は、四倍年暦では、十一年と十八年で、合計十九年間となります。西暦三九四年から遡ると西暦三六五年ですから、仲哀天皇の崩御年は、西暦三六二年が該当します。仲哀天皇の在位は十年以下ですので、成務《せいむ》天皇の崩御年は、西暦三五五年となります。

『古事記』の崩御年記載の最後、崇神天皇の崩御年は、戊寅の年です。西暦三一八年、二五八年、一九八年が該当します。『日本書紀』の垂仁《すいにん》、景行、成務天皇の四倍年暦での在位は、それぞれ二十五年、十五年、十五年です。成務天皇の崩御年から遡ると西暦三百年前後となります。

なお、景行天皇と成務天皇の在位が重複していると推論できます（表⑩参照）ので、この分を差し引くと西暦三一五年の近傍が崇神天皇の崩御年となります。崇神天皇の崩御年は、戊寅の年である西暦三一八年と推定できます。

結果を、表④の下段に示します。

なお表④の記紀の天皇崩御年には、多くの差異が見られます。

四倍年暦から平年暦への換算で、記紀それぞれの天皇崩御年は、近似してきましたが一致しません。前に述べたように、筆者は『古事記』の記録が、より正しいと判断しています。『古事記』の「天皇年紀」に対し『日本書紀』の記録が異なるのは何故かを追究する事が、真実の歴史に迫る最適な手段と考えています。

各天皇の在位期間の相違を整理しておきます。

一、神功、応神、仁徳天皇の在位期間が記紀で大きく異なる事。
一、仁徳、履中、反正の百舌鳥野の天皇に生じた記紀の崩御年のずれ。
一、雄略《ゆりゃく》天皇崩御年の十年のずれ。
一、安康《あんこう》天皇の崩御年を『古事記』が記さない不思議。
一、清寧《せいねい》天皇から武烈《ぶれつ》天皇までの崩御年をも『古事記』が記さない不思議。
一、允恭天皇の在位が『日本書紀』で四十二年、『古事記』で十八年と、大きな差異がある事。

『古事記』の編纂年は、西暦七一二年、和銅五年とされます。継体天皇即位（西暦五〇七年）から、欽明《きんめい》、敏達《びたつ》、用明《ようめい》、崇峻《すしゅん》、推古《すいこ》までの継体王朝五代の御代は、西暦六二八年まで続きました。元明《げんめい》天皇（西暦七〇八年即位）の御代に『古事記』は完成しました。

表④の『古事記』の天皇崩御年で、編纂時期に近い清寧天皇から武烈天皇まで五代の天皇の即位と崩御の年を残していないのは不可思議です。記録が無いはずはありません。

書けない理由があると考えるのが自然です。継体天皇即位前は、古王朝が存在し、新王朝である継体朝との二朝対立を考えるのが本筋でしょう。万世一系神話と齟齬《そご》が生じるために、内廷の書である『古事記』でも真実を書けなかったのだと考えます。

継体天皇の先代王である武烈天皇の崩御の年が記載されていない事が、最重要ポイントです。この事から、古王朝（崇神朝）の最後の王が武烈天皇であり、悪しざまに書かれた武烈天皇の事績が事実ではないと推察できます。この件については、「第八話　継体天皇の謎」で詳しく説明します。

話を戻して、神武天皇の即位年を、天皇崩御年を遡って推定します。『古事記』の記録から求めた崇神天皇崩御年、西暦三一八年を正しいとします。この年から大王の平均在位年数を用いて、年代を遡ります。

日本の天皇の平均在位と百済王と新羅王の平均在位を調べました。先に求めたようにそれぞれ、十二年、十五年、十三年です。平均すると在位は十三年です。神武天皇即位から欠史八代の天皇を挟み、崇神天皇崩御までは、在位で十代分です。平均在位を十三年とすると、十代分で百三十年となります。

一方、神武天皇の即位年は『日本書紀』に「辛酉年春正月庚辰朔、天皇即帝位於橿原宮」とありますから、辛酉《かのとのとり》の年です。西暦三〇一年、二四一年、一八一年、一二一年、六一年が該当します。どの年でしょうか。

『古事記』の崇神天皇崩御年の三一八年から百三十年遡ると、西暦一八八年です。この結果から『日本書紀』の編者が遺した神武天皇即位年は、西暦一八一年と推定されます。

神武天皇、橿原即位の年が確定出来ました。

念のため、この推算した「神武天皇即位年」が正しいのかの検算を行います。

初期の天皇の在位期間が四倍年暦で記述されていると仮定し、検証を行います。神武天皇（在位は四倍年暦で七十六年、平年暦で十九年）の即位年（西暦一八一年）から孝元《こうげん》天皇の崩御年までを積み上げてゆくと、西暦三〇一年となります。

表⑤をご覧ください。

表⑤ 肇国期の「天皇年紀」

天皇	即位年	在位年数	崩御年	主要事案
神武天皇	A.C.181	19	A.C.199	倭国大乱(146-189)
綏靖天皇	A.C.199	9	A.C.207	
安寧天皇	A.C.207	10	A.C.216	
懿徳天皇	A.C.216	9	A.C.224	
孝昭天皇	A.C.224	21	A.C.244	卑弥呼遣使朝貢(239)
孝安天皇	A.C.244	26	A.C.269	倭女王遣使朝貢(266)
孝霊天皇	A.C.269	19	A.C.287	
孝元天皇	A.C.287	15	A.C.301	
開化天皇	A.C.287	15	A.C.301	
崇神天皇	A.C.302	17	A.C.318	

一方、崇神天皇崩御年から開化《かいか》天皇即位までを遡ると、開化天皇の即位年は、西暦二八七年となります。驚く事に、開化天皇の即位年が孝元天皇の即位年と同じ年となります。

実に奇妙です。

孝元天皇と開化天皇の在位期間が丁度十五年で、重なります。なお、四倍年暦では孝元天皇の在位は五七年間、開化天皇の在位は六十年と、異なっています。重複の原因については、次の第二話で詳しく検証します。

検証結果により、開化天皇の在位期間である平年暦で十五年、四倍年暦で六十年分が、「天皇年紀」に挿入されていると推論します。なお、前々から『日本書紀』は、神武天皇即位年を古く見せるために、干支一巡り六十年分を挿入しているといわれて来ました。

最初の推論と検証結果とから、神武天皇即位の年

表⑥「天皇年紀」（較正後）

天皇	即位年	在位年数	崩御年	主要事案
神武天皇	A.C.181	19	A.C.199	倭国大乱(146-189)
綏靖天皇	A.C.199	9	A.C.207	
安寧天皇	A.C.207	10	A.C.216	
懿徳天皇	A.C.216	9	A.C.224	
孝昭天皇	A.C.224	21	A.C.244	卑弥呼遣使朝貢(239)
孝安天皇	A.C.244	26	A.C.269	倭女王遣使朝貢(266)
孝霊天皇	A.C.269	19	A.C.287	
孝元天皇	A.C.287	15	A.C.301	
崇神天皇	A.C.302	17	A.C.318	

である辛酉の年は西暦二四一年や西暦一二一年ではなく、西暦一八一年の可能性が高いという結論になります。孝元天皇と開化天皇の在位の重複を認めれば、崇神天皇から神武天皇までの「天皇年紀」（在位期間）が綺麗に完成します。平均在位は十三年半です。

孝元天皇の崩御後、崇神天皇が即位した表⑥「天皇年紀」（較正後）が、書記編者が企画・編成した「天皇年紀」と考えられます。

神武天皇即位年が決定しましたので、次は、五瀬命《いつせのみこと》に率いられた神武一族の東征開始の年を求めたいと思います。

神武天皇が日向《ひゅうが》より東征に出発した年はいつでしょう。太歳年で残されています。表⑦に神武天皇の東征年表を載せておきました。

『日本書紀』には、東征開始年は「是年太歳甲寅《きのえとら》」と書かれています。西暦一一四年、もしくは西暦一七四年です。西暦一七四年の進発と思われます。

東征物語の中に干支年の記述が四ケ所あります。乙卯《きのとのう》年、戊午《つちのえうま》年、己未《つちのとのひつじ》年、庚申《かのえさる》年です。それぞれ西暦一七五年、一七八年、一七九年、一八〇年に当たり、吉備《きび》、難波《なにわ》、三賊討伐、立后《りっこう》の各年にあたります。媛蹈鞴五十鈴媛《ひめたたらいすずひめ》の立后の年（西暦一八〇年）の翌年にあたる西暦一八一年が神武天皇橿原即位の年にあたります。

表⑦ 神武天皇の東征年表

神日本磐余彦天皇及年卌五歳曰土老翁曰東有美地青山四周
宜早行之是年也<u>太歳甲寅（西暦174年）</u>
（神武天皇45歳、土老進言、麗しの大和へ早や行かん）

西暦174年10月5日：東征開始
西暦174年11月9日：筑紫の岡水門到着
西暦174年12月27日：安芸の埃宮到着

西暦175年3月6日：吉備の行宮、高島宮を新造
（乙卯年(A.C.175)春三月甲寅朔己未徙入吉備國是曰高嶋宮
積三年間脩舟檝蓄兵食將欲以一擧而平天下也）

西暦178年2月11日：難波へ進発
（戊午年(A.C.178)春二月丁酉朔丁未皇師遂東舳艫相接方到
難波之碕會有奔潮太急因以名爲浪速國）

西暦178年3月10日：河内草香村白肩津に上陸
西暦178年4月9日：竜田へ進撃
西暦178年5月8日：山城水門に到着
西暦178年6月23日：名草邑に到着
西暦178年9月5日：宇陀の高倉山に哨所
西暦178年10月1日：国見の丘を占領
西暦178年11月7日：磯城彦と交戦
西暦178年12月4日：長髄彦と交戦

西暦179年2月20日：三賊を討伐
（己未年(A.C.179)春二月壬辰朔辛亥命諸將練士卒此三處土
蜘蛛並恃其勇力不肯來庭天皇乃分遣偏師皆誅之）

西暦179年3月7日：宮都造営

西暦180年8月16日：立后を計画
（庚申年(A.C.180)秋八月癸丑朔戊辰天皇當立正妃改廣求華冑）

西暦180年9月14日：媛蹈鞴五十鈴媛を正妃に立てる

西暦181年1月1日：神武天皇即位於橿原宮
（辛酉年(A.C.181)春正月庚辰朔天皇即帝位於橿原宮是歳爲
天皇元年尊正妃爲皇后）

これで「東征年表」が見事に完成します。

書紀の編者が、何等かの記録を基に作成した「東征年紀」です。東征開始年が西暦一一四年でなく、一七四年であると確信できます。東征には八年を要した事になります。妥当な年数です。

一方『古事記』では、日向《ひゅうが》を進発し、豊国《とよくに》の宇佐を経て、筑紫《つくし》の岡田宮に一年滞在、さらに進んで阿岐《あき》の多祁理宮《たけりのみや》に七年、次に吉備の高島宮に八年滞在、瀬戸内海を渡り河内の白肩津《しらかたのつ》に到着、この時、那賀須泥毘古《ながすねひこ》の反撃に遭い、兄の五瀬命が負傷、後に亡くなる事になります。

神倭伊波礼毘古命（神武天皇）は、その後、紀国熊野から南大和の宇陀《うだ》に入り、最後に、畝傍《うねび》の橿原宮で天下を治めた、とあります。『古事記』では、日向進発から橿原宮即位まで、十六年以上かかっています。

先に説明したように、神武天皇の時代の暦は四倍年暦ですので、『古事記』の記述である宮での滞在年数のみで十六年（平年暦では四年）は妥当な年数です。瀬戸内海の渡海期間、河内、紀伊、大和での戦いに十六年（平年暦四年）かかったとすれば『日本書紀』と『古事記』の記述に齟齬はありません。

以上の結果から「倭国大乱（西暦一四六―一八九）の最中に、五瀬命を長とする神武天皇一族は、九州島（日向）を脱出、青垣山籠れる麗しく安全な大和（中国で云えば豊かで山岳に囲まれた蜀《しょく》の国）に向けて進発、西暦一八一年に南大和に根拠地である橿原宮を作った」、と『日本書紀』の編者は、記録や伝承などから判断し、記述している事が分かります。

日向の地は筑紫倭国《わこく》とは地理的に離れている一方、『魏志』倭人伝に出てくる強力な狗奴國《くぬこく》（菊池地方）から攻撃を受けやすい位置にありました。神武天皇一族は、狗奴國の攻勢に耐えかね、瀬戸内海を島伝いに船で東上した可能性があります。

次に、神武天皇が橿原宮に即位したときの大和の状況を考えてみます。

まずは、纏向《まきむく》、三輪《みわ》などの中大和の情勢です。大王墓クラスの前方後円墳の始まりは、三輪山の麓に位置する箸墓《はしはか》（墳丘長、古代尺で約二〇〇歩、実測二七八米）とされています（図⑥）。この御陵は、三世紀の中葉もしくは、三世紀後半に造られたとされます。

図⑥ 箸墓の墳丘復元図

白石太一郎著『古墳の語る古代史』より

神武天皇が南大和に根拠地を確保した西暦一八一年には、既に中大和の三輪山西麓には纏向遺跡が証明するように、吉野ケ里と同様に栄えた王都がありました（図⑦）。

この頃の大和は、後に勢力を競った和珥《わに》、物部《もののべ》、大伴《おおとも》、蘇我《そが》、巨勢《こせ》、葛城《かつらぎ》、平群《へぐり》などに繋がる氏族による豪族連合があって、共立王（彦・巫女《みこ》制）の時代だったと推測できます。その証拠が箸墓です。

箸墓には「崇神天皇紀」にあるよ

うに女性の影が付きまといます。
『日本書紀』の「崇神天皇紀」に「この時、神明《かむ》が百襲《ももそ》媛に憑依《ひょうい》して、天皇なんぞ國の治まらぬを憂う、もし我を敬い祀《まつ》らば、必ず平らけくなるぞと云われた」との記事があります。

図⑦ 大和柳本纏向古墳群

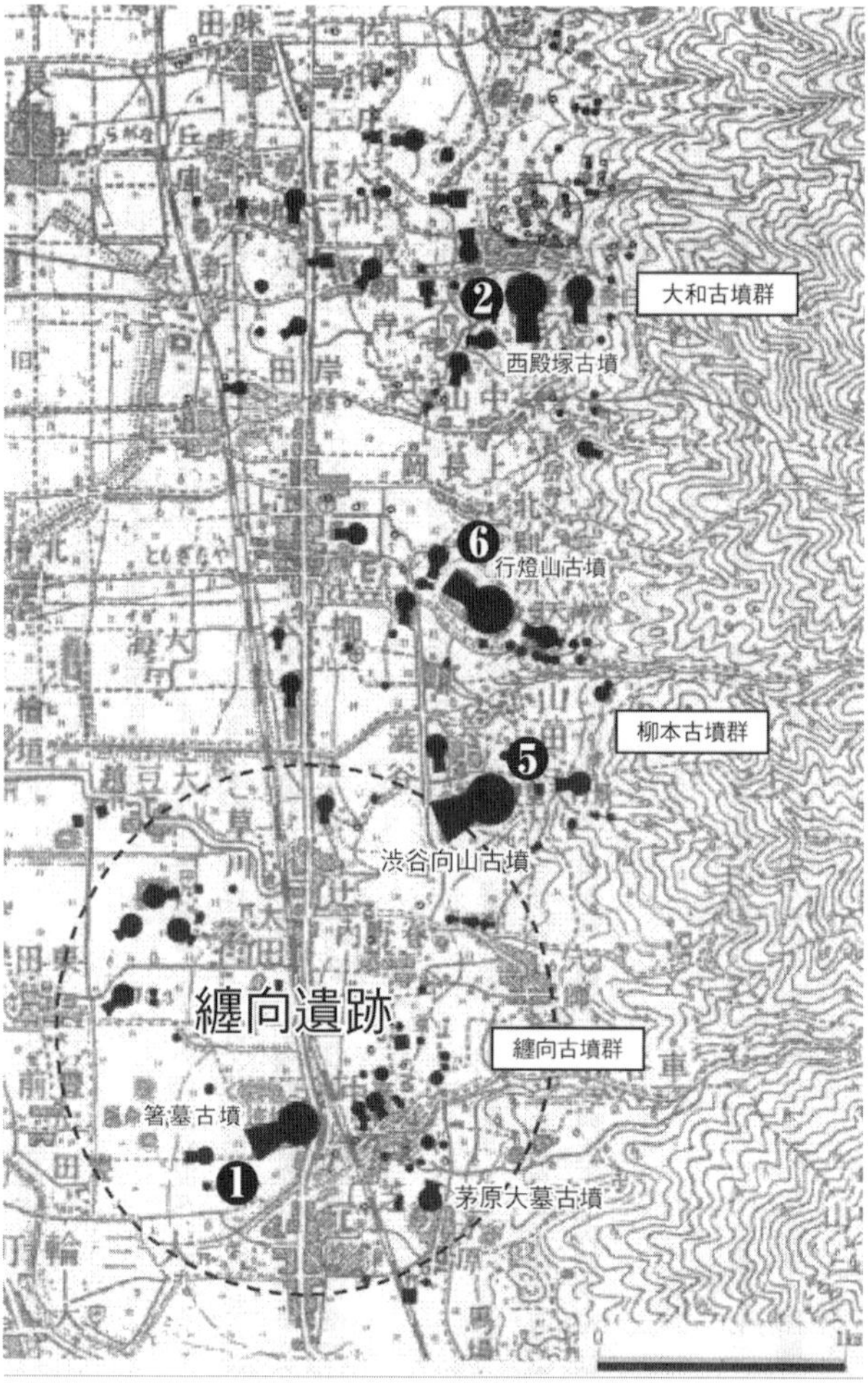

桜井市文化財課広報資料より、一部加工

表⑧ 古墳時代前期・大和の大型古墳

	御陵	墳丘長	古代尺（凡そ）	推定築造時期	築造地
❶	箸墓古墳	278m	200歩	三世紀後半	中大和・東
❷	西殿塚古墳	219m	160歩	三世紀後半	中大和・東
❸	メスリ山古墳	250m	180歩	四世紀前半	南大和・東
❹	外山茶臼山古墳	207m	150歩	四世紀前半	南大和・東
❺	渋谷向山古墳	300m	220歩	四世紀前半	中大和・東
❻	行燈山古墳	242m	180歩	四世紀前半	中大和・東
❼	宝来山古墳	227m	160歩	四世紀後半	北大和・西
❽	五社神古墳	275m	200歩	四世紀後半	北大和・西
❾	佐紀石塚山古墳	218m	160歩	四世紀末	北大和・西
❿	佐紀陵山古墳	207m	150歩	四世紀末	北大和・西
⓫	巣山古墳	204m	150歩	五世紀初頭	中大和・西
⓬	島の山古墳	195m	140歩	五世紀初頭	中大和・西

倭迹迹日百襲姫命《やまとととびももそひめのみこと》は偉大な巫女（王）なのです。

この後の段では「倭迹迹日百襲姫命が箸で陰《ほと》を突き、而して薨《みまか》る、そこで、大市陵《おおいちりょう》に葬った、古《いにしえ》の時、人はその墓を箸墓と称した、箸墓は昼は人が造り、夜は神が造ったと謂われた、大坂山の石を人が山から墓まで手渡しで運んだ」とあります。

中大和の大王（男王）の圧力によって豪族連合体の大巫女は亡くなった。多分、幽閉されて亡くなったのでしょう。偉大な巫女の亡くなったことを嘆き悲しんで、在地の大和の人々は連なって大坂山の石を御陵へと運んだのです。大和の箸墓は、殉葬《じゅんそう》者を伴う女王卑弥呼の墓などではなく、浄《きよ》き三輪の大巫女の御陵なのです。箸墓が西殿塚《にしとのづか》古墳に先行して造られた事は、確実とされています（表⑧）。

◆箸墓　大和古墳群墳丘長 約二〇〇歩、三世紀後半（巫女王御陵）

◆西殿塚古墳　大和古墳群墳丘長約一六〇歩、三世紀後半（考安天皇御陵）

両古墳に祀られた王が誰なのかは不明ですが、一応、推定される王名をカッコ内に入れておきました。巫女王が誰なのかは、霧の中なのです。倭迹々日百襲姫命または百襲姫の母の倭国香姫《やまとくにかひめ》が有力な候補者です。ただ箸墓には、彦・巫女制下、三輪の巫女王であった女性が眠っているのは確実です。

なお、殉葬は、倭国伽耶《かや》の風習です。大伽耶古墳群の中の六世紀に築造された芝山四四号墳では四〇人余りの殉葬者が確認されています。筑紫倭国も、殉葬を行っていたと推論できます、『魏志』倭人伝に「卑弥呼以死大作冢径百餘歩殉奏者奴婢百餘人」とあります。卑弥呼の墓には、百余人が殉葬されています。箸墓は、卑弥呼の墓では、決してありません。

当初、中大和の勢力は、南大和の磐余彦《いわれびこ》（神武天皇）の勢力を圧倒していたと考えます。なお、筑紫倭国においても、この時期、彦・巫女制から大王制への過渡期であった事が『魏志』倭人伝の記述から分かります。同様に、大和（大倭）でも、箸墓に埋葬された大巫女から、西殿塚古墳に埋葬された大王に権力が移行した時期と考えます。なお、筑紫倭国や朝鮮南部で超大型古墳が見られないのは、うち続く戦《いくさ》の下、戦力増強に注力した結果、大型古墳を築造する余力が無かったからだと考えられます。すなわち、九州と比較し、大和・河内は平穏だったのです。

神武朝の後半には、南大和の勢力も力をつけ、中大和に対抗して大型古墳を築造します。詳しくは、第二話で論考します。

この事から『日本書紀』の第九代までの記述については、前半が南大和王権の大王の、後半を中大和王権の王権継承の記述とし、南北勢力それぞれの帝紀や御陵記事を足し合わせて「天皇年紀」を完成させていると推論できます。

■倭国大乱の検証

最後に、神武東征の原動力となった倭国大乱を検証します。

図⑧ 海峡国家「倭」

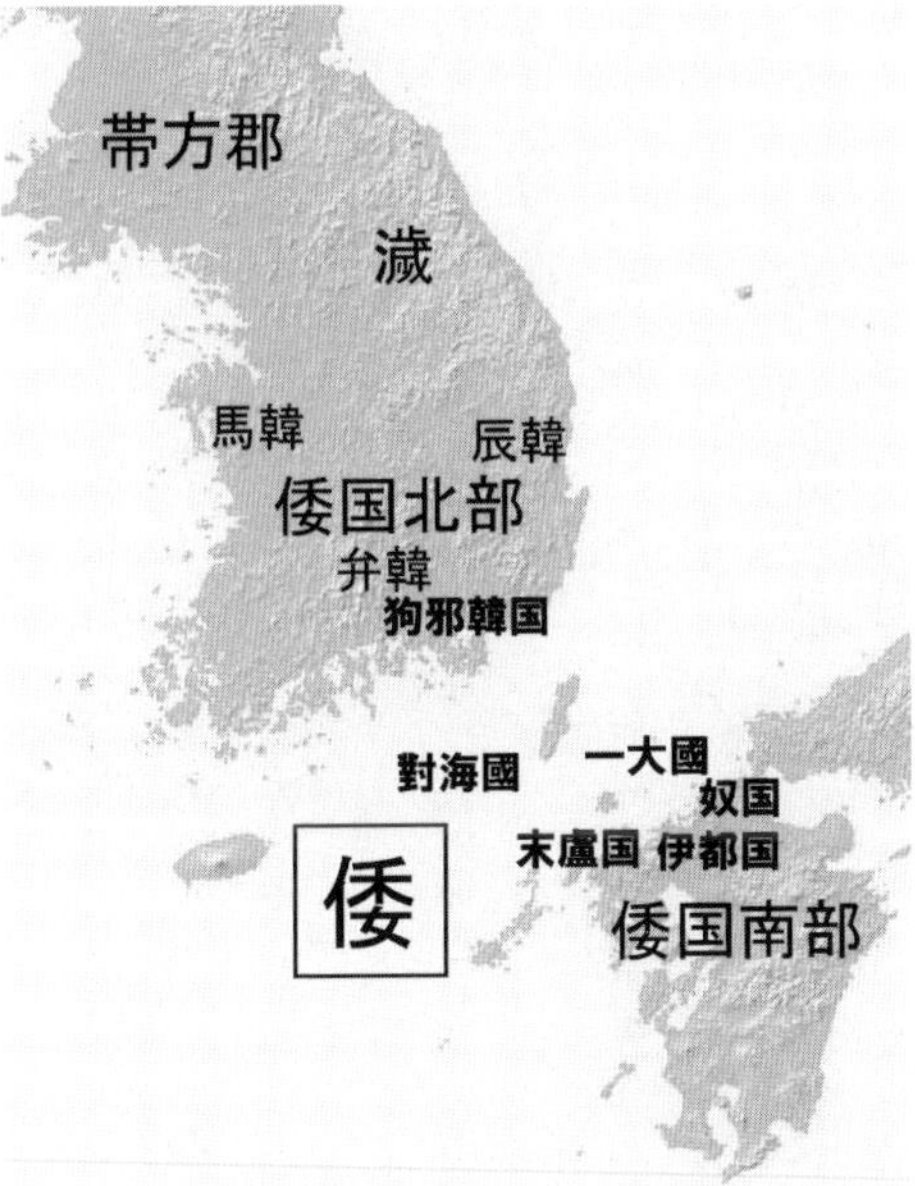

古の倭国は対馬海峡を挟んで朝鮮半島南部の三韓地域と、筑紫を中心とする九州島北部から形成される海峡《かいきょう》国家でした（図⑧）。

『後漢書』に「建武中元二年倭奴国奉貢朝賀使人自称大夫倭国之極南界也光武賜以印綬」とあります。意約すると「建武中元二年（西暦五七年）、倭の奴《ぬ》国《こく》の大夫と自称する使いが朝貢してきた、光武帝が印綬を下賜《かし》した、奴国は倭国の最南部にある」との記述が、倭国が海峡国家であった証拠です。

光武帝下賜印である「漢の委奴国王の金印」の出土地である南部倭国、即ち、筑紫倭国が主導権を握っていました。委奴《いぬ》国王は西暦五十七年の朝貢による後漢の光武帝からの冊封《さくほう》を後ろ盾として権威を誇っていました。これに反発したのが半島南部の倭国（三韓）の王達でした。三韓の王達は、巫王（次次雄《ススング》／帥升《スイション》（朝貢名））を代表に選び、西暦一〇七年、倭（面土）国王を名乗り、委奴国王に対抗して後漢に朝貢しました。生口《せいこう》（財産としての奴隷）百六十人を献上して朝見《ちょうけん》を乞いましたが、満足な結果は得られませんでした。

当然です、既に後漢は委奴国王に、冊封を証明する国王印（金印・漢委奴國王）を賜綬しています。尚、拒絶の原因は以下の史実と同じです。後年、倭の五王が「使持節都督百済諸軍事安東大将軍号」を要求しても、中華王朝は認めませんでした。百済の腆支《ジョンジ》王が、素早く立ち回り、倭国に先がけて朝貢を行い、東晉《とうしん》の安帝から「使持節都督百濟諸軍事鎮東將軍百濟王」の称号を授与されているので、皇帝は、倭王の要求を叶えてやろうと思っても出来ないのです。

これらの不満の蓄積から、三韓倭国と筑紫倭国が争う倭国大乱が起き、ほぼ西暦一四六年から一八九年までの四十四年間続きました。結局、筑紫倭国は、三韓地域に持っていた多くの権益を失いました。

卑弥呼の時代（二〇〇年代初頭）には、朝鮮半島の明確な権益地は、三韓地域の最南端の狗耶《くや》韓国（伽耶韓国・釜山一帯）付近のみとなりました。ただ、西暦三百年代には、好太王《こうたいおう》の碑文にあるように再度、朝鮮半島での権益地を拡げています。

権益地拡大に成功していた事は、韓国西南部・栄山江一帯に築造された前方後円墳の存在が証明しています。約十七基が現存します。最大は、最南部にある海南方山里長鼓峰古墳で全長八二米《メートル》（古代尺 約六〇歩《ぶ》）の大きさです。飯豊《いいとよ》女王の御陵である北花内三歳山《きたはなうちさんさいざん》古墳と、ほぼ同じ規模です。なお、栄山江一帯は、西暦五一二年に任那から百済に割譲された四県の地域です。

馬韓《ばかん》・辰韓《しんかん》・弁韓《べんかん》、筑紫・日向の国を巻き込んだ戦乱、倭国大乱こそ神武王族の南大和進出への原動力であったと考えます。同様に、戦乱の度毎に、加羅《から》（伽耶）王族や百済王族の日本列島への進出が続きます。陸上交通網の発達した現代の感覚とは異なり、古代では、陸上交通路よりも海上交通路が優れており、日本海は交通の障害ではなく交易路そのものだったのです。

加えて当時の東アジアの情勢です。二世紀後半『魏志』韓伝に「韓・濊彊盛《わいきょうせい》にして郡県、制すること能わず。民多く流れて韓国に入る」とあります。また、北方では高句麗《こうくり》が強盛を極めて、後漢の辺境を侵している時代です。動乱の二世紀末と云えるでしょう。高句麗の南下の圧力が、三韓からの倭国に対する圧力・攻勢を促し、倭国大乱が発生したと思われます。高句麗の強盛の原動力は、鉄製武器の充実であったと考えます。図②に示した百済王の崩御年グラフから、十濟の始祖・温祚《オンジョ》王の即位年は在位を遡る直線の外挿により西暦一六〇年前後と推定できます。伽耶の金首露《キムスロ》王（鉄の王とも）の即位も同時期もしくは、少し遡る時代と推定されます。鉄の力による動乱と言えます。

今回求めた神武天皇橿原即位の年と『古事記』に崩御年の記載のある十柱の天皇の崩御年を表⑨

表⑨ 神武天皇の謎・神武天皇即位年（第一話）

『日本書紀』 辛酉	神武天皇 即位（西暦一八一年）
	（欠史八代）
『古事記』 戊寅	崇神天皇 崩御（西暦三一八年）
乙卯	成務天皇 崩御（西暦三五五年）
壬戌	仲哀天皇 崩御（西暦三六二年）
甲午	誉田天皇 崩御（西暦三九四年）
丁卯	仁徳天皇 崩御（西暦四二七年）
壬申	履中天皇 崩御（西暦四三二年）
丁丑	反正天皇 崩御（西暦四三七年）
甲午	允恭天皇 崩御（西暦四五四年）
己巳	雄略天皇 崩御（西暦四八九年）
丁未	継体天皇 崩御（西暦五二七年）

にまとめました。

なお、崩御年が無く、表⑨に記載されていない天皇は、欠史八代を除くと次の通りです。

■垂仁天皇、景行天皇

■安康天皇

■清寧天皇、飯豊天皇、顕宗天皇、仁賢天皇、武烈天皇

『古事記』の編者は、出来るだけ真実の情報を遺そうとしています。崇神天皇以降の天皇の崩御年を知っていたと思います。書けないのです。矛盾が生じるので、書けないのです。この八柱の天皇に注意しながら、第二話以降、謎の解明に取り組みます。

次に表⑨の天皇崩御年をマイルストーン（基準点）にして『日本書紀』の在位年（四倍年暦の在位は平年暦に換算）情報を上乗せすると、**表⑩**の記紀勘校「天皇年紀」を作成できます（なお、一部後段での知見を使用）。ただ、うまく完成しません。

問題部分は、次の通りです。
一、仲哀天皇と神功皇后の年紀
一、反正天皇と允恭天皇の年紀
一、武烈天皇と継体天皇の年紀
問題山積です。表⑨の崩御年の記載の無い天皇群と、表⑩の在位期間に疑問点のある天皇群を合わせると、ほとんどの天皇が年紀などに問題があります。

これからが本番です。

各々の天皇に関するあらゆる記述を精査し、一歩一歩真実に迫る作業が必要です。

「継体天皇紀」文末にある「後勘校者知之也」です。則ち「後世勘校する者が之（真実）を知るなり」とある「勘校（比較校正）作業」を続け、真実を見出すのです。

「第一話　神武天皇の謎」で得られた最大の収穫は『日本書紀』の編者も『古事記』の編者も、史書に正しい記録を残そうと精一杯、努力していることが分かった事です。当然です。両史書の編者は、当時の最高級官僚であり、最高級の学者です。大量の文献を集め、編集してゆく労力たるや並み大抵ではありません。おそらく、当時の王朝からの改変圧力も強かったでしょう。そのような環境の下で、真実の歴史を残すため、最大限の努力をしたと考えます。敬意を表したいと思います。

ここで森博達氏が明らかにされた『日本書紀』の述作者名を挙げておきます。

音博士　続守言《ショクシュゲン》（唐人）

表⑩ 記紀勘校「天皇年紀」（中間結果）

年暦	御名	即位年	在位年数	崩御年	合致	主要事案
四倍年暦	神武天皇	**A. C. 181**	20	A. C. 200	○	倭国大乱（146-189）
四倍年暦	綏靖天皇	A. C. 200	8	A. C. 207	○	
四倍年暦	安寧天皇	A. C. 207	10	A. C. 216	○	
四倍年暦	懿徳天皇	A. C. 216	9	A. C. 224	○	
四倍年暦	孝昭天皇	A. C. 224	21	A. C. 244	○	卑弥呼遣使朝貢（239）
四倍年暦	孝安天皇	A. C. 244	26	A. C. 269	○	倭女王遣使朝貢（266）
四倍年暦	孝霊天皇	A. C. 269	19	A. C. 287	○	
四倍年暦	孝元天皇	A. C. 287	15	A. C. 301		
四倍年暦	開化天皇	A. C. 287	15	A. C. 301		在位重複（二朝対立か）
四倍年暦	崇神天皇	A. C. 302	17	**A. C. 318**	○	
四倍年暦	垂仁天皇	A. C. 318	24	A. C. 341	○	辛卯年倭兵侵攻新羅（331）
四倍年暦	景行天皇	A. C. 341	15	A. C. 355		馬韓に百済建国（346）肖古王
四倍年暦	成務天皇	A. C. 341	15	**A. C. 355**		在位重複（二朝対立か）
四倍年暦	仲哀天皇	A. C. 355	8	**A. C. 362**	○	辰韓に新羅建国（356）奈勿王
四倍年暦	仲哀御子	A. C. 362	6	A. C. 367		
四倍年暦	神功皇后	A. C. 367	18	A. C. 384		七支刀倭王旨銘文（369）
四倍年暦	応神天皇	A. C. 384	11	**A. C. 394**	○	高句麗広開土王が即位（391）
四倍年暦	仁徳父帝	A. C. 394	13	A. C. 406		
四倍年暦	仁徳天皇	A. C. 406	22	**A. C. 427**		倭王讃遣使朝貢（421）
平年暦	履中天皇	A. C. 427	6	**A. C. 432**		
平年暦	反正天皇	A. C. 432	6	**A. C. 437**		
平年暦	允恭天皇	A. C. 412	18	**A. C. 454**		倭王珍・濟遣使朝貢（438/451）
平年暦	安康天皇	A. C. 454	3	A. C. 457	○	
平年暦	雄略天皇	A. C. 457	23	**A. C. 489**	○	倭王興・武遣使朝貢（462/478）
平年暦	清寧天皇	A. C. 490	5	A. C. 494	○	
平年暦	飯豊女王	A. C. 494	1	A. C. 494	○	
平年暦	顕宗天皇	A. C. 495	3	A. C. 497	○	
平年暦	仁賢天皇	A. C. 497	11	A. C. 507	○	倭王武遣使朝貢（502）
平年暦	武烈天皇	A. C. 507	8	A. C, 514		
平年暦	継体天皇	A. C. 507	21	**A. C. 527**		百済武寧王薨去（523）

文章博士
薩弘恪《サツコウカク》（唐人）
袁晋卿《エンシンケイ》（唐人）
山田史御方《やまだのふひとみかた》
紀朝臣清人《きのあそみきよひと》
三宅臣藤麻呂《みやけのおみふじまろ》

『日本書紀』の多くの部分が、続、薩、袁の三唐人によって書かれたと考えられます。

第二話　崇神天皇の謎

■第一の謎　崇神三代陵の奇妙な配置

第十代崇神《すじん》天皇は『古事記』によれば戊寅《つちのえとら》の年である西暦三一八年に崩御した大王であり、「崇神紀」の文中に「崇神天皇を初めて國を知（治）らす御真木《みまき》天皇と申す」とあるため、大和の王朝の始祖王ではないかとも言われています。確かに、奈良盆地の大王墳の分布をみると、崇神天皇の崩御の前後に、大和古墳群や柳本古墳群、佐紀《さき》古墳群と大王墓級の大型古墳が多く出現します。近《ちか》つ飛鳥《あすか》博物館作成の図①「百舌鳥《もず》・古市《ふるいち》古墳群出現前夜」を御覧ください。西殿塚《にしとのづか》、外山《とび》茶臼山《ちゃうすやま》、メスリ山、行燈山《あんどんやま》、五社神《ごさし》古墳などです。崇神天皇の最大の謎は、何故、父を第九代開化《かいか》天皇としながら大和三輪の祭祀と衝突したのか、です。

三韓からの渡来王ではないか、とも言われています。

第一話で神武天皇の即位年を求めた結果、第八代孝元《こうげん》天皇の在位期間が、崇神天皇の父帝である開化天皇の在位と重なっているという問題点が浮上しています。

以下検証を進めますが、崇神天皇の生母、父帝、正后、皇子らの多くに何らかの疑問点があります。

一歩一歩、着実に疑問点を解明する事で、崇神天皇の正体に迫ります。

最初に取りかかるのは、皇子の第十一代垂仁《すいにん》天皇・活目入彦五十狭茅《いくめいりびこいさち》に関する謎の解明です。

近鉄京都駅から大和八木方面に南下し大和西大寺駅を過ぎると、右側やや下方に水を満々と湛《たた》えた垂仁天皇御陵《ごりょう》を観る事が出来ます。いつもながら、やや上方から眺める垂仁天皇御陵の美しさは、例えようもありません。と同時に、何故、崇神王朝の二代目の御陵のみが、父の崇神帝や皇子の景行《けいこう》帝の眠る三輪山北の墓域に無いのかとの疑問が、いつもながらに脳裏に浮かびます。垂仁天皇御陵と崇神天皇御陵の距離は十五キロあります。通常、王の一族は、共通の墓域を持ちます。現在と違い、古代には、この鉄則は厳しく守られます。

では、垂仁天皇は、崇神天皇の皇子ではないのでしょうか。

この疑問を解くために、必要な関連情報を集めようと思います。
◎天皇の和名

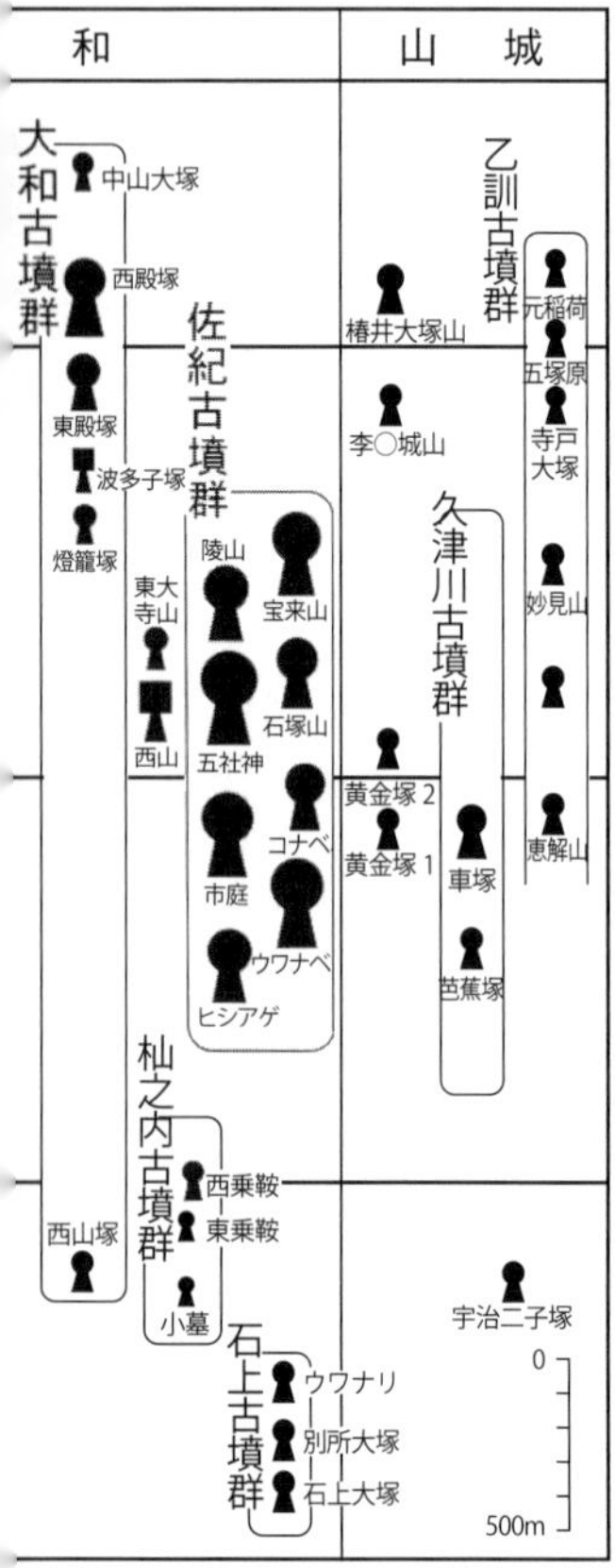

図① 畿内における大型古墳の編年

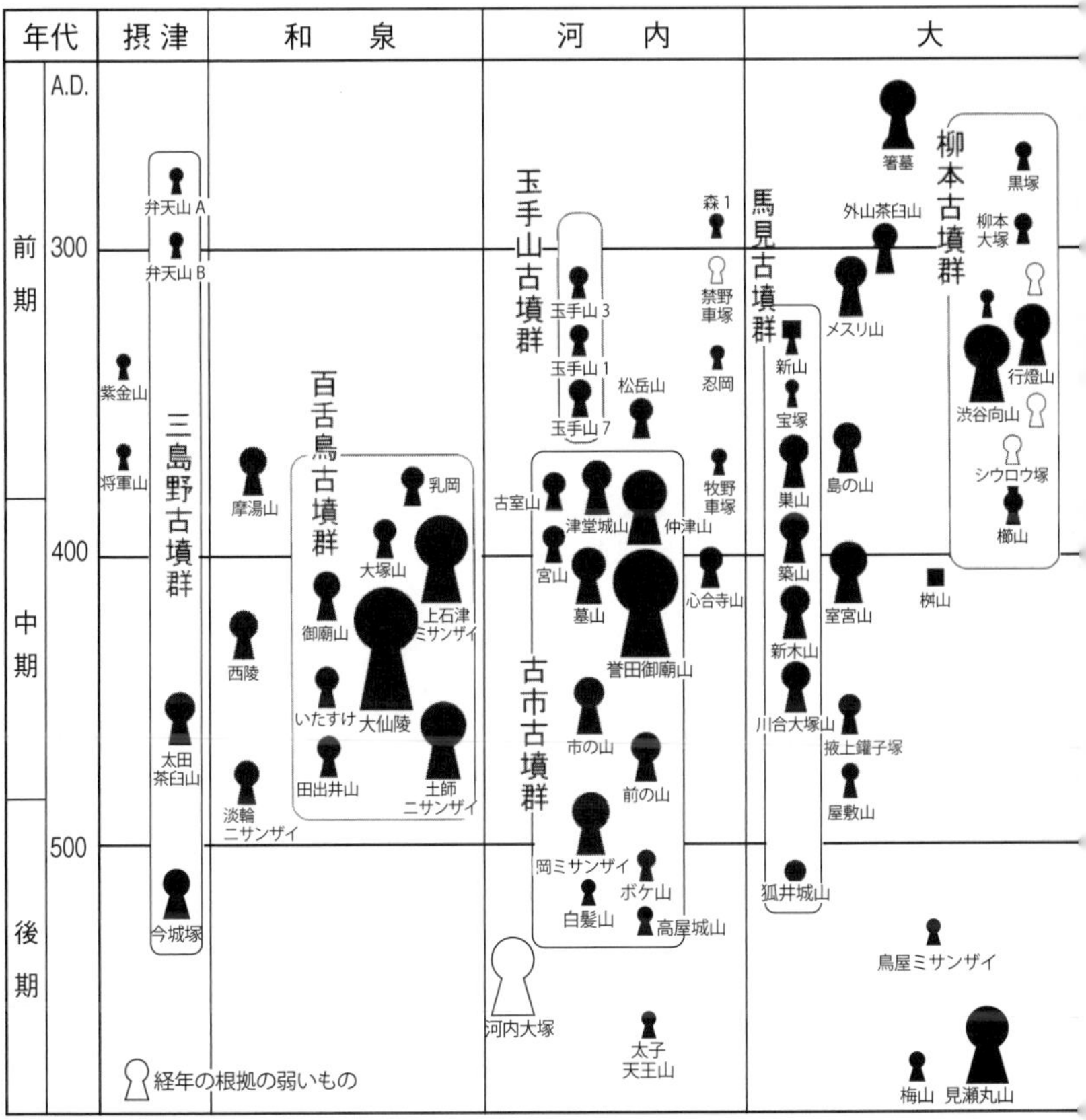

「百舌鳥・古市古墳群出現前夜」（「大阪府立近つ飛鳥博物館」作成の編年図）

『古事記』編者が疑問を解く糸口を遺してくれています。崇神朝三代の和名にヒントが隠されていました。崇神天皇から順に書き出してみましょう。

なお、『日本書紀』では、三天皇の「ひこ」は、すべて「彦」と記され、御間城入彦《みまきいりひこ》、活目入彦、大足彦《おおたらしひこ》であり、違いはありません。

『古事記』天皇の和名

御真木入日子印恵命（みまきいりひこいにえのみこと）………崇神天皇

伊久米伊理毘古伊佐知命（いくめいりひこいさちのみこと）……垂仁天皇

大帯日子淤斯呂和気命（おおたらしひこおしろわけのみこと）…景行天皇

垂仁天皇のみ、毘古と書かれ、他の二天皇は、日子です。何故「ひこ」の漢字表記が異なるのでしょうか。出典が異なるか、血統が異なるか、でしょう。『古事記』編者が疑問点を解決するためのヒントを残してくれているのです。

さらに、名付けられた和名（和風諡号《しごう》）の意味も、又重要です。

御真木入日子印恵命…………御間城に入った印恵王

伊久米伊理毘古伊佐知命……伊久米に入った伊佐知王

大帯日子淤斯呂和気命………大きな領地を治めた淤斯呂和気王

崇神天皇は御真木（三輪近辺か）に入城、即位した大王、垂仁天皇は伊久米で即位した大王であり、垂仁天皇は御間城の王ではない事を示唆しています。垂仁天皇御陵の位置は、南佐紀と云える場所であり、北大和の大王ではないかと考えられます。

一方、景行天皇の和風謚号は、領地を大きく拡げられ、分配された大王の意にとれます。

以上の結果から「垂仁天皇が、崇神天皇の御子では無い」可能性が強く示唆されます。

関係情報の探索を続けます。
◎殉死の風習への父子の相克
『日本書紀』垂仁天皇二十八年のところに倭彦命陵《やまとひこのみことりょう》の話が有ります。「二十八年十月五日、垂仁天皇の母の弟である倭彦命が薨《みまか》る。十一月二日、倭彦命を身狹《むさ》の桃花鳥坂《つきさか》御陵に葬る。是に於て近習者を集めて悉《ことごと》く陵域に生き埋めにする。數日死なず、晝夜《ひるよる》泣き叫ぶ、遂に死して腐る。犬烏聚《あつま》りて喰らう。垂仁天皇がこのことを聞き、これ以後、殉葬《じゅんそう》を停止された」とあります。

一方『古事記』の「崇神天皇紀」に「此王之時始而於陵立人垣」とあり、崇神天皇の時、大和で初めて御陵に人垣（生き埋め者）を立てき、とあります。

崇神天皇の在位期間に、はじめて大倭《やまと》で殉葬を行った、と読み解けます。この事から、崇神天皇が殉葬の行われている国の出身である事が分かります。また、崇神天皇が、父王である開化天皇の御陵を築造する際に、人垣を立てた可能性もあります。開化《かいか》天皇、崇神天皇、ともに、大和への渡来王という事になります。おそらく、伽耶《かや》（任那《みなま》）の血統です。伽耶は六世紀まで殉葬を行っていました。韓国の高霊（大伽耶國）の古墳の発掘により確認されています。

以上の結果は、一方で垂仁天皇が、大和土着（三輪《みわ》信仰）の大王である可能性をも強く、示唆しています。

◎「安田家文書《やすだけもんじょ》」の天皇名

南河内の旧家に残された「安田家文書」（第五話詳述）の内容も垂仁天皇が、崇神天皇とは別血統である事を示唆しています。文書に残された天皇名は、崇神天皇、景行天皇、履中《りちゅう》天皇、反省《ママ》天皇の四天皇のみです。崇神王朝の大王達です。垂仁天皇の名はありません。筆者は、景行天皇と、その皇子である五百城入彦《いおきにいりひこ》王（五百城村を治める王の意）が河内一帯に進出、その後裔が難波津《なにわのつ》開発で財を成し、百舌鳥野《もずの》の巨大三陵を築造したと推論しています。崇神一族の墓域は、初期には三輪の北の柳本地域、難波進出後は百舌鳥野地域と見ています。佐紀ではありません。

「安田家文書」では、垂仁天皇は、伽耶渡来の崇神一族とは見做されていないという事が分かります。

◎景行天皇の三太子の記述の不思議

『日本書紀』「景行天皇紀」に、天皇に選ばれた三王子の話があります。日本武尊《やまとたけるのみこと》、五百城入彦皇子、稚足彦《わかたらしひこ》天皇（成務天皇）の三柱の皇子を天皇の手元に残す話です。その他の御子は七十柱余で、その殆どを国主や郡長に封じたとされています。

一方『古事記』は、景行天皇が、倭建命《やまとたけるのみこと》、五百木之入日子《いほきのいりひこ》命、若帯日子命《わかたらしひこのみこと》の三柱の皇子すべてを太子《たいし》とした、と記録しています。ひとつの王朝に三太子は異常すぎます。ありえません。たちまち、抗争が始まり、血が流れます、宮廷における立太子制は、抗争を防ぐ手段なのです。『古事記』の記事の趣旨は、景行天皇の御代には、三つの王朝が鼎立《ていりつ》し、それぞれに太子が居た事を伝えているのです。

そうでなければ、なぜ、稚足彦尊のみ稚足彦天皇と書くのでしょう。

次の記録をご覧ください。

原文①「四年春二月然除日本武尊稚足彦天皇五百城入彦皇子外七十餘子皆封國郡」

原文②「五十一年秋八月立稚足彦尊爲皇太子」

景行天皇の四年春二月の段に「稚足彦天皇」と書いて（原文①）、五一年秋八月の段で「稚足彦尊」を立てて皇太子としたと書いて（原文②）いるのです。矛盾しています。

筆者はこれを、『古事記』の記録と同じく、『日本書紀』編者の後世に残したサインと見ます。記紀の両編者が、ここは重要だと感じてサインを遺しておいてくれたのです。

あえて、立太子前の稚足彦尊を天皇と書くのは稚足彦尊が「日嗣《ひつぎ》の御子《みこ》」との編者の遺言《いごん》なのです。

さらに『古事記』の「応神天皇紀」には、天皇の三皇子の役割分担の話が載っています。大山守命《おおやまもりのみこと》、大雀命《おおさざきのみこと》、宇遅能和気郎子《うじのわきいらつこ》（宇治天皇・『播磨国風土記』）です。天津日継《あまつひつぎ》を知らす役割の御子は、宇遅能和気郎子と書かれています。

稚足彦尊以外は、世子（諸侯の跡継ぎ）と判断して良いでしょう。

◆稚足彦尊は、純粋大和王の太子　（父王は垂仁天皇）

◆五百城入彦王は、難波王の世子　（父王は景行天皇）

◆日本武尊は、河内王の世子　（父王は渡来王族）

『日本書紀』は、この部分で地方豪族を一視同仁《いっしどうじん》、天皇の（赤子《せきし》・御子《みこ》）として、大倭王朝に組み込むと同時に、諸侯（難波王と河内王）の子をも、景行天皇の御子として組み込んだのです。景行天皇の時代には、すでに河内王（倭建命）の力があなどれなかった事も分かります。

この場合、景行天皇も世子にあたるのですが「日嗣の御子」然として、元子（天子の嫡子）のように書かれています。『日本書紀』の編者も苦心しています。

◎狭穂彦《さほひこ》王の乱の真実

『古事記』の「垂仁天皇紀」の始めに「この天皇、沙本毘古《さほびこ》命の妹、佐波遅比売《さはぢひめ》を娶《めと》して生みましし御子、品牟都和気《ほむつわけ》命」とあります。沙本毘古王は、孝元天皇の元子の大毘古《おおびこ》命の血統と思われます。

そうなら、「垂仁天皇紀」の「狭穂彦王の乱」の解釈が変わります。どんでんがえしが起きます。狭穂彦王の蹶起は、実は、対垂仁天皇戦では無く、対崇神天皇戦であった事になります。「狭穂彦王の乱」とは、崇神天皇側から見た見方で、実は、反乱者は崇神天皇で、沙本毘古王は鎮圧にあたる側だったと解釈できます。

『古事記』は「狭穂彦王の乱」を詳しく述べています。沙本毘古王は、最後には稲城《いなき》を築いて防戦しますが、叛乱鎮圧は失敗に終わり、王と沙波遅比売は亡くなります。

以上、有益な情報（◎印）が五つも揃いました。

垂仁天皇が崇神天皇の皇子でない事は、ほぼ確実です。まさに驚天動地です。垂仁王朝は、垂仁、成務、和訶奴気《わかぬき》王と続き安康《あんこう》天皇まで、崇神王朝は、崇神、景行、五百城入彦王、品陀真若《ほむだまわか》王から反正《はんぜい》天皇まで続くのです。

では、垂仁天皇の父帝は誰なのでしょう。

狭穂彦王の乱でも説明した孝元天皇の元子である大毘古命です。まさに、垂仁天皇の父帝として申し分ありません。中大和王であった大毘古命を、開化天皇（大毘毘命）もしくは崇神天皇が、北大和の地に追いやったと思われます。以上の検証から、崇神天皇が、三輪の祭祀権を奪い、全大和を一応、支配下に置いたが、中大和王の血統を、根絶やしにした訳では無い事が分かります。

■第二の謎　崇神天皇が三輪の祭祀と対立する不思議

崇神天皇は、大和三輪の祭祀と衝突します。「六年、疫病により百姓が逃散・反抗したので、御殿内に天照大神や倭大国魂《やまとおおくにたま》神などの三輪の神々を御祀りしたが、共に住むには不安があった」とあります。奇妙です。

崇神天皇が、三輪とは異なる信仰を持ち、別の場所から御間城に入った事を示しています。では、神武天皇が三輪と異なる祭祀を持ち、その後裔である崇神天皇が三輪に入城したのでしょうか。そうとは思えません。南大和に十代もいれば、中大和の祭祀の内容についても、ある程度知っていた筈です。この点から崇神天皇は、神武天皇ならびに孝安《こうあん》天皇の後裔では無く、中大和の地に今来《いまき》した大王と考えられます。

では、崇神天皇は、どこから大和に今来したのでしょう。
この疑問を解くために、必要な情報を集めます。

◎崇神天皇と父帝と母后の出自

図② 崇神天皇の血統図（『日本書紀』）

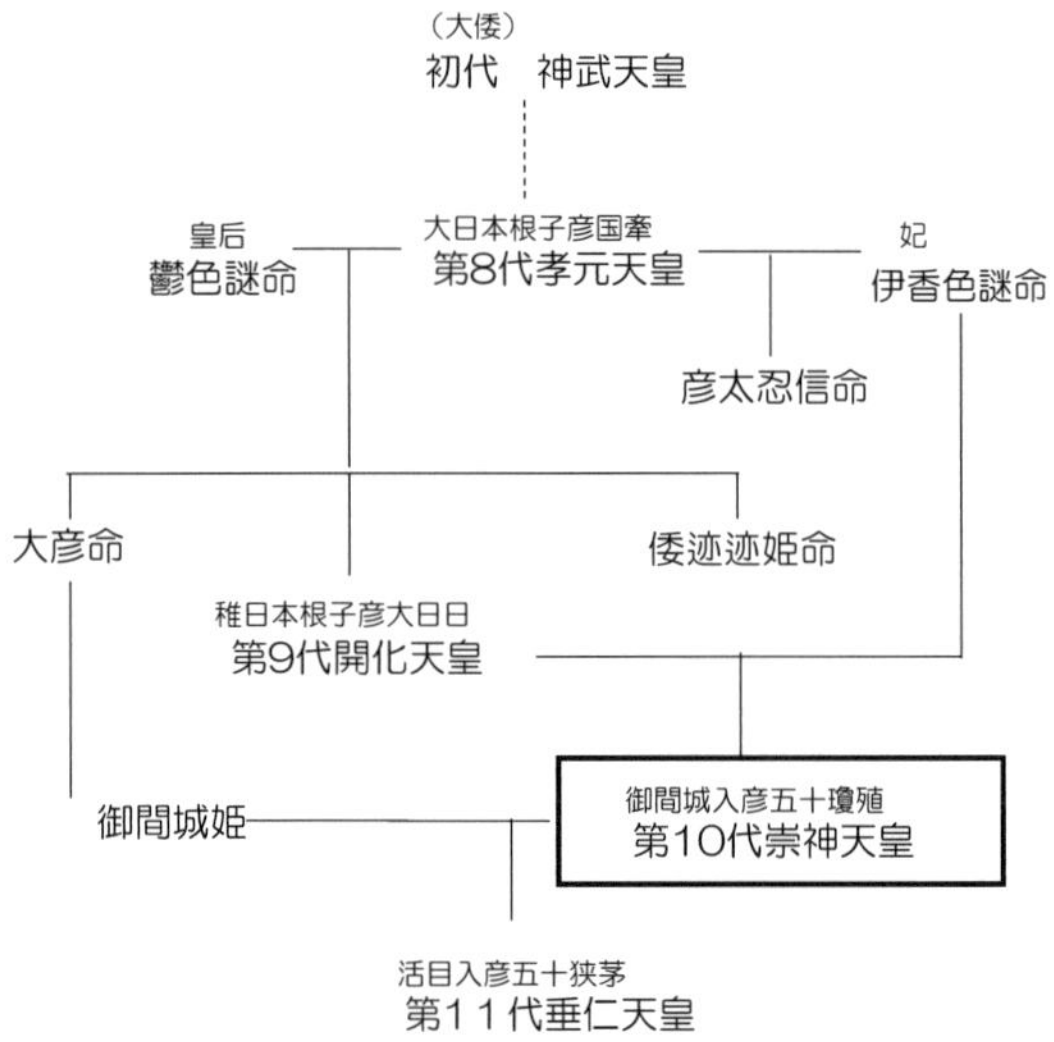

前述したように、倭彦命《やまとひこのみこと》陵に於ける殉葬（人垣を立てる）が、崇神天皇の出自を明らかにしています。崇神天皇の父である大毘毘（開化天皇）ならびに正后の御間城姫と、その弟である倭彦命が、殉葬を風習とする地域からの渡来王族である事は明白です。大和への今来の渡来王です（図②、③参照）。

大和三輪の信仰は、浄《きよ》き水をもたらす山体信仰であり、殉葬などは受け入れがたいものです。国人の強い抵抗に遭って、渡来王の悪しき風習が取りやめになったと思われます。

◎大加羅國皇子の渡来譚

『日本書紀』「垂仁天皇紀」の前半、任那の蘇那曷叱智《そなかしち》の帰国の話のところで突然、ある

図③ 崇神天皇の血統図（『古事記』）

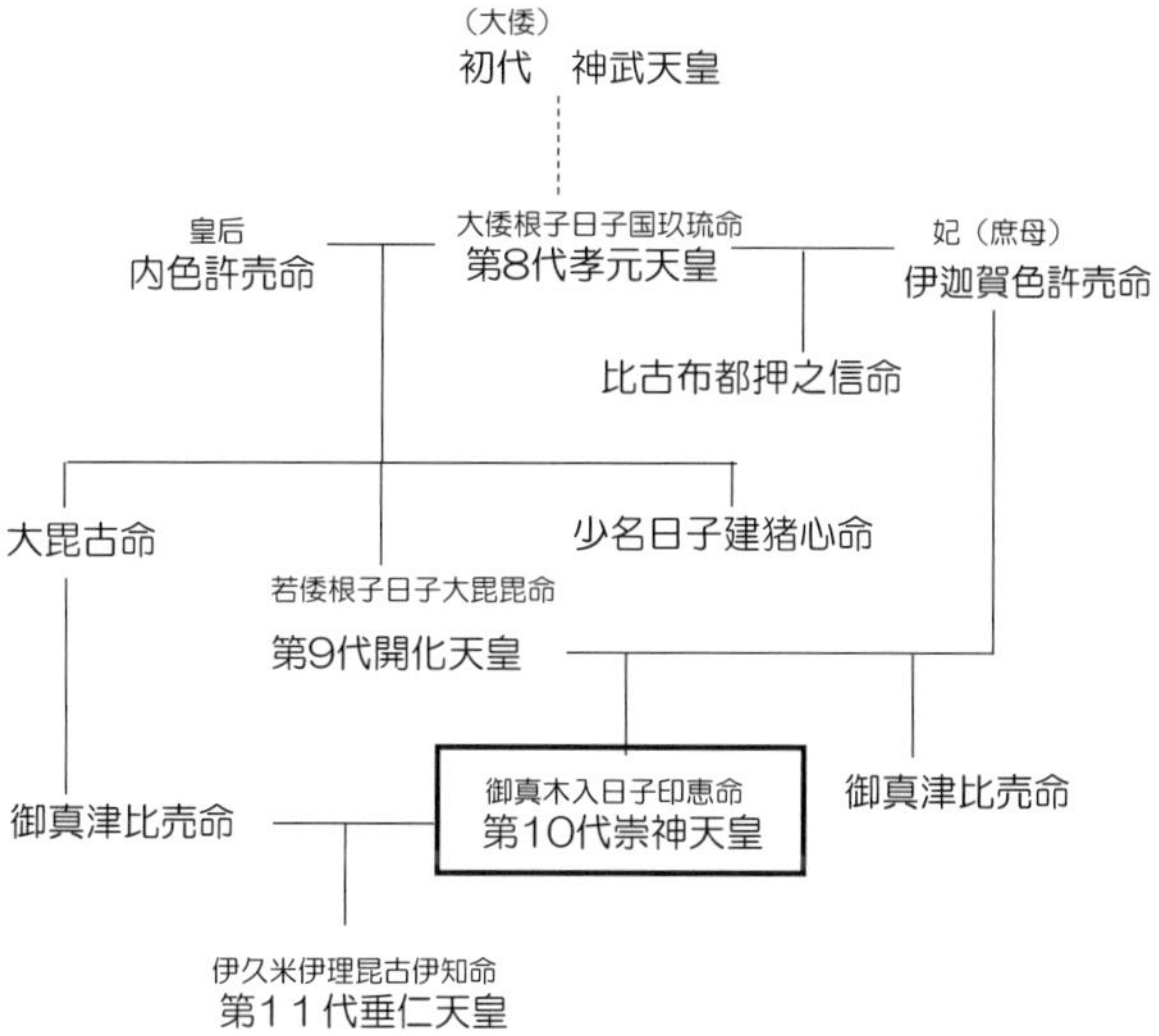

説によるとして渡来王の話が出てきます。

「崇神天皇の御世に額に角のある人が船に乗って越《こし》（越前）の国の笥飯《けひ》（気比）の湊《みなと》に着いた。どこの人かと尋ねたら、大加羅《から》國の王子で都怒我阿羅斯等《つぬがあらしと》と言い、又の名を于斯岐阿利叱智于岐《うしきありしちかんき》というと答えた。日本国に聖王がいらっしゃると聞いて帰化しようとして来ました。穴門《あなと》（関門）で伊都《いつ》国王（筑《つく》紫《し》倭王《わおう》）を名乗る人物に邪魔されたが、日本海を渡ってきた」と、あります。

『日本書紀』編者が意味の無い文章を遺す筈もなく、于斯岐阿利叱智于岐が崇神天皇、又は開化天皇の名前である可能性を示唆しています。于斯岐阿利叱智于岐の意味は明確には分かりませんが、一説には、于斯岐は牛を意味し、阿利は知る（治る）の意味、叱智は加羅における人名の尊称、于岐は小国の王号を意味するといわれます。

◎情勢逼迫の半島南部域

『魏志』韓伝にあるように、朝鮮半島は三世紀、動乱の時代でした。西暦二四六年、三韓地域で韓人の大反乱が発生します。帯方《たいほう》・楽浪太守《らくろうたいしゅ》の弓遵《きゅうじゅん》と劉茂《りゅうも》の率いる二郡の兵により叛乱は鎮圧されましたが戦いは激しく、司令官である太守の弓遵が戦死しています。この乱の後、帯方郡による馬韓統治、楽浪郡による辰韓《しんかん》統治が始まります。すなわち、伽耶地方の接収も時間の問題となっていたのです。このため、伽耶の王族が鉄器で武装し、若狭から大和に転戦侵攻する条件が整っていました。

『古事記』崇神天皇崩御年は西暦三一八年です。開化天皇（大毘毘命）や大加羅国の王子が列島に今来する環境は整っていたのです。なお、伽耶《かや》、加羅《から》、駕落《から》、狗邪《くや》と表記は違えど、意は同じです。

◎伊勢の祭祀の持つ意味

『日本書紀』「垂仁天皇紀」二十五年のところに伊勢の祭祀を始めた話があり、「故に、大神の教えに従い、その祠堂を伊勢國に建立した、斎宮《いつきのみや》は五十鈴《いすず》川の川上に造った」と述べられています。この伊勢神宮の宝刀である玉纏之太刀《たままきのたち》には、金銅製の魚佩《ぎょはい》が二つ付いています。**資料①**「伊勢神宮伝来〝玉纏之太刀〟」をご覧ください。この魚佩が伊勢神宮創設の重要なヒントなのです。双魚紋《そうぎょもん》は、加羅の始祖、金首露《キムスロ》の妃である許黄玉《ホファンオク》が印度《インド》よりもたらしたとされる由緒ある紋です。金首露王陵にも、この双魚紋が飾られています。伊勢の祭祀は、伽耶祭祀なのです。

次に、伊勢の地勢です。崇神王家が伽耶の出ならば、大和に渡来しても本貫の地である伽耶が懐かしく恋しく、また、伽耶の祭祀を行いたいと思う筈です。伊勢の地は、伽耶と同じ入海と多島海《たとうかい》の地です。伊勢では、太陽の昇る方向も伽耶と変わりません。伊勢祭祀の深い意味がここにあります。

大和では、三輪の祭祀が強力で伽耶の祭祀を行い得ず、伊勢の地で行ったとも考えられます。

以上述べた情報（◎印）を勘案すると、開化天皇ならびに崇神天皇が、伽耶（任那）から今来の王族《コニキシ》である事は、ほぼ確実です。両天皇共に三輪の祭祀と衝突したと思われます。

資料① 伊勢神宮伝来の“玉纏之太刀”

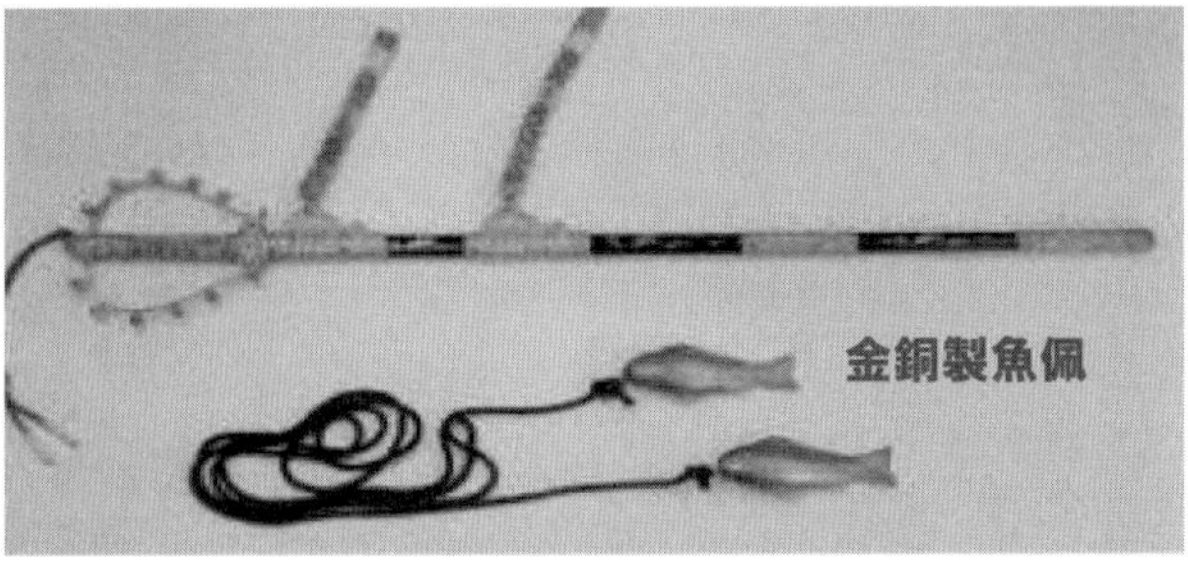

玉纏の太刀は、伽羅王家の王が持つ佩刀として相応しい品格を持っている。伊勢神宮刀は、伽羅王家の伝世様式品と思われる。なお、法隆寺西の藤ノ木古墳から玉纏太刀類似の直刀二振りと金銅製の魚佩が発見されている。
矢野健一「伊勢神宮の文化史（第三回）御装束と神宝」より

■第三の謎　開化天皇と孝元天皇の在位重複の謎

第一話で求めた神武天皇即位の年（西暦一八一年）から在位を下ると、孝元天皇と開化天皇の在位期間が、ちょうど干支《えと》一巡り平年暦十五年分が重なります（第一話）。開化天皇が天皇に就位していない可能性が考えられるのです。

以下、検証を加えて、在位が重複する謎を解明します。

記紀の「孝元天皇紀」から「崇神天皇紀」まで、奇妙な記述が続きます。
◎庶母表現の不思議

『古事記』は、崇神天皇の母である伊迦賀色許売命《いかがしこめのみこと》を庶母《しょぼ》と表記しています（図③参照）。「開化天皇紀」の原文は「又娶庶母伊迦賀色許賣命生御子御眞木入日子印惠命」と記されています。庶母とは、漢和大字典に拠れば「父の妾で自分の生母」とされます。一方、『日本書紀』では、「開化天皇紀」に「六年春一月に伊香色謎命を立てて皇后とした」との記述が見られます。かりにも皇后を庶母とは、穏やかではありません。記紀の表現の差に、隠された大きな秘密を感じさせます。

◎御間城姫に父二人の不思議

崇神天皇の皇后は、『日本書紀』では「御間城姫」、『古事記』では「御真津比売命《みまつきひめのみこと》」と表記されています（図②、③参照）。記紀共に、御真津比売命の父を孝元天皇の第一子である大毘古命（大彦命）としています。ところが、奇怪な事に、『古事記』の「開化天皇紀」では「開化天皇、庶母伊迦賀色許命を娶《めと》して、生みましし御子、崇神天皇と御真津比売命」との記述も遺されているのです。『古事記』の『日本書紀』と異なる記述は、御間城姫の真の出自を明らかにしたいようです。

以上の結果を受けて、伊香色謎命を庶母とした理由を考えてみました。

記紀の血統図を見ると。もし開化天皇が孝元天皇の御子で無いとしたら、崇神天皇は、和風諡号《しごう》に孝の字が入る四天皇とは血が繋がらなくなります。皇統が万世一系でなくなるのです。そこで、第七話で詳しく述べる「嶋王（百済武寧王《ムリョン》）誕生譚」の手法を活用します。嶋王誕生譚では、昆支王《コンキ》が蓋鹵王《ケーロ》の孕んだ妃を賜って倭国に渡来し、生まれた嶋王が武寧王であるとしています。

開化天皇は、孝元天皇の妃を下賜《かし》されています。開化天皇自体が孝元天皇の実子でないとしても、崇神天皇が孝元天皇と伊香色謎命との子なら血統は繋がるのです。開化天皇は、孝元天皇の御子を孕んだ伊香色謎命を下賜されたと設定するのです。以上の解析結果は、じつは開化天皇が孝元天皇の御子でない事を、逆に示唆しています。

御間城姫の出自についても、『古事記』が出自修正のヒントを遺しています。『古事記』は崇神天皇と御真津比売命を兄弟とする異常な表記で、崇神天皇の正后が大毘古命の皇女である御真津比売命ではないと主張しているのです。古代においても、異母兄妹の婚姻は許されこそすれ、父を同じくする婚姻は禁忌《きんき》です。御間城姫の弟が倭彦命であり、この姉弟は、伽耶血統ですから、御間城姫は、大彦命（大毘古）の皇女ではなく伽耶渡来の媛《ヒメ》であると云えます。

以上の検証の結果、考昭《こうしょう》、考安《こうあん》、孝霊《こうれい》、孝元《こうげん》、と続く三輪王朝の地に、開化、崇神、景行、五百城入彦王と続く伽耶王家の大毘毘王が侵入し、崇神天皇の代に王朝交代が起こった事が明らかになりました（図④参照）。

筆者の推定した最も可能性の高い王朝史は、次の通りです。

「南大和の勢力の支援の下、伽耶渡来の王族《コニキシ》である大毘毘王が、考元天皇の中大和の宮廷に入り込み、孝元天皇の妃を下賜され、娘（御間城姫）の婿に大加羅國から王子（崇神天皇・于斯岐阿利叱智于岐）を迎えて、権謀術策を駆使して娘婿を中大和王に就けるとともに、中大和王の血統を北の佐紀周辺に追い払い、三輪の祭祀権を奪取する事で、最終的に大和一國を乗っ取った」、です。

次に、何故、崇神天皇は肇国《ちょうこく》天皇とされるのかの所以《ゆえん》を検証しておきます。

図④ 開化天皇の血統図（推定）

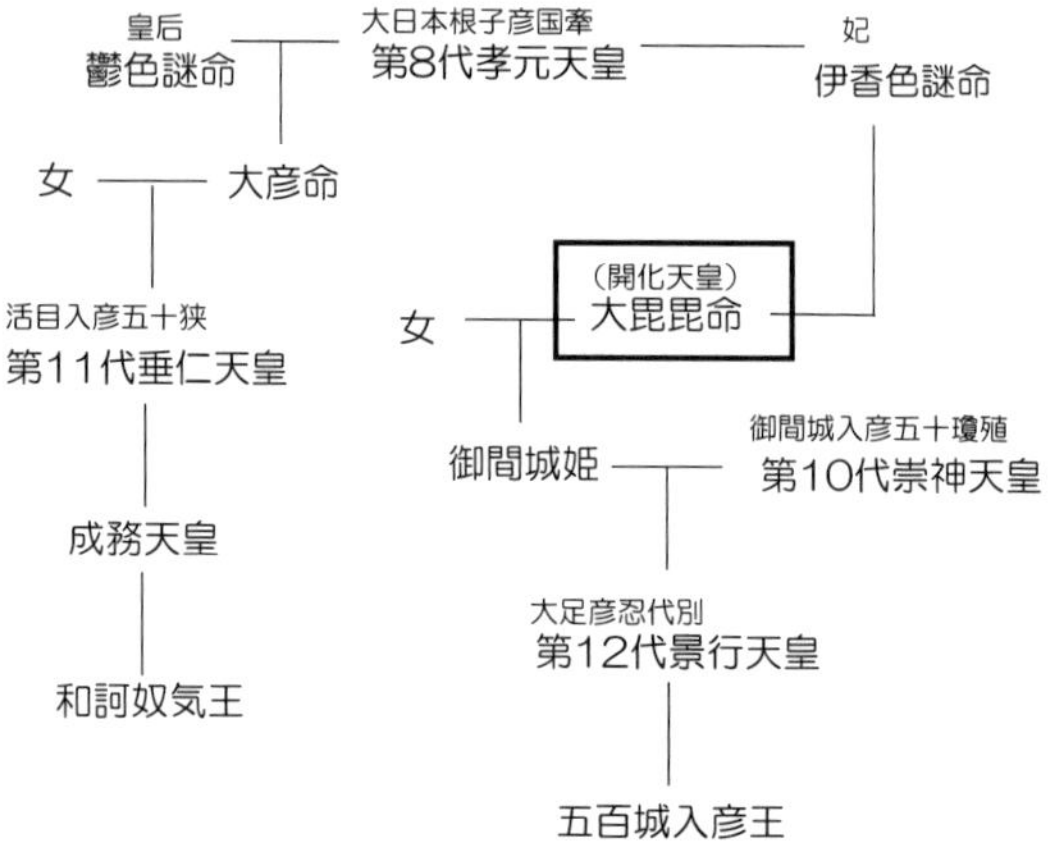

古代の王は、祭祀権と執政権を持つ事が、王としての必須要件でした。天皇家も古代王としての性格を色濃く持っています。まさに宮中祭祀こそ、巫王としての性格を伝えるものです。金両基著『物語韓国史』から、巫王についての記述を紹介します。

「新羅の第一代は赫居世《パクヌィ》、二代目王は南解《ナメ》王であり、南解次次雄とも称されます。次次雄はススングと読み、「巫」の意味です。王は神意を民に伝える重要な役目を持っていたのです」とあります。

新羅王の陵墓からは、樹木冠が発掘されます。樹木冠は、神が天下依《あまくだるよ》り代《しろ》です。日本でも、多くの神社で、御柱《おんばしら》が依り代とされます。

孝元天皇は、三輪の祭祀権を有していても、執政権は、中大和に限られていました。一方、崇神天皇は、南大和から中大和に入って三輪の祭祀権を孝元天皇から奪い、南大和、中大和、さらには、大毘古命（北大和王）の上にも立った事で、大和の国の「肇国天皇」とされるのです。

ここで、三輪の祭祀と倭国の祭祀を比較しておきます。

◎三輪の祭祀

三輪の祭祀は、三輪山本体を御神体とする古代信仰です。三輪山は、酒造りの神様としても広く信仰をあつめています。三輪信仰は、酒造りに必須の清き水に対する信仰なのです。奈良盆地で農業を行う場合、水の確保が最大の問題です。その証拠は、驚くほどの奈良盆地の溜池の多さです。水の信仰は蛇信仰に繋がります。水の上を走る蛇の姿は、まさしく水の精の化身です。三輪山の山体が蛇のとぐろをまいた形であるとする論者もいます。

◎倭国の祭祀

三輪の信仰に対峙するのは筑紫《つくし》倭国《わこく》の信仰です。卑弥呼《ひみこ》の信仰です。卑弥呼は、日巫女か火巫女でしょう。太陽信仰や火を吐く阿蘇山への信仰です。清き水への信仰ではありません。ほとばしるエネルギーへの信仰です。けがれなど問題にしません。現に卑弥呼の「径百餘歩」の塚には、奴卑百餘人が殉葬されているのです。伽耶と筑紫の信仰は似ています。当然です。古《いにしえ》は同じ倭国だったのです。

話を戻します。以上、論考した結果と、古墳の分布状況をつきあわせてみます。

大和に散在する大型陵墓に被葬者を割り振ります。これまでの検証に基づく筆者の推定結果です。

（一歩《ぽ》は一・三八三米《メートル》）

【孝四代王の御陵】

◆孝昭天皇御陵　大和古墳群　　中山大塚古墳　　墳丘長 約一〇〇歩　古墳時代初頭

◆考安天皇御陵　大和古墳群　西殿塚《にしとのづか》古墳　墳丘長　約一六〇歩　三世紀後半
◆孝霊天皇御陵　大和古墳群　東殿塚古墳　墳丘長　約一〇〇歩　四世紀初頭
◆孝元天皇御陵　大和古墳群　燈籠《とうろう》塚古墳　墳丘長　約八〇歩　四世紀前葉

【開化天皇と崇神天皇皇后の御陵】
◆開化天皇御陵　鳥見山古墳群　メスリ山古墳　墳丘長　約一八〇歩　四世紀初頭
◆御間城姫御陵　鳥見山古墳群　外山《とび》茶臼山《ちゃうすやま》古墳　墳丘長　約一五〇歩　四世紀初頭

【崇神二代王の御陵】
◆崇神天皇御陵　柳本古墳群　行燈山《あんどんやま》古墳　墳丘長　約一八〇歩　四世紀前半
◆景行天皇御陵　柳本古墳群　渋谷向山《しぶたにむかいやま》古墳　墳丘長　約二二〇歩　四世紀後半

【佐紀三代王の御陵】
◆大毘古王御陵　佐紀古墳群　五社神《ごさし》古墳　墳丘長　約一九〇歩　四世紀後半
◆垂仁天皇御陵　佐紀古墳群　宝来山《ほうらいさん》古墳　墳丘長　約一六〇歩　四世紀後半
◆成務天皇御陵　佐紀古墳群　石塚山古墳　墳丘長　約一六〇歩　四世紀末頃

解析結果と古墳の分布・編年との間に齟齬《そご》は無いと思われます。

第一話で求めた孝元天皇の在位は、西暦二八七年から西暦三〇一年の十四年間です。大和古墳群の墳丘長八〇歩の燈籠塚古墳で間違い無いと考えます。考安《こうあん》天皇御陵から徐々に小さくなっているのは、開化天皇（大毘毘命）の圧迫によるものと考えられます。興味を惹かれるのは、周囲の丘陵上の古墳の大半が南に前方部を向けているのに対し、この燈籠塚古墳は西方向に向けているのです。さらに、筆者が最後の大和の大王と位置づけている武烈《ぶれつ》天皇陵（推定・西山塚古墳）も、前方部を北に向けているのです。偶然の一致でしょうか。滅びの古墳は、西方や北方に前方部を向ける風習があるのか、浄土信仰が広まる前から陽の沈む西方や寒気の北方は滅びゆくもの達の向かう場所だったのでしょうか。

築造年代と副葬品から、メスリ山古墳が開化天皇御陵に相応《ふさわ》しいと判断しました。古墳の埋葬倉庫と思われる副石室から大量の鉄製品が見つかっています。伽耶渡来の鉄製品です。二一二本の茎式鉄矛《てつほこ》、これらの鉄矛は長い柄をつけて集団戦に用いられる武器です。『魏志』濊《わい》伝に、「矛を造るに長さ三丈、あるいは数人が共にこれを持つ」とあります。鉄剣形の鉄矛は、三韓や筑紫でも出土していて、当時の武器の中心でした。他に二三六本の銅鏃、弦も鉄製の鉄弓一本、鉄製矢五本、鉄剣、鉄刀それぞれ一本、さらに鉄斧《てっぷ》一四、手鎌《てがま》一九、鑿《のみ》、やりがんな五一、錐《きり》、刀子《とうす》、ノコギリが発掘されています。

築造年代は、四世紀初頭で、西暦三〇一年に亡くなったとされる開化天皇の陵墓に相応しい副葬品の内容です。注目すべきは、その大きさです。中大和王の御陵である西殿塚古墳の大きさを、やや上回っているのです。陵墓の大きさは、その王の財力と軍事力を示します。大量の鉄製武器を有する開化天皇の軍事力に中大和王は、屈服せざるを得なかったと思われます。

さらに、このメスリ山古墳の西約三キロには、外山茶臼山古墳があります。築造年代が四世紀初頭であり、開化天皇の皇女で、崇神天皇の皇后となった御間城姫の御陵ではないかと推論します。通説も御間城姫の陵墓とされます。この古墳には、推計八一枚の国内最多の銅鏡が埋葬されていたとされます。斜縁二神二獣鏡ほか、八種類の銅鏡が出土しています。他にも、翡翠《ひすい》の勾玉《まがたま》、瑠璃《るり》（ガラス）製の管玉、碧玉《へきぎょく》製の腕飾り、玉杖が出土しています。まことに皇后の御陵に相応しいのです。

崇神天皇は、図⑤の朝鮮半島東南部の地図の中央部、大伽耶（大加羅）から大和に今来し、于斯岐阿利叱智于岐と名乗った人物と推論しました。金思燁著『古代朝鮮語と日本語』によれば、干岐は「京長」の義とします。多くの城村から成る京の長という称号を持つ王子なのでしょうか。

古《いにしえ》の倭国北部（海峡の北・三韓）から来た御間城入彦五十瓊殖《いにえ》大王（崇神天皇）が、息子の大足彦忍代別《おおたらしひこおしろわけ》（景行天皇）に命じて、河内野への領土拡大を進め、更に、孫の五百城入彦王が難波津一帯の開発を進め、交易の利も得て、子孫が、巨大な百舌鳥野の三陵を築づく結果となるのです。

朝鮮史書の『三国遺事』に「百済國旧有五部、分統三十七郡、二百濟城、七十六萬戸」との記事があります。百済《くだら》の国は、もともとは五部に分かれていたが、三七郡に分けた。全三七郡には二百の城村があり、住戸は七十六萬戸であると記されています。この文中にある「濟」も城の意です、重

図⑤ 伽耶の版図（六伽耶）

❶金官伽耶 ❷阿羅伽耶 ❸古寧伽耶
❹大伽耶 ❺星山伽耶 ❻小伽耶

田中敏明著『日本史リブレット 古代の日本と伽耶』より、一部加工

注記：❶の金官伽耶こそ古の狗耶韓国（伽耶韓）であり、❷の阿羅伽耶は弁辰安耶國、❹の大伽耶が弁辰狗耶國と思われます。（『三国志』魏志東夷伝の国々）

複しているのは、強調したいのか、百済の名前の由来を示したいのかでしょう。この記事をベースに換算すると、五百城入彦王の場合、「大王所知、九十三郡、五百濟城、百九十萬戸」となります。これほどの城村（百済の国の倍以上）が存在できるのは、大阪平野以外にありません。景行天皇の世子（諸侯の跡継ぎ）である五百城入彦王が大和から河内ならびに難波へと侵入したのは確かだ云えます。

以上の検証から、伽耶王家出身の王子が若狭を経て大和に進出し、さらにその西、大阪平野に展開を図り、難波津と大阪平野北部の開発による財を使って巨大な百舌鳥野の三御陵を築いたのは、確かと思われます。

第三話　神功皇后の謎

■大和に凱旋した女王

神功皇后《じんぐう》（気長足姫尊《おきながたらしひめのみこと》）は、第九代開化《かいか》天皇の曽孫である気長宿禰《おきながのすくね》王の娘で、日本武尊《やまとたけるのみこと》（倭建命）の皇子とされる仲哀《ちゅうあい》天皇の皇后となり、天皇崩御後、応神《おうじん》天皇となる誉田別皇子《ほむだわけのみこと》を胎中にしながら三韓征伐を行い帰国後、仲哀天皇の二皇子を撃破し、大和に凱旋した女王とされます。大倭《おおやまと》の女王である神功皇后が、本当に三韓親征の大事業を行ったのでしょうか。史実か神話なのか、この謎を検証します。

第一話で作成した「『日本書紀』と『古事記』の天皇崩御年」（三二〜三三頁）の上段を見て奇異に感じるのが、神功皇后、応神、仁徳《にんとく》天皇の在位が、四倍年暦から平年暦に較正した在位年数でも、履中《りちゅう》天皇から反正《はんぜい》天皇の在位年数と比べると明らかに長くなっている事です。また、『古事記』記載の天皇崩御年（下段）とも一致しません。

この謎の解明に役立ちそうなのが『日本書紀』の神功、応神、雄略《ゆうりゃく》、継体《けいたい》等の天皇記事に、百済《くだら》王の即位年や崩御年に関する記事が編み込まれている事です。書紀編者が、天皇記事の正しい年記を復元できるように挿入したものと思われます。なお、百済王の即位ならびに崩御年は、『宋書《そうしょ》』等の中国史書に残されている百済王の朝貢《ちょうこう》記事や「百済本紀」の歴代王の記事などを基に求める事ができます。

　百済王の即位や崩御の年が大倭の各天皇の在位何年にあたるのかを纏《まと》めたのが表①の上段です。ただ、上段『日本書紀』の記録の百済の辰斯《チンサ》王と阿花《アシン》王の即位年を同じ（応神天皇三年）とするなど間違っている点があります。この点は、「神功皇后紀」等を参考に修正しています。次に上段のデータを基に、墓誌から確実である西暦五二三年の武寧《ムリョン》王の崩御年を基点として、大倭の各天皇の即位と崩御の年を推計しました。

天皇の在位年数と百済王記事	西暦での復元在位期間
■「神功皇后紀」	神功皇后執政　西暦三二一年
五十五年　肖古王薨去	三七五年　近肖古王薨去
五十六年　貴須王即位	三七五年　近仇首王即位
六十四年　貴須王薨去	三八四年　近仇首王薨去
六十四年　枕流王即位	三八四年　枕流王即位
六十五年　枕流王薨去	三八五年　枕流王薨去
六十五年　辰斯王即位	三八五年　辰斯王即位
六十九年　神功皇后崩御	神功皇后崩御　西暦三八九年
■「応神天皇紀」	応神天皇即位　西暦三九〇年

「百済本紀」の即位と崩御の記録による

　表①下段のように、神功皇后（執政）即位の年が西暦三二一年となります。『古事記』の記録を信用すれば、崇神《すじん》天皇崩御（西暦三一八年）の三年後です。明らかに、神功皇后の即位の年が繰り

表①『日本書紀』の記事内容と天皇年記

百済王の即位と崩御記事を基に復元

（三年　辰斯王即位）
三年　阿花王即位
二十五年　直支王薨去
二十五年　久爾辛王即位
四十一年　応神天皇崩御

■「雄略天皇紀」
二十三年　文斤王薨去
二十三年　東城王即位
二十三年　雄略天皇崩御

■「継体天皇紀」
十七年　武寧王薨去
十八年　聖明王即位
二十五年　継体天皇崩御

■「欣明天皇紀」
十六年　聖明王薨去
十八年　威徳王即位
三十二年　欽明天皇崩御

『日本書紀』の五天皇の年記（即位・崩御）の復元結果

三八五年　辰斯王即位
三九二年　阿芳王即位
四二〇年　直支王薨去
四二〇年　久爾辛王即位
応神天皇崩御　西暦四三六年

雄略天皇即位　西暦四五七年
四七九年　文斤王薨去
四七九年　東城王即位
雄略天皇崩御　西暦四七九年

継体天皇即位　西暦五〇七年
五二三年　武寧王薨去
五二三年　聖王即位
継体天皇崩御　西暦五三一年

欣明天皇即位　西暦五三九年
五五四年　聖王薨去
五五四年　威徳王即位
欣明天皇崩御　西暦五七〇年

上がっています。なお、本来の神功皇后即位の年は、仲哀天皇が崩御された西暦三六二年以降の筈です。約四十年のずれがあります。神功皇后記事が皇后の事績を語っていない事は明らかです。

　では、誰の事績を記述しているのか。

　第二話で述べたように「安《やす》田《だ》家《け》文書《もんじょ》」によれば、大和王家が河内や難波《なにわ》一帯に進出したのは、景行《けいこう》天皇の時代（四世紀前半）と推論できます。また、「垂仁《すいにん》天皇紀」にあるように、この時代、関門一帯は伊都《いっ》国王の支配下にあり、大和の勢力が制圧できていません。

では、辰韓《しんかん》（新羅《しらぎ》）や馬韓《ばかん》（百済）に侵攻し、支配・結好していたのは誰か、云うまでもありません。半島南部と九州北部を支配していた倭王《わおう》（筑紫《つくし》倭王）に他なりません。

表②には、上から順に『日本書紀』の天皇の復元年記、筑紫倭王の年記、『古事記』の天皇年記、を載せています。

西暦300年	
『日本書紀』（復元後）	崇神天皇　元年 / 崇神天皇　崩御 / 垂仁天皇 景行天皇 成務天皇 仲哀天皇 / 神功皇后即位（三二一） / 旨
倭王の記録	光武帝金印賜綬 倭国王（五八） / 倭卑弥呼遣使朝貢魏帝 金印仮綬（二三九） / 百済世子献倭王旨 七支刀（三六九）
『古事記』	【神武天皇崩御（一九九）】（第一話で判明） / 崇神天皇崩御（三一八） / 垂仁天皇 景行天皇 / 成務天皇崩御（三五五） / 仲哀天皇崩御（三六二）

表から、神功皇后の記事は主に倭王旨の事績を、応神天皇は主に倭王讃の、雄略《ゆうりゃく》天皇は主に倭王興《こう》（一部、済《せい》と武《ぶ》）の事績を記事にしていると判断できます。巷間、雄略天皇を倭王武に当てはめる説が有力ですが、照合結果からは、「雄略天皇紀」は、主に倭王興の事績を取り

表②『日本書紀』（復元）と『古事記』の天皇崩御年

西暦400年 → 西暦500年
『日本書紀』（復元）：神功皇后崩御（三八九）／応神天皇即位（三九〇）／讃／応神天皇崩御（四三六）／雄略天皇元年（四五七）／興／雄略天皇崩御（四七九）／継体天皇即位（五〇七）／継体天皇崩御（五三四）
讃、宋に朝貢（四一三）／讃、宋に朝貢（四二一）／讃、宋に朝貢（四二五）／珍、宋に朝貢（四三八）／済、宋に朝貢（四四三）／済、宋に朝貢（四五一）／興、宋に朝貢（四六二）／武、宋に朝貢（四七八）／武、斉に朝貢（四七九）／武、梁に朝貢（五〇二）／筑紫石井蹶起（五二七）
『古事記』：（神功皇后）／応神天皇崩御（三九四）（誉田天皇）／仁徳天皇崩御（四二七）／履中天皇崩御（四三二）／反正天皇崩御（四三七）／允恭天皇崩御（四五四）／安康天皇／雄略天皇崩御（四八九）／清寧天皇　飯豊天皇　顕宗天皇　仁賢天皇　武烈天皇／継体天皇崩御（五二七）

上げており。雄略天皇を武とする説は成り立ちません。倭王武に当てはめる理由は、倭王武の上表文の強い印象からでしょう。

ちなみに、九州倭王の（済・興《こう》・武）を西の雄略天皇とするなら、大和王家の王子達を殺しまくった東の雄略天皇が、もう一人いるのです。神功皇后も同様です。倭王旨を含む西暦三二一年から三八九年まで在位した筑紫倭王の業績を自らのものとする西の神功皇后が居る一方で、足仲彦《たらしなかつひこ》（仲哀天皇）の皇后である東の神功皇后もおられる事になります。表②は、『日本書紀』の基本構成を考える上で、大変有用です。

◇上段は『日本書紀』の各天皇記事の執筆範囲を示しています。

記事には、筑紫倭王の活動が含まれています。大和王の記事と倭王の記事が混在しているのです。「神功皇后紀」と「応神天皇紀」は対外記事が主要な内容です。一方、「仁徳天皇紀」などは、筑紫倭王の事績をほとんど含んでおらず、記事内容は豊かな国内記事で満たされています。『日本書紀』は、筑紫倭王と大和王の活動を一柱の王の活動として記述している為、なにかチグハグに感じる箇所が多いのです。

◇中段には、九州倭国関係の年紀をまとめています。

一世紀の委奴《いぬ》国王の後漢への朝貢、三世紀の邪馬壹《やまいつ》国女王卑弥呼の朝貢記事、さらに百済王の世子が倭国王旨に献上した七支刀《しちしとう》、さらに、筑紫倭王のたび重なる中華王朝への遣使《けんし》朝貢の年を載せています。「第三話　神功皇后の謎」の最終段に、「倭国大王（筑紫倭王）復元年紀」（表③）と「河内大王復元年紀」（表④）を載せておきました。比較対照してみて下さい。

◎下段は『古事記』の各天皇の崩御年です。

『古事記』の天皇崩御年の記録は、ほぼ信用できます。理由は、ところどころで天皇の崩御年が抜けている事です。書けない崩御年は書いていませんので、信用できます。崩御年の記録が無い筈はありません。特に『古事記』編纂年に近い雄略天皇と継体天皇の間の五天皇の崩御年が欠けています。この事は重大です。武烈《ぶれつ》天皇に至る古大和王家（崇神《すじん》朝）消滅の秘密を書けなかったのです。

巷間、倭の五王（讃・珍・済・興・武）を、応神天皇から雄略天皇に当てはめようとする試みがありますが、無駄です。合う訳がありません。九州倭国の王家の系譜と、大倭の天皇の系譜が一致する筈がありません。九州倭国と本州大倭国が同時期に存在していた事は、自明の事実です。証拠が在り過ぎます。三件のみ、まず紹介します。

◎例えば、倭王讃が応神天皇だとすれば、母である神功皇后の活躍について中華王朝に報告していない筈がありません。倭王讃の朝貢記録に、たとえば「我母后帥親兵渡海、平辰韓與馬韓」と書いてあったでしょうか。卑弥呼に興味津々だった中国史官が、この内容を書き残さない訳がありません。

これだけでも十分な証拠になります。

◎次に、大倭の朝廷は遣隋使《けんずいし》並びに遣唐使《けんとうし》を、肇国《ちょうこく》以来の偉業と称えています。おかしいでしょう、既に一世紀には後漢に遣使朝貢し、倭の五王もたびたび朝貢を行い、倭王武は、立派な上表文を宋の順帝に届けています。何故、遣隋使がそれ程の偉業なのか。理由は明らかでしょう。

■石上神宮の神宝である七支刀

◎最後は決定的な証拠です。

その証拠は、豪族物部《もののべ》氏の氏社《うじしゃ》である石上布留《いそのかみふる》神社（石上神宮）の神宝である七支刀です。では、決定的な証拠である七支刀について、詳しい説明と解析を行います。

七支刀の銘文は、次のとおりです。

「東晋《とうしん》の泰和四年（通説は西暦三六九年、他に諸説あり）冬十一月十六日に百済王の世子（諸侯の跡継ぎ）である奇生聖音（第十三代百済近肖古《クンチョゴ》王の王子である近仇首《クングス》）が倭王旨のために此の刀を造らせた」と象嵌《ぞうがん》されています。

銘文（原文）を紹介しておきます。

「泰和四年十一月十六日丙午正陽造百錬鋳七支刀出辟百兵宜供供侯王□□□□作

先世以来未有此刀百済王世子奇生聖音故為倭王旨造伝示後世」

ここに重大な疑問点「本当に大和の天皇が受け取ったのか」が存在します。

倭王旨が、例えば、本州大和に坐《ま》します天皇だとしたら、献上された七支刀は、当然の如く天皇家の宝物庫に大切に保管されます。栄光の大和王家の宝物だからです。天皇の臣下である物部家の氏社などにあろう筈がありません。何か特別な経緯があるのです。

では、七支刀の秘密に迫りましょう。特別な経緯とは何かです。

『日本書紀』の七支刀に関する記述は次の通り。

神功皇后五十二年（西暦三七二年）の段に、「秋九月十日、久氐（百済国の倭国への朝貢使）らは千熊長彦《ちくまながひこ》（新羅国への譴責使《けんせきし》）を伴って来朝、七枝刀一口、七子鏡一面、さらに種々の貴重な宝を献上した」、と書かれています。

石上神宮七支刀の象嵌銘（文）と書紀の記事内容は、ほぼ一致します。

世子奇生聖音が戦捷《せんしょう》記念に西暦三六九年に見事な七支刀を造らせ、その刀が倭国に届けられたのが西暦三七二年なら、辻褄が合います。

なお、故李進熙《イジンヒ》氏は、泰和四年を西暦四八〇年と強く主張されていました。しかし、四八〇年前後の百済王室は紛糾続きの時代で、七支刀を献上するような余裕があったとは思えません。佐平の解仇《ヘグ》が文周《ムンジュ》王を弑逆《しぎゃく》した三斤《サングン》王の時代です。素直に時代背景を勘案すべきです。

確認のため、「神功皇后紀」の原文を紹介しておきます。

『日本書紀』「神功皇后紀」「五十二年秋九月丁卯朔丙子久氐等従千熊長彦詣之則獻七枝刀一口七子鏡一面及種々重寶」

奇生聖音とされる近仇首王は、「百済本紀」の父近肖古王の記録に現れます。西暦三七一年の対高句麗《こうくり》戦です。「百済本紀」には「王與太子帥精兵三萬侵高句麗攻平壤城」とあり、王と奇生聖音太子が三万の軍勢を率いて高句麗に侵攻、平壌（王城）を攻めた、と記録されています。近肖古王の時代、百済は戦《いくさ》に強く、西暦三六九年、三七一年と連勝しています。近肖古王の二四年（西暦三六九年）の戦いでは高句麗の攻勢に反撃、捕虜五千を得る大捷《たいしょう》をしています。また、西暦三七八年、近仇首王即位後三年には、またも王師三万の大軍が高句麗に進撃し、王都平壌城を攻撃したと記録されています。

何故、百済が三万もの大軍を組織できたのでしょう。

七支刀が関係しています。百済世子と倭国王との誼《よしみ》により、任那加羅《みまなから》、安羅《あら》、筑紫倭兵が援兵したのです。こう考えると、近肖古王の二十四年の戦いにも、倭国兵が大量に加わっていたと考えられます。この戦いの大捷記念に百済王世子が七支刀を倭王旨に贈ったとすれば、断然、合点がゆきます。

この時期、倭国（倭兵・倭人）は強盛です。新羅《しらぎ》（斯盧《サロ》・辰韓《しんかん》）を攻め続けています。神功皇后在位期間の「新羅本紀」の記録を調べてみましょう。新羅の訖解《フルヘ》王と奈勿《ネムル》王（西暦三一〇—四〇二年）の時代です。

新羅王降伏の記事もあり『日本書紀』の記す王名と「新羅本紀」の王名も、ほぼ一致するのです。

「新羅本紀」（四世紀の記録）

◇西暦三四四年　倭国遣使、婚を乞う。既に家を離れたとして断る。
◇西暦三四五年　倭国移書、絶交。
◇西暦三四六年　倭兵俄《にわか》かに風島に来たり、邊戸を侵掠。
　　進みて金城（新羅の王城）を囲む。門を閉じて出ず。
　　糧尽き退く、康生将軍、勁騎《きんき》を率いて追撃。
◇西暦三六四年　倭兵、大挙して来攻、反撃、大いに倭人を敗る。

◇西暦三八〇年　倭人来たりて金城を囲む。五日間囲みを解かず。

神功皇后崩御（西暦三八九年）以降の百年間も、倭人の新羅攻めは続きます。「新羅本紀」の記事を見れば、新羅征伐の表現が間違っていない事が分かります。さらに、新羅の国人が、倭人の侵寇にほとほと手を焼いていた事が神功皇后即位前の記録からも、良く分かります。

新羅・儒禮王《ユリイ》（在位・西暦二八四―二九八年）の時代です。

「新羅本紀」（三世紀の記録）

◇西暦二八七年　夏、倭人一礼部を襲う。虜壹千を連れ去る。

◇西暦二八九年　夏、倭兵来ると聞く、船を整え、甲を繕う。

◇西暦二九二年　春、倭兵、沙道城を陥とす。領兵を救い出す。

◇西暦二九四年　夏、倭兵来たりて長峯城を攻める。我勝てず。

◇西暦二九五年　春、王、倭国の攻略を群臣に諮る。

王曰く　倭人度々我が城邑を侵す、百姓ら安んじ得ず、我百済と計り、一時軍兵を海に浮かべ渡海し、その国に撃ち入らん、如何。

群臣云　吾が人ら水戦を習らず、冒険は達《し》し得ず。不明の事態を恐れる。況《いわん》や、百済とをや。百済虚言多く、常に我が国を併呑せんとの野心あり、又、何を謀らんかと。

王曰く　善《よ》し、と。

新羅・儒禮王が倭国の進攻にほとほと手を焼いていた事が、文面から良く分かります。『日本書紀』「神功皇后紀」は、倭国（半島南部と北九州を支配）の国記に記された倭国王と配下の諸王の活躍の記録を、神功皇后の業績としてまとめたものなのです。

「神功皇后紀」には、新羅征伐時に神功皇后に降伏した新羅王が出てきます。降伏したのは、新羅の波沙寝錦《バサ・ミグム》＝波沙王です。該当する新羅王が居ます。

◇婆娑王（第五代の斯盧王）「新羅本紀」では、在位は西暦八〇―一一二年

　なお、第一話の歴代新羅王の崩御年グラフで修正した婆娑王の在位年代は、西暦三五〇年前後となります。

次に、『日本書紀』は、別の降伏王の名も記録しています。宇留助富利智干《ウルソホリチカン》です。該当しそうな王がいます。

◇助賁王（第十一代の斯盧王）「新羅本紀」では、在位は西暦二三〇―二四七年助賁の読みは、韓語では「チョブン」、漢語では「ジョフン」です。

第一話のグラフで修正した助賁王の在位年代は、西暦四〇〇年前後となります。

『日本書紀』の編者は、婆娑王を引用する事で『百済三書』の婆娑王の在位期間である西暦一〇〇年前後まで神功皇后の時代を遡らせ、一方で、助賁王を引用して、連綿と神功皇后が新羅を支配してきた、と主張しているのです。

さて、七支刀です。現在、七支刀は大和三輪の北、石上神宮に所蔵されています。七支刀を奉上

されたのは大和の大王なのでしょうか。大和の大王なら、どの王が受け取ったのでしょう。

『古事記』の天皇崩御年を正しいとすれば、西暦三七二年は、応神天皇の御世です。仲哀天皇（帯中日子天皇《たらしなかつひこのみこと》）崩御の年が西暦三六二年ですので、同年もしくは翌年に誉田《ほむた》天皇（品陀和気命《ほんだわけのみこと》）が即位したと思われます。在位三十三年の西暦三九四年に崩御されています。その場合、天皇が受け取った宝物は、天皇家の宝物庫にしまわれます。皇后が受け取ったとしても同様です。何故、思いもかけず石上神宮所蔵なのか。

答えは一つです。

最初に受け取ったのは筑紫倭王旨です。当然、七支刀は、筑紫（倭京）に在ったと考えられます。では、大和の石上神宮に七支刀を持ち込んだのは誰か、当然、物部《もののべ》の麁鹿火《あらかひ》将軍です。継体天皇が筑紫国造磐井《くしくにのみやっこいわい》の乱（大和・筑紫戦争）の際、「長門以東朕制之筑紫以西汝制之専行賞罰勿煩頻奏」と命じた征西将軍です。命令の意味は「長門以東（本州）は、朕（継体天皇）が制圧する。筑紫以西（九州）は汝（麁鹿火将軍）が制圧せよ。賞罰の専断を許す、一々の報告は不要、」です。

征西将軍への継体天皇の全権委任です。

当然、国造磐井から奪った九州倭国の宝物（七支刀、「倭国国記」、「原筑紫風土記」、外交文書、三韓関係史書など）を奪い、大和に還った事でしょう。七支刀については、大倭王（天皇）の栄光を示すものではないので、物部の麁鹿火の所蔵が許されたのだと考えます。これで、七支刀についての謎が解けました。と同時に、新羅征伐は筑紫倭国の偉業であり、大倭が関与していない事が分かります。

以上、三件（◎印）の証拠から筑紫倭国と本州大和国が同時期に存在していた事が証明されたと考えます。

ここで念の為、大和説論者の反証を更に考えてみます。

すなわち、筑紫倭国否定説です。

「七支刀の銘文は明瞭ではなく、文面の解釈は変わり得る」との反証です。

図① 女王国の位置

陳寿の「女王の都する所邪馬壹国、郡より女王国に至る萬二千餘里」から推定

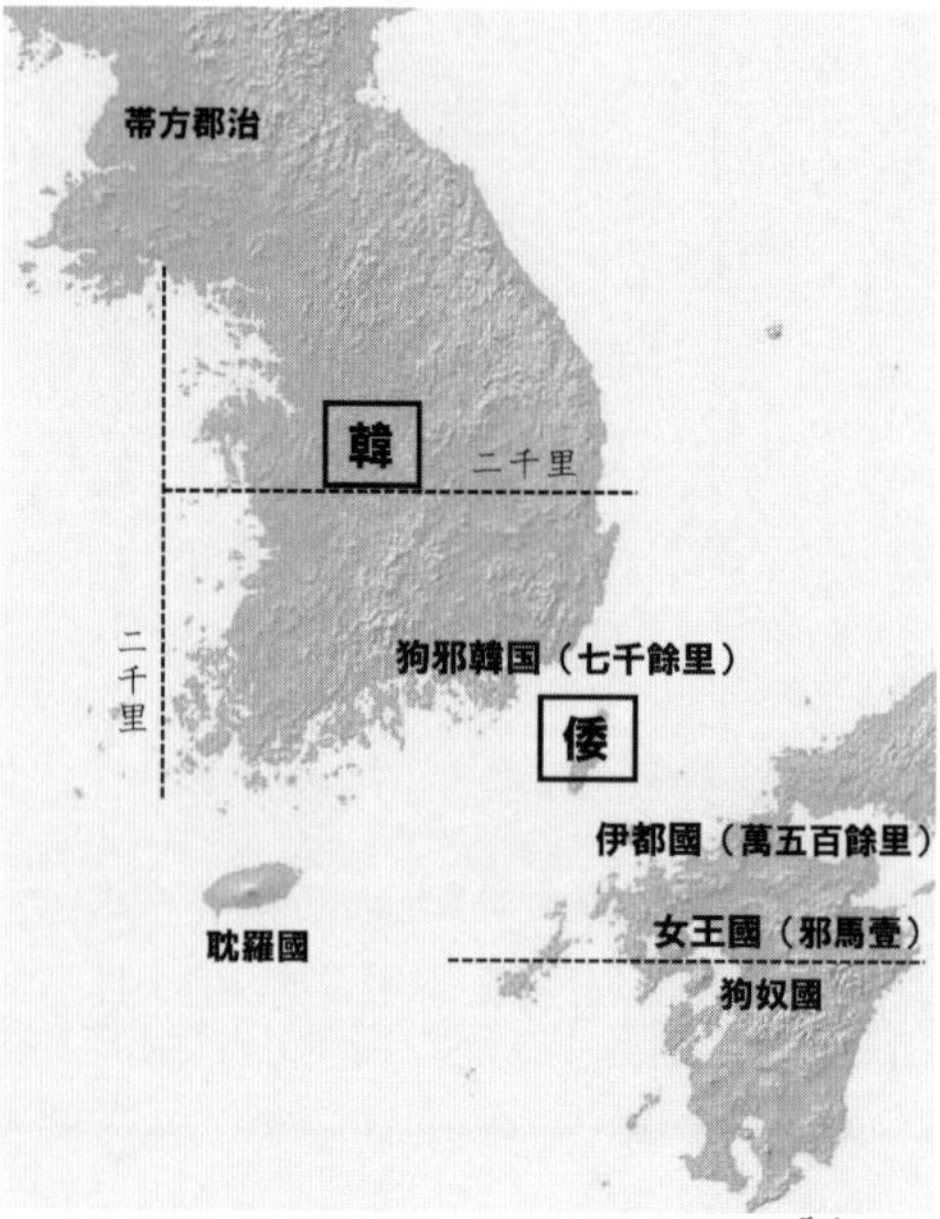

そこで、さらに、倭国の存在証拠を積み重ねます。

◇『魏志』倭人伝の帯方郡都から邪馬壹国までの距離記述（図①参照）から、倭国は距離的に九州中部までの範囲にある。

◇漢委奴國王印が北九州（志賀島）から発見されており、倭国が九州北部に在ったと云える。

◇中国史書の『舊《く》(旧)唐書』では、記録の構成が『倭国伝』『日本国伝』とに別けられており(資料①②)、中華王朝は、委奴《いぬ》國から続く倭国と、倭国の別種なる日本國は、別国家と見ています。第一話で求めた神武天皇即位年は、西暦一八一年、その時点で、倭国は中華王朝に「國」として承認されています。筑紫倭国の歴史は、消せません。

資料① 舊唐書 日本国条

西暦600年　遣隋使派遣

西暦630年　遣唐使派遣

日本国者倭國之別種也
或云日本舊小国併倭国之地
日本國なる者は倭国の別種である。
或いは云う、元々は小国であった日本が倭国を併合した。

其國國界東西南北各数千里西界南界咸至大海
東界北界有大山為限山外即毛人之國
其の國は東西南北数千里、西と東は大海に面し、東と北は山々に面し、大山がある。その外は毛人の國となる。

長安三年其大臣朝臣真人来貢方物
真人好讀經史鮮属文
西暦703年　日本國使栗田朝臣真人が朝貢
日本國使は經書史書に通じている。

◇邪馬壹国は、山伊都國《ヤマイツコク》であり、福岡近傍にあった伊都国《イツノクニ》(委の津の意か)と対であり、この事から、邪馬壹国が九州島を出ない事は明らかである。

邪馬台国論争は不毛の議論です。

邪馬壹国を邪馬臺国(やまだいの国)と無理に読み換え、大倭《やまと》の國とするのは、到底無理な変換です。素直に、『古事記』「御うけひの段」の天照大神の速須佐之男命への伊都《いつ》の雄叫《をたけ》びにならって、邪馬壹国(山伊都國)と訓《よ》んでいれば、問題は生じなかったのです。糸島半島の読みにつられて、伊都国《いとこく》と読むから間違えるのです。

資料② 舊唐書 倭国条

西暦057年　後漢に遣使朝貢

倭国者古倭奴國也

倭国なる者は古の倭の奴国である。

京師壹萬四千里在新羅東南大海中山島而居
東西五月行南北三月行世與中国通

倭国は長安から一万四千里、新羅の東南の大海の中の山島にある。
東西の行き来は五ケ月、南北は三月かかる。永年中国と通ず。

西暦413年　東晋に遣使朝貢

貞観五年遣使獻方物
太宗矜其道遠勅所司無令歳貢
又遣新州刺史高表仁

西暦631年　倭国が唐朝に朝貢
唐の太宗が遠路の朝貢に鑑み年毎の朝貢を免除
又、新州刺史の高表仁を倭国に派遣した。

貞観二十二年又附新羅奉表以通起居

西暦648年　新羅使が倭国の上表文を持参。

永徽五年倭国獻琥珀瑪瑙（別条・高宗本紀）

西暦654年　倭国が琥珀と瑪瑙を献上。

この事実から、「神功皇后紀」に記録されている九州平定譚、更には、景行天皇の九州平定譚も、古い時代の筑紫倭王の九州島平定記事の写しである可能性があります。

以下、検証を加えます。

景行天皇の九州平定路を確認してみます。

『日本書紀』の記述をたどると、天皇は、山口県の防府《ほうふ》を出発地とし、大分県の宇佐から、右周りに、行橋《いくはし》、大分、別府、日向《ひゅうが》、西都、九州南部の国分、小林、人吉、水俣、八代、島原、玉名、阿蘇、大牟田、八女《やめ》、最後に福岡県の浮羽《うきは》に戻られた、とあります。

九州島から大和には、日向を経てお戻りになった、ともあります。

おかしいですね、非常におかしい。

『魏志』倭人伝で紹介される北九州諸国の肝心の部分が全部抜け落ちています。何故、旧の末盧《まつろ》國、伊《い》都《つ》国、奴《ぬ》國周辺の鎮定を行わないのでしょう。大和王の九州平定なら、対外貿易上重要な博多湾岸を制圧しない訳がありません。景行天皇の九州平定譚が筑紫倭王の記録を倭国国記から移した記事だと断言できます。神功皇后の場合も同様です。気長足姫尊《おきながたらしひめのみこと》は、畿内から一歩も出ていないと推論します。

倭王武の上表文は九州平定譚を含んでいます。

基点は、太宰府付近と考えられます。一説には、太宰府は倭国の都城（倭京）とされます。
◇東は、毛人《もうじん》を征すること、五十五國
　毛人は、蝦夷《えみし》だと云われています。アイヌ語とされる地名が列島全土に残されています。中国、四国地域に居た毛人（『魏志』倭人伝では倭種の人々）の郷村五十五を攻撃したと思われます。
◇西は、衆夷《しゅうい》を服すること、六十六國
　まさしく、倭王の九州平定です。宇佐、行橋、大分、別府、日向、西都、国分、小林、人吉、水俣、八代、島原、玉名、阿蘇、大牟田、八女、浮羽をめぐる討伐行です。六十六郷村です。
◇北は海北を平らぐること、九十五國

新羅の東邊、南邊への倭人・倭兵の侵攻、河川を利用した内陸の城村への攻撃です。攻撃基地は「新羅本紀」の云うように対馬島です。兵船（戦艦）、武器、軍糧の貯蔵基地です。倭国の征北将軍が常駐して指揮していた筈です。

対馬島が無ければ頻繁な三韓への攻撃は、無理です。

大和の地は、堅固な守りの地（ヤマト・山門）ですが、三韓の地で兵を動かすには遠すぎる地なのです。

どちらの勢力が対馬を押さえていたか、明白です。筑紫倭国なのです。

筑紫倭国が前線基地として対馬島を兵站基地化していたのは確かです。

大和が新羅の東邊を攻撃するなら、出撃基地は若狭湾岸以外に在り得ません。その場合、新羅の第十四代儒禮王や第十八代実聖王《イルソン》は、軍兵を海に浮かべ、渡海し、若狭に撃ち入らん、と言ったでしょう。

この件に関連して『日本書紀』「継体天皇紀」に興味深い記事が載っています。

天皇七年に「百濟遣使、正使の二將軍に加え、穗積臣押山（一云、押山は「百済本記」では、委意斯移麻岐彌とされる）を遣わし五経博士を奉った」とあります。

天皇二三年「百濟王は、下哆唎の國守である穗積押山臣に加羅の多沙津の湊を貰いたと言った」とあります。

穂積臣押山《ほづみのおみおしやま》を「百済本記」では「委意斯移麻岐彌」と記しているという内容です。「さて「委意斯移麻岐彌」をどう読むかです。「意」の読みは万葉仮名では、オですが、漢字文化圏に近い百済では、イと訓《よ》んでいると想定すると（「いのいしいまきみ」）すなわち「委の石井真君」と読めます。

『古事記』には「筑紫君石井、不従天皇之命而、多無禮、故遣物部荒甲之大連、大伴之金村連二人而、殺石井也」とあります。磐井《いわい》ではなく、石井《いしい》を殺したと書いてあります。

倭国の石井一族の一員が朝鮮半島南部、十数基の前方後円墳のちらばる栄山江付近の国守であったと言っているのです。石井の一族が朝鮮半島南部と筑紫にまたがって活躍していた事が分かります。筑紫、対馬、任那（伽耶）は、繋がっているのです。一方で、大倭（大和）、若狭、新羅も古くは繋がっていたのです。なお国が領土の割譲を要求するのは国王に対してです。石井真君は国守ではなく、国主なのです。

■神功皇后の神格化の完成

筆者は『日本書紀』を、継体・欽明《きんめい》朝を正当化する為の書と視ています。

そのストーリー（構成・脚本）は、次の通りの三段構成です。

一、神功皇后を、神託を受け、応神天皇を胎みながら新羅征伐を行った偉大な女王とする。

二、応神天皇を、生まれながらに三韓を授かった貴種の大王とする。

三、継体天皇を、巨大な陵墓に眠る偉大な応神天皇五世の孫とする。

以上です。

神功皇后の神がかりは、次の様に表現されています。

新羅征伐

「神功皇后は、冬十月（九州の）和珥《わに》の津から出発、即ち風起こり、波起こり、海中の大魚も軍船を押し、大風が帆舟を急進させ、なんなく新羅に着いた。大風による潮波は新羅の國を襲い、新羅王は恐れおののき、これ以後、飼部《うまかいべ》となり、毎年税を納めますと誓った」、とあります。

神功皇后の神格化の完成です。

倭国王の韓半島での活躍を高句麗《こうくり》の好太王《こうたいおう》の碑文から確認しておきましょう。

碑文には、「百残新羅舊是屬民由來朝貢而倭以辛卯年來渡海破百□□□羅以爲臣民」とあり、倭が百済や新羅を攻略し始めた年を辛卯《かのとのう》の年としています。辛卯の年は西暦三三一年であり、書紀編者の示す神功皇后元年の西暦三二一年と極めて近く、年代が見事に合います。書紀述作者は、新羅征伐を神功皇后十一年に設定しているようです。

神功皇后は、中華皇帝より「使持節都督倭加羅百済新羅任那秦韓慕韓七国諸軍事安東大将軍号」を称する生まれながらの偉大な三韓王である応神天皇を生み、継体天皇はまさしく、偉大なる応神天皇の子孫なのです。応神天皇の偉大さから、五世の孫でも天皇となる資格を十分に有する事になります。

再度、次の点を強調します。書紀編者は、何故、倭国王の得た「使持節都督倭新羅任那加羅秦韓慕韓六国諸軍事安東大将軍号」を『日本書紀』に書かなかったのでしょう。おそらく書いてしまうと、欽明天皇を中華皇帝の冊封《さくほう》下にある「日本国王欽明」と表さないといけないので避けたのでしょう。さらに、継体血統の本貫の地である百済の抜けた称号では、意味がありません。

さらに、古《いにしえ》の倭国に関する知見を検証しておきましょう。

前出の図①をご覧ください。倭国の領域を再検証しておきます。『魏志』倭人伝で、編者の陳寿《ちんじゅ》は実に簡潔に「女王の都する所の邪馬壹国、郡より女王国に至る萬二千餘里」と記録し、「韓は方四千里」、また、郡より「狗耶韓国に至る七千餘里」と記録しています。狗邪韓国（伽耶韓国）から伊都国都までは、対海國、一大國、末盧、を経て伊都国に至る一萬と五百里です。女王の都する所までは、残り一千五百餘里です。対馬海峡を渡るのに三千里余りを要したとすれば、邪馬壹国が九州島の北部もしくは中部にあった事は明白です。

最近、邪馬台国大和説論者が拠り所とした三角縁神獣鏡《さんかくぶちしんじゅうきょう》についても、根拠があやしくなってきています。倭女王卑弥呼に下賜《かし》された銅鏡こそ、三角縁神獣鏡だとされ、邪馬台国大和説の根拠の一つとなっていましたが、その発見数の多さ、使用形態から否定されつつあります。卑弥呼の下賜された鏡の一つが、大分県日田市ダンワラ古墳出土とされる「鉄鏡金銀錯嵌珠龍文鉄鏡《きんぎんさくがんしゅりゅうもんてっきょう》」ではないかと云われ始めています。発掘品を基に復元された古鏡は正倉院御物と見まがう程の美麗さです。この鏡と比べれば三角縁神獣鏡は、高貴さの点で、著しく劣る実用品です。近年来日の中国の学者、潘偉斌《パンウェイウ》氏が、同鏡が、魏の武帝（曹操）陵から発見された鉄鏡に類似する国宝級の鏡と指摘されました。なお、下賜銅鏡《どうきょう》に鉄鏡が含まれてい る事は有りうるとの事です。

この発掘の結果も、邪馬壹國が九州島にあった証左の一つです。

漢字文明は、漢都（中華）に近い地域から発達します。満州、朝鮮北部から南部へ、次に九州北部、更に、大和への順です。武の上表文（西暦四七八年）以降、『日本書紀』編集の濫觴《たんしょう》たる帝紀の編纂作業の始まる西暦六八一年になっても大和にはまともに史書の書ける学者が育っていなかったのです。森博達氏の『日本書紀の謎を解く』に詳しく述べられています。

このことも、倭国が九州島にあったことの強力な証拠です。

なお、表③に「倭国大王（筑紫倭王）復元年紀」、表④に「河内大王復元年紀」を掲載しています。

ここで、謎が残ります。

『日本書紀』は、何故に応神天皇（誉田）の父帝である仲哀天皇を「なさけない」大王として描くのでしょう。理解できません。うがった見方をすると、応神天皇は、神功皇后と仲哀天皇の子では無く、三韓の高貴な血を引く貴種なのだと示唆している可能性が考えられます。

応神天皇も三韓からの渡来王なのでしょうか。

次の第四話「応神天皇の謎」で、この謎をひもといていきます。

話変わって、では、東の神功皇后である気長足姫尊（息長帯比売命）は、どの様な御方だったのでしょう。『古事記』を見てみましょう。

帯中日子《たらしなかつひこ》天皇（仲哀天皇）の大后である息長帯比売命は、品夜和気命《ほみやわけのみこと》（応神天皇）を産まれたと

表③「倭国大王復元年紀」（推定）

注記：即位年を朝貢年の2年前の年として
筑紫倭王の在位期間を再現した。

倭旨（　-369-　）
○七支刀銘文
東晋泰和四年（西暦369年）
先世以来未有此刀百済王
世子奇生聖音故為倭王旨
造伝示後世

400年

■倭の五王の平均の
在位年数は約19年+

倭讃（419-436）
☆西暦421年遣使宋朝貢
○西暦425年遣使宋朝貢

倭珍（436-441）
☆西暦438年遣使宋朝貢
賜安東将軍倭国王

倭濟（441-460）
☆西暦443年遣使宋朝貢
賜安東将軍倭国王

450年

○西暦451年遣使朝貢
賜使持節都督倭加羅新羅任那秦韓
慕韓六国諸軍事安東将軍倭国王

倭興（460-476）
☆西暦462年遣使宋朝貢
賜安東将軍倭国王

倭武（476-502+）
☆西暦478年遣使宋朝貢（上表文）
賜使持節都督倭加羅新羅任那秦韓
慕韓六国諸軍事安東大将軍倭国王
○西暦479年遣使斉朝貢
賜鎮東大将軍倭国王

500年

○西暦502年遣使梁朝貢
賜征東大将軍倭国王

表④「河内大王復元年紀」（推定）

注記：河内に墳墓のある大王の年紀を
古事記の崩御年を基に再現。

誉田天皇（362-394）誉田御廟山御陵　注）仲哀天皇崩御後すぐ
在位33年　（墳丘長約310歩）　誉田天皇が即位する

大山守命（395-　）　注）誉田帝薨後即位、
墓山御陵　墳丘長約160歩）　後、大雀命が殺害

400年

允恭天皇（412-454）市之山御陵　注）允恭帝の在位は日
在位42年　（墳丘長約170歩）　本書紀の記録採用

（雄略父王）
（前の山御陵　墳丘長約150歩）

450年

雄略天皇（　-489）岡ミサンザイ御陵
（墳丘長約180歩）

（墳丘長約80歩）
清寧天皇（490-494）白髪山御陵
仁賢天皇（495-507）野中ボケ山御陵　注）仁賢帝は雄略帝の甥
（墳丘長約90歩）

500年

安閑天皇（507-513）高屋城山御陵　注）継体天皇七年記事に
（墳丘長約90歩）　安閑帝と妃の追悼歌

書かれています。

次に、大后は神がかりされたとありますが、事実か否かは不明です。

『古事記』仲哀天皇の段の、終わり近くに、大后の御歌が残されています。

原文は、

「許能美岐波　和賀美岐那良受　久志能加美　登許余邇伊麻須　伊波多多須
須久那美迦微能　加牟菩岐　本岐玖琉本斯　登余本岐　本岐母登本斯
麻都理許斯美岐叙　阿佐受袁勢　佐佐」

意約すると、

「此の御酒《みき》は、吾《わ》が御酒ならず、醸《こし》の神、常世《とこよ》に坐《いま》す、いわたたす、
少名御神《すくなみかき》の、神壽《ほ》ぎ壽《ことほ》ぎ憑《くる》ほし、豊壽ぎ壽ぎもとほし、祀りこし
御酒ぞ、あさず呑《を》せ、ささ」

さあ、神の御酒をどうぞ、どうぞ、です。少名御神とは、稲種の神であり、酒造の神でもある少名毘古那《すくなびこな》神の事で、皇祖神である高御産巣日《たかみむすび》神の子とされます。長久の豊葦原水穂國《とよあしはらみずほのく》では、最も重要な神の中の一柱です。

息長宿禰王《おきながのすくねのみこと》（山城）と高額比売命《たかぬかひめのみこと》（葛城）の間に生まれた気長足姫尊は、河内王である足仲彦《たらしなかつひこ》（仲哀天皇）に嫁ぎ、河内平野の五穀豊穣をねがい、祈りの御歌を歌っておられたのです。

皆に囲まれ、神座《かむくら》鈴を持ち、優雅に巫女舞されていたと思います。神壽ぎ壽ぎ憑（憑依）ほし、

とありますので、少しは神がかりされていたのかも知れません。
西の勇壮な神功皇后とは正反対です。
秋の収穫を無事に終え、車座で祝う、のどかで平和な河内王の宮殿が思い浮かびます。

第四話　応神天皇の謎

■応神天皇の出生の経緯

『日本書紀』は、応神《おうじん》天皇の出生の経緯を次の様に述べています。
「誉田《ほむた》の天皇は、仲哀《ちゅうあい》天皇（足仲彦《たらしなかつひこ》）の第四子で、母は息長足姫尊《おきながたらしひめのみこと》である。天皇は、神功《じんぐう》皇后が新羅《しらぎ》を討たれた年である仲哀九年十二月に筑紫《つくし》の國の蚊田《かだ》でお生まれになった。皇太后（神功皇后）の摂政《せっしょう》三年に三歳で皇太子になられた。天皇は、皇后の腹中におられる時、既に三韓（馬韓《ばかん》・弁韓《べんかん》・辰韓《しんかん》）を授かっておられた」とあります。「神功皇后」の謎で述べた通りです。

では、真実の応神天皇に迫るべく検証作業を進めます。

すでに第三話で、神功、応神、雄略《おうりゃく》天皇の段の記事の多くが筑紫倭国《わこく》王の事績を記録しているとの解析結果を得ています。

第三話の「『日本書紀』（復元）と『古事記』の天皇崩御年」（七八～七九頁）を御参照ください。上段の百済《くだら》王記事に基づく「復元年紀」では、応神天皇（誉田天皇）の在位期間が西暦三九六年から西暦四三六年にわたっています。一方、下段の『古事記』の天皇崩御年を見ると、応神天皇（誉田天皇）の崩御年が西暦三九四年です、魔訶不思議です。在位期間がずれています。また『古事記』の仁徳《にんとく》、履中《りちゅう》、反正《はんぜい》天皇の在位期間（西暦三九四年から四三七年）が『日本書紀』の応神帝の活躍期間に含まれ、多くの齟齬《そご》が生じています。

当然です。第三話で分かったように、『日本書紀』の記事の多くが筑紫倭王（九州王）の活躍事績を記述しているからです。表中段にある倭の五王の朝貢《ちょうこう》記録から『日本書紀』の「応神天皇紀」の対外記事の多くが倭王讃とその父王の活躍を伝えている事が分かります。

勿論、筑紫倭国の歴史を、日本国前史に含ませて良いのですが、九州に坐《いま》す倭国王の活躍事績を大和に坐す大倭王《やまと》（天皇）の記事にして述べる事から、多くの齟齬が生じてしまうのです。

筑紫倭国は、この時期、新羅並びに百済と稠密《ちゅうみつ》な外交を行っています。『日本書紀』の応神天皇活躍期の「新羅本紀」と「百済本紀」の記録を調べてみましょう。本紀原文を筆者が意訳しました。

「新羅本紀」

◇西暦四〇二年　倭国と通交、皇子未斯欣《ミシキン》を人質として送る。

◇西暦四〇五年　倭兵、明活城（邑）に来襲、城を攻める。

◇西暦四〇七年　倭人東邊、さらに南邊を侵す。

◇西暦四〇八年　王、倭人が対馬島に陣営を置き、兵器・糧食を貯め込んでいると聞き、攻撃を企画するが、群臣の諫言《かんげん》により中止する。

◇西暦四一五年　倭人と風島にて戦闘、之に克《か》つ。
◇西暦四三三年　倭兵、来侵東邊、明活城を囲む。

「百済本紀」
◇西暦三九七年　王、倭国と結好、太子の腆支《チョンジ》を人質として送る。
◇西暦四〇二年　倭国に遣使、大珠を求める。
◇西暦四〇三年　倭国の使者来る、王、迎えて特に厚く労《ねぎら》う。
◇西暦四〇五年　王位を巡り百済王宮内紛、相殺す、混乱の中、倭国より倭兵百人が衛送して腆支王還国、腆支王即位。
◇西暦四二八年　倭国使至る、従者五十人。

次は、この時期の『日本書紀』の記録です。

『日本書紀』「応神天皇紀」（復元年紀による）
◇十四年（西暦四〇九年）百済王が縫衣工女・真毛津《まけつ》を奉上。
◇十五年（西暦四一〇年）百済王が良馬二匹を奉上、使者阿直岐《あちき》。
◇十六年（西暦四一一年）新羅に侵攻、帥将平群木菟宿禰《へぐりのつくのすくね》。
◇二五年（西暦四二〇年）百済国執政木満致《もくまんち》横暴、天皇が招致譴責。
◇二九年（西暦四二四年）百済国が新斉都媛《しせつ》を送り、天皇に仕えさせた。

以上が、倭王讃とその父王の時代の倭国と新羅・百済との外交記録です。

倭国は、高句麗《こうくり》の圧迫を受ける新羅と百済から人質を取るほどに強盛だったのです。高句麗の好太王《こうたいおう》（広開土王《クワンゲト》）の碑文にある記録「百殘新羅舊是屬民由來朝貢而倭以耒卯年來渡海破百殘□□□羅以為臣民」、意訳すると、「百済と新羅は、もともと高句麗の属国、しかるに、倭が海を渡って百済他の国々を撃破し倭の臣民とした」と読めます。

ただ「□□□羅」の部分の漢字と意味は不明です。

倭に関する好太王の碑文は、つぎのとおりです。

広開土王・碑文（抄録）

◇西暦三九九年　倭が新羅に侵攻、（金）城を陥とし、新羅王を臣下とした。
　この年は新羅第十七代奈勿《ネムル》王の治政です。

◇西暦四〇一年　高句麗の歩騎五万が新羅侵攻、倭兵を破る。倭軍降伏。

◇西暦四〇五年　倭軍（兵船）と百済連合軍が高句麗に侵攻、王師《おうし》が反撃、倭寇壊滅。

◇西暦四〇八年　王師五万、倭軍を討伐、戦利品数知れず。
　倭王讃の父王の時代です（推定）。

以上は、高句麗側の記述です。倭や倭軍が活発に活動している事が分かります。

広開土王は、第十九代の高麗（高句麗）王です。又の名が好太王、號は談徳。西暦三九二年に即位、『古事記』の誉田天皇の崩御年の二年前の即位です。王の五年、百済と狽水《ばいすい》（鴨緑江）上で戦い圧勝しています。一方、北燕《ほくえん》とも数度戦っていますが、勝てなかったようです。

西暦四〇〇年前後には、筑紫倭国は高句麗と直接対峙する戦力を有していたと読み解けます。倭《わ》国王旨《こくおうし》と、その二代目王（倭王讃の父の可能性あり）の時代です。

『日本書紀』の応神天皇の記事は、この華やかなりし筑紫倭国王を写したものなのです。栄光の大倭国《やまとこく》であり、その偉大な応神天皇の後裔が継体《けいたい》天皇なのです。

『三国史記』との対照作業に戻ります。

百済と新羅への対応は、違うようです。人質を取りながらも百済とは結好しており、新王の後援者となっています。一方、新羅とは、人質を得た後も繰り返し攻勢に出ています。倭国王は精兵を送り、百済経由で新羅を攻めています。個々の記録の発生年の対照は、無理やり「応神天皇紀」を拡げていますので、厳密な意味の一対一対応は無理なようです。なお、応神天皇二十五年と二十九年にあたる大王は、筑紫倭王の讃だと思われます

では、この時代の畿内王（天皇）は誰だったのでしょう。百舌鳥《もず》の巨大三陵の主です。大和・河内を治めた景行天皇の遺志を受け継ぎ、大和から進出した難波《なにわ》開発王である仁徳父帝、仁徳天皇、履中天皇です。伽耶《かや》血統の崇神《すじん》天皇の後裔たちです。詳しい内容は、次の第五話で説明します。

次に、残された謎、同時期に築造された古市《ふるいち》古墳群の巨大三陵の主は誰でしょう。誉田御廟山《ごんたごびょうやま》古墳、仲津山古墳、岡ミサンザイ古墳の巨大三陵の主は、羽曳野《はびきの》丘陵を開発した河内三代王の御陵です。詳しい内容は、「第六話　允恭《いんぎょう》天皇」の謎で説明します。

■応神天皇の御陵は……

「応神天皇紀」の謎解きに戻ります。

『日本書紀』には、不可解な記述が多すぎます。その内の一つが応神天皇の御陵《ごりょう》に関する記述です。

応神天皇（誉田天皇）を葬った御陵の記録がないのです。

一方『古事記』は明瞭で、「品陀《ほむた》天皇（誉田天皇）は、御年百三十歳で薨り、御陵は川内《かわち》（河内）の恵賀《えが》の裳伏崗《もふしのおか》にあり」と記されています。この記述と比較し、『日本書紀』の記述はあいまいです。

『日本書紀』の原文は「四十一年春二月甲午朔戊申、天皇崩于明宮、時年一百一十歳、一云、崩于大隅宮」です。意訳は「天皇は、在位四十一年の春二月十五日、天皇は明宮《あきらのみや》でお亡くなりになった。御歳百十歳。一説では大隅宮《おおすみのみや》で崩御」とはあるが、どの御陵に葬ったかとの記事が無いのです。

不思議です。明宮は、奈良の軽島の明宮、大隅宮は筑紫の大隅宮とされます。

父帝である仲哀天皇の御陵は神功皇后二年の記事に河内の長野陵に葬ったとあり、皇子の仁徳天皇御陵は、天皇の八十七年の記事に百舌鳥野陵に葬った、と両天皇共にしっかりと記録されています。

『日本書紀』の崩御記事には後段が在ります。内容を詳しく解析してみます。

「原文」

「卌一年春二月甲午朔戊申天皇崩于明宮時年一百一十歳一云崩于大隅宮是月阿知使主等自呉至筑紫時胸形大神有乞工女等故以兄媛奉於胸形大神是則今在筑紫國御使君之祖也既而率其三婦女以

至津國及于武庫而天皇崩之不及即獻于大鷦鷯尊是女人等之後今呉衣縫蚊屋衣縫是也」

傍点を付けた部分の崩御記事は、既に意訳し説明しました。

後半の意訳は、「この月、阿知使主《あちのおみ》等が呉（国）から筑紫に至ったところ、宗像《むなかた》大神が工女（献女《けんじょ》）を乞われた。そこで、兄媛を奉上した。阿知使主等は、残りの三工女を率れて、津（摂津《せっつ》）の国に至った。武庫《むこ》に於いて（応神）天皇が崩御されたとの報が入ったので、献上が間に合わず、仕方なく、太子の大鷦鷯尊《おおさざきのみこと》に献上した」です。

『日本書記』の編者は、後半の阿知使主以下の文章で何を伝えたいのでしょう。

敢えて、「天皇紀」の最後という重要部に付け加えた理由、伝えたい事は、何でしょう。

応神天皇の大隅宮崩御はありえないという事です。応神天皇に献女するために、阿知使主は筑紫から武庫（兵庫）に来たわけですから、応神天皇は、畿内のどこかで薨《みまか》ったという事が分かります。

応神天皇は、『古事記』の記載通り、河内の恵賀の裳伏崗に埋葬されたのです。

では、筑紫の大隅宮付近に御陵があるのはどなたでしょう。素直に考えれば、倭王讃（応神天皇）と推論されます。

巷間『日本書記』の中で、応神天皇の御陵を記録しているのは、「雄略天皇紀」の月夜の埴輪馬《はにわ》の話だとされています。本当でしょうか。筆者は、書紀編者の読み手に対する「めくらまし」だと判断しています。

簡単に話の骨子を紹介します。

「雄略天皇九年秋七月一日に河内の国から以下の報告があった。田辺史伯孫《たなべのふひとはくそん》が娘が男児を生んだと聞いて婿の家に祝いに行った。月夜の道を帰ってきたら、いちびこの丘の誉田陵で赤馬に乗った人に出会った。赤馬が駿馬と知り、自分の葦毛《あしげ》の馬と交換した。明朝起きてみると赤馬が埴輪馬に替っていた。そこで誉田陵に行くと埴輪馬の間に葦毛の馬が居たので連れ帰った」です。

なお、葦毛の馬とは、灰色と白色の中間色の馬のようです。

前後の記事と関係なく、突然に、この記事が挿入されているのです。確かに『古事記』には御陵は川内の恵賀の裳伏崗にあり、と記されています。が、これはあくまでも西暦三九四年に亡くなった品陀和気命《ほむだわけのみこと》（誉田天皇）の崩御の記録です。

いちびこの丘の誉田陵が、允恭天皇御陵の市之山《いちのやま》古墳である可能性は排除できません。市之山古墳が市彦の丘と呼ばれていた可能性もあります。則ち、応神天皇陵のありかは『日本書紀』には書かれていません。ちなみに、誉田御廟山古墳の主は允恭天皇である、との学説まであるようです。

さて、『日本書紀』の「応神天皇紀」では、天皇の二十五年に百済の直支王《ときおう》（腆支王）が薨《みまか》り、久爾辛王《くにしんおう》が即位したと記されています。直支王崩御は「百済本紀」では、西暦四二〇年です。『日本書紀』の四二〇年は『日本書紀』では允恭天皇の御代、『古事記』では仁徳天皇の御代です。『日本書紀』編者は、無理に無理を重ねています。二大王の対立時代であると書けないからです。

「太史之簡《たいしのかん》」の故事のように、書記編者も正しい史実を残したいと、苦心惨憺、表向きは、応神天皇は大和の明宮付近に祀られていると示唆し、一方で「一云崩于大隅宮」と偉大な九州王「倭王讃」

の崩御地をも記録に残したのだと筆者は確信しています。

『日本書紀』の三韓との外交記事は、緻密で豊富です。原書が無ければ書けません。同様に、史官は、筑紫倭国の国記などに基づき『日本書紀』を執筆しています。一連の筑紫倭王の即位年、即位地、崩御年、崩御地、御陵の位置は、明瞭に把握しているのです。

となると、倭王讃の出生地が筑紫の蚊田《かだ》であった可能性が出てきます。筑紫倭王の出生地が蚊田で、大隅宮で亡くなったと推論できるのです。

では、応神天皇・倭王讃の崩御の年は西暦何年か、これが難題です。「応神天皇紀」の百済関係記事が錯綜しているからです。奇妙な例を次に示します。

天皇二十五年直支王崩御、世子即位（原文・廿五年百濟直支王薨即子久爾辛立爲王）

天皇三十九年直支王、妹媛を遣仕（原文・卅九年春二月百濟直支王遣其妹新齊都媛以令仕）

薨ったはずの直支王が、十四年後に遣使《けんし》献女しているのです。百済記事の一部は、重複・前後入れ替わって書かれているようです。記述年を、信用できません。

ただ、献女の記事よりも百済王崩御が数倍も重要ですので、天皇二十五年の記事が正しいと判断します。『日本書紀』の応神天皇崩御は、在位四十一年の春二月との記述からは、倭王讃が亡くなった年は西暦四三六年と推算できます。

倭王讃の弟である珍が西暦四三八年に宋に初朝貢している事から『日本書紀』は、正しい倭王讃の崩御年を伝えていると判断できます。

一方、河内王たる誉田天皇の即位年は、『古事記』の記録を正しいとすれば、帯中日子命《たらしなかつひこのみこと》（仲哀大王）の崩御年、もしくは翌年と考えられます。崩御当年の西暦三六二年が妥当でしょう。

倭王讃の即位年は不明ですが、一応、西暦四二一年の初朝貢年の二年前を即位年とします。

筑紫倭王と河内大王の在位比較

◇倭王讃（応神天皇）　西暦四一九年即位、四三六年崩御、在位十八年。
◇品陀別（誉田大王）　西暦三六二年即位、三九四年崩御、在位三三年。

『古事記』の記録を信用するならば、応神天皇と誉田大王は、別々の大王であるとの結論を得ます。

筆者は、古市を拠点とした河内王の血統は、倭建命《やまとたけるのみこと》、仲哀天皇、誉田天皇、大山守命《おおやまもりのみこと》、允恭天皇、雄略天皇、清寧《せいねい》天皇、と続いたと推論しています。『古事記』の誉田天皇崩御（西暦三九四年）と允恭天皇即位（西暦四一二年）の間を埋めるのが大山守命です。在位十九年は、治世の期間として申し分ありません。

なお、筆者は、誉田大王の世子である大山守命が、難波宮に坐す大雀命（仁徳天皇）に惨殺され、急遽、河内の勢力が百済から迎えた貴種が允恭天皇なのではないかと疑っています。「第六話　允恭天皇の謎」で詳しく考察します。

次に、古都古市への貴種渡来の可能性について、考えてみます。

古市古墳群の位置に着目します（図①）。古市の地は、古代、北方の若狭沿岸から、琵琶湖、淀川、河内湖を通じた水運で三韓、特に新羅地方（辰韓）と繋がっていました。古市の東側玉手山《たまてやま》には古市古墳群に先行する四世紀初頭から中頃にかけて築造された約十五基の前方後円墳で構成される玉手山古墳群があります（図②）。古代の豪族で『古事記』「倭建命の東國征討」に出てくる尾張氏の祖廟《そびょう》群ではないか、とも云われます。なお、玉手山安福寺の山上玉手山七号墳（前方後円墳・墳丘長約一一〇歩）の前方部には尾張徳川家の廟所があり、周囲には大型円筒埴輪のかけらが散在しています。尾張氏は、瓊瓊杵尊《ににぎのみこと》の子である火明命《ほあかりのみこと》を祖とし、古くは玉手北部（片山の地）に拠点を有していたと言われています。尾張氏は渡来氏族と判断されます。

図① 河内周辺の水路図
（○ 古市古墳群）

伊達宗泰著『「おおやまと」の古墳集団』より、一部加工

　玉手山七号墳を東に下りた大和川南岸に松岳山《まつおかやま》古墳群があります。主墳は、船氏《ふなし》の祖廟とされる墳丘長百三十米《メートル》（約一〇〇歩）の前方後円墳の松岳山古墳です。松岳山古墳の墓室上前後には他の古墳には見られない大きな平板の立石（図③）があり、筆者は航洋船の前後の波切板（図④）を模していると考えていま

図② 古代の河内尾張郷

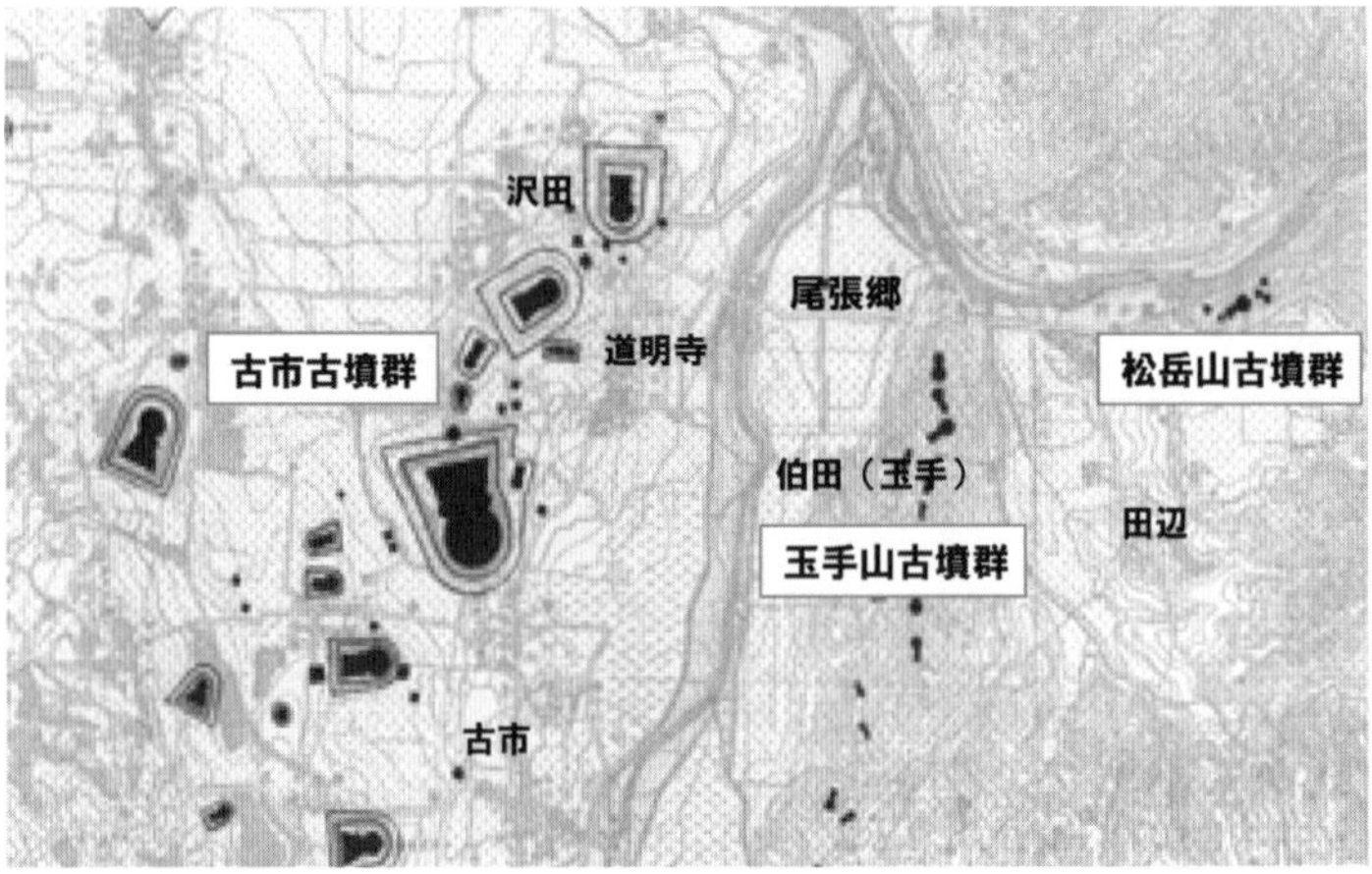

藤井寺市広報資料より、一部加工

図③ 国分・松岳山古墳（墓室覆板の前後に謎の立石）

左・大和川側（北北西）と国分神社側（南南東）

す。船氏らしい特徴ある墓石構成です。

ちなみに、この立石二枚を波切板と見なすと、その中央軸線が指し示す方向には何があるのでしょう。直ぐ北は大和川です。さらに北に伸ばすと若狭湾に至ります。船氏《ふなし》の先祖は、三韓より敦賀《つるが》付近に上陸し、舟運により国分に至りました。貴種渡来に相当します。また、火明命を祖とする尾張氏も三韓、おそらく辰韓より渡来したと推測できます。当然、貴種の渡来です。立石建造の意図は、船氏王後《おうご》の首《おびと》の魂を、亡くなった後に、葬送舟に乗せ、若狭湾から祖国に帰国させるために、日本海を横切れる航洋船を用意したのだと解釈します。

古代、若狭の湊《みなと》の重要性は、次の文章からも分かります。

『日本書紀』応神天皇の段の最初に「皇太子になって初めて、応神天皇が敦賀の笥飯大神《けひのおおかみ》に参られた時に、大神の名である誉田別と自身の名である去来紗別《いざさわけ》を交換された、という言い伝えがあるが、真偽は分からない」との何とも不可解、不可思議な記事があります。この交換譚で編者が伝えたい事柄については第五話で論考します。この文章は、敦賀の笥飯大神が天皇家にとって極めて重要な神であった事を伝えています。大和の天皇家のルーツが三韓であり、笥飯大神が航海の無事を祈願、感謝する社であった事を伝えています。

図④ 古代航洋船の構造

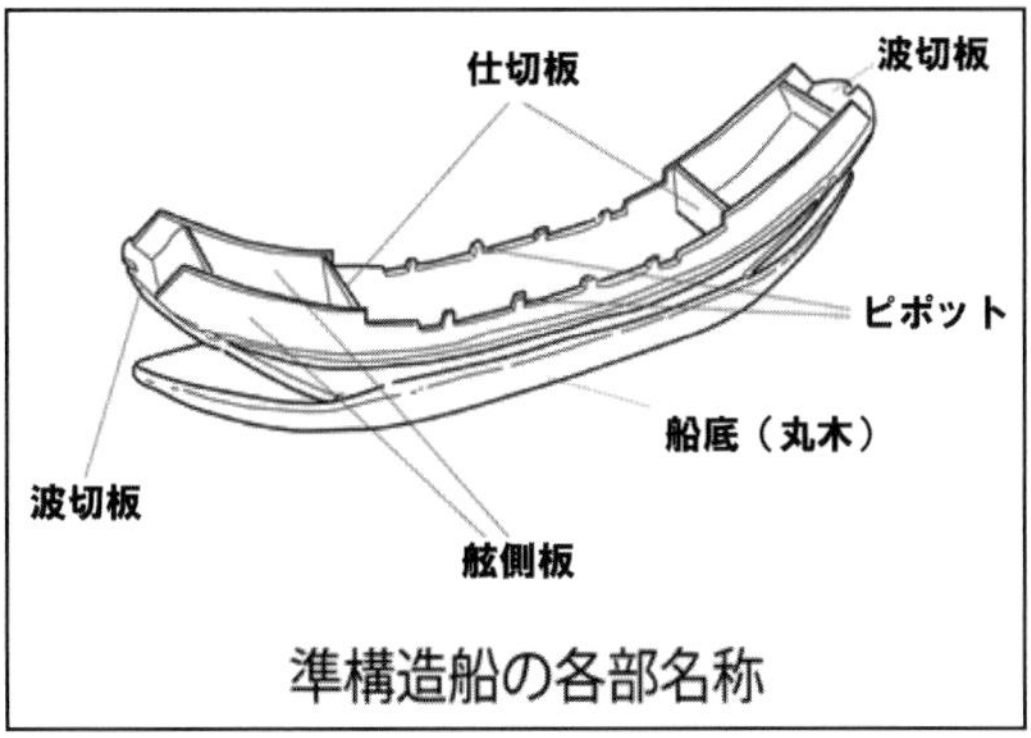

松阪市ホームページより

敦賀は三韓への玄関口です。垂仁《すいにん》天皇の段に出てくる于斯岐阿利叱智干岐《うしきありしちかんき》（大加羅《から》國王子）が上陸したのも、越の国の笥飯の浦でした。敦賀からは南に笙川《しょうのかわ》が流れており、途中で黒河川と名を変えます。分水嶺近くの山道を登《あ》がれば、知内《ちない》川の上流に出ます。漕ぎ下れば一気に琵琶湖北岸です。琵琶湖、淀川、河内湖、長瀬川を南下すれば、松岳山近くの大和川に着きます。ここから、古都古市の地は目の前です。

松岳山古墳の南側一帯は渡来氏族の田辺氏が住み着いた地域であり、旧安宿部《あすかべ》郡に属します。さらにその南には、百済系の人々が多く住んだ近《ちか》つ飛鳥《あすか》の地があります。戦乱の地である三韓から多くの避難民が船で日本海を渡り、新天地であるこの一帯に住み着いたと思われます。

これらの渡来氏族が王と仰いだのが歴代河内王だと考えます、おそらく、大和の崇神天皇に始まる伽耶《かや》系王統に対抗して、百済系や新羅系の有力者からなる勢力に担がれた王朝だったと考えられます。

なお、近つ飛鳥には、百済の昆支《コンジ》王を祀る飛鳥戸《あすかべ》神社があります。現在は、小さな村社として残っています（図⑤）。県史シリーズ『大阪府の歴史』では、大阪府の諸蕃《しょばん》（帰化人）系式内《しきだい》社十社の内の七社が古市付近に集中しています。これらの式内社を氏社とする連合体が　河内の王朝を支えたと考えます。

河内国蕃社

長野神社　（藤井寺市）主祭神　素戔嗚命《すさのうのみこと》　（辛國連の祖）　新羅系

大津神社　（藤井寺市）主祭神　素戔嗚命・百済辰斯王《しんしおう》　（津氏の祖）　百済系

伯太彦《はくたひこ》神社　（柏原市）主祭神　伯孫　（田辺史の祖）　百済系

伯太姫神社　（柏原市）主祭神　伯孫の妻　（田辺史の祖）　百済系

大狛《おおこま》神社（柏原市）主祭神　高麗溢士福貴王《こうらいいりしふくきおう》（大狛連の祖）高麗系
常世岐姫《とこよきひめ》神社（柏原市）主祭神　燕の公孫淵《こうそんえん》（常世連の祖）高麗系
飛鳥戸神社（羽曳野市）主祭神　昆支王（飛鳥戸部氏の祖）百済系

それ故に、この王統が途絶えそうになると、祖国から聖骨（貴種）を迎えて王としたと思われます。後に述べる継体天皇も、これに準じた状況で、百済から渡来して大倭王になったと推定できます。詳細は、第八話で論じます。

図⑤ 飛鳥戸神社・社殿
（百済渡来の昆支王を祀るとされる）

では、河内に座す誉田（ホムタ・コンダ）大王の実像を推理してみます。

誉田大王は河内開発王です。『日本書紀』応神天皇七年の条に、高麗人、百済人、任那人、新羅人等が来朝したので、武内宿禰《たけうちのすくね》に命じて、これらの人々に池を造らせた、とあります。十一年には、端境期《はざかいき》である冬十一月に剣《つるぎ》池、軽《かる》池、鹿垣《かのかき》池、厩坂《うまさか》池を造らせたとの記述があります。奈良盆地の地図（昭和期）を見た時、驚かされるのは溜め池の多さです。渇水期の水の確保に努めた農民の尽力の賜物です。さて河内野開発です。南河内の平野は、南部の信太山《しのだやま》丘陵、狭山《さやま》丘陵、羽曳野《はびきの》丘陵に連なる広大な大地（段丘）が存在します。これらの台地は、水に恵まれませんが、灌漑事業が成功すれば広大な田圃が確保できます。誉田大王や仁徳天皇の灌漑池の造成は、田畑の開墾そのものです。古市大溝として知られる大型灌漑水路や灌漑用の溜め池が、数多く造られました。

開拓例としては、仁徳天皇十四年に、大溝を感玖《こむく》（河内國石川郡）に掘った。ここに石川の水を引き入れて上鈴鹿、下鈴鹿、上豊浦、下豊浦の原（乾燥地）を潤し、四万頃《けい》（頃は、百畝《ほ》）あまりの田が得られた、とあります。換算すると、この大溝建設により、大大名の領地に相当する四十万石の新田が得られたことになります。なお、古市大溝の建設は、河内王の業績であり、仁徳天皇の業績とするには難があります。

南河内を本拠とする誉田の大王や難波を本拠とする仁徳天皇は、このように内政王であって、外征王ではありません。着実に日本列島の生産力を高めていった大王です。外征と巨大古墳の建設は両立しません。畿内地域が平和であったればこそ、あのように巨大な古墳を造る事が出来たのです。

河内の王朝の初代王

では「河内の王朝の初代王は誰なのか」です。

『日本書紀』、『古事記』の記事から推論すると、前に述べているように、河内血統は、倭建命、仲哀天皇、誉田天皇、大山守命、允恭天皇、雄略天皇、清寧天皇、と続くため、倭建命となります。『古事記』では、成務天皇の崩御が西暦三五五年、仲哀天皇崩御が西暦三六二年ですので、倭建命と仲哀天皇の御陵は、ほぼ四世紀後半築造と推定出来ます。

図①の畿内の大型古墳を参照すると、該当する古墳は、次の三古墳です。

◆津堂城山《つどうしろやま》古墳　墳丘長 約一五〇歩（二一〇米）四世紀後半築造
◆古室山《こむろやま》古墳　墳丘長 約一一〇歩（一五〇米）四世紀後半築造
◆仲津山《なかつやま》古墳　墳丘長 約二一〇歩（二九〇米）四世紀後半築造

ちなみに、先に述べた玉手山七号墳と松岳山古墳についてもデータを示しておきます。

◆玉手山七号墳　墳丘長 約一一〇歩（一五〇米）四世紀初頭〜中期築造
◆松岳山古墳　墳丘長 約一〇〇歩（一三〇米）四世紀中頃築造

玉手山古墳群は、最近の研究で、一号墳などは三世紀後半に築造が開始されたとの説が有力です。

但し、副葬品の少なさ等から、大和の伽耶系王朝の大王墓とは、繋がりません。

この時期まで、南河内の灌漑が進んでいなかった事を示しています。

鉄の農具を持ち込んだ倭建命、仲哀天皇、誉田天皇の初期の三河内王の活躍で、羽曳野丘陵が開発され、軍事力と財力を蓄積して、大和王に対抗したと推論しています。

ヤマトタケル（倭建命）は、一般名詞であって固有名詞ではありません。景行天皇も河内に進出したヤマトタケルであり、南河内に進出した倭建命もヤマトタケルであり、九州に進出したヤマトタケルもおり、関東に進出したヤマトタケル（倭武天皇）が存在するのです。日本列島の英雄時代なのです。大帯日子《オオタラシヒコ》（景行帝）の名が領土拡張を表しています。

筆者は、現在、応神天皇の皇后・仲津媛尊《なかつひめのみこと》の御陵とされている仲津山古墳が、実は仲哀天皇御陵だと見ています。「第七話　雄略天皇」の謎で詳しく述べます。理由は、築造年代が合わない事と、真の雄略天皇御陵が現仲哀天皇御陵の岡ミサンザイ古墳であると確信をもって云えるからです。

そうすると、仲哀天皇の父王である倭建命御陵の最有力候補は、仲津山古墳と誉田御廟山古墳に挟まれた古室山古墳となります。築造時期は四世紀後半です。平地に築かれ、空堀を持つ点で、玉手山の古墳群とは一線を画します。なお、津堂城山古墳は、景行天皇の三太子である五百城入彦王の御陵の可能性が高いと推論しています。

筆者の想像する倭建命は、優れた灌漑技術を持ち、鉄資源の入手に長けた集団を領導する族長《コニキシ》（京長）です。可能性の高いのは、三韓渡来の貴種です。この後の河内と大和の抗争を考慮すると、新羅系か扶余《プヨ》系の貴種の渡来が考えられます。渡来時期は、四世紀初頭です。「百済本紀」の第十一代比流《ピリュ》王の西暦三三一年に「春夏大旱、この年飢饉、人相喰らう」との悲惨な農民の記事がありま す。三韓からの、王子を含む大量の難民の渡来が考えられます。倭建命の渡来時期と時代が合います。河内のヤマトタケルの正体は、おそらく、新羅系の次次雄《ススング》（巫王）を名乗る人物です。古室山古墳のすぐ近く、北側に在る諸蕃系式内社である長野神社の主祭神は、素戔嗚尊《スサノヲ》です。新羅王子の渡来が濃厚です。

この後の話にも、たびたび出てきますが『日本書紀』の崑支王の渡来譚を紹介しておきます。

【百済王族軍君《コニキシ》の来朝】

雄略天皇五年（西暦四六一年）

夏四月、百済国の加須利の君（蓋鹵《ケーロ》王也）が、池津姫が燔殺された事を伝え聞き（適稽女郎也）議《はか》って曰く、往古、女を貢いで采女とした、而して既に礼無く、我が国の名を穢《けが》した、これ以後、貢女は罷《まか》りならぬ、と言われた。乃《すなわ》ち、王の弟軍君（崑支王也）に曰く。汝宜しく日本に往き、以て天皇に奉侍せよ、と。軍君、対して曰く、上君の命、違い奉るべからず、願わくば君の婦を賜って、而して後、お遣し奉りたい、と。加須利君、則ち以って孕《はら》める婦を嫁さしめ、軍君に与《あた》えて曰く、我の孕める婦は既に当に臨月、若し往路で生まれなば大事に船に載《の》せよ、随って何處かに至り、速やかに国に送り届けせしめよ、と。六月丙戌朔の日、孕んだ婦は加須利君の言の如く、筑紫の加羅嶋《かから》で児が生まれた。仍ち、この児を名づけて曰く嶋君、即ち一船を仕立てて嶋君を国に送る。是が武寧王為り。

時期は一致しませんが、日本列島への三韓の王族の渡来は、続いたようです。

次に、歴代河内王の御陵の埋葬者を考えてみます。大王御陵の主の推定です。

【歴代河内王の御陵】

◆古室山古墳（倭建命御陵）　墳丘長 約一一〇歩　四世紀後半

◆仲津山古墳（仲哀天皇御陵）　墳丘長 約二一〇歩　四世紀末葉

◆誉田御廟山古墳　（誉田天皇御陵）　墳丘長 約三一〇歩　五世紀前半
◆墓山古墳　（大山守命御陵）　墳丘長 約一六〇歩　五世紀前半
◆市之山古墳　（允恭天皇御陵）　墳丘長 約一七〇歩　五世紀中―後半
◆岡ミサンザイ古墳　（雄略天皇御陵）　墳丘長 約一八〇歩　五世紀後半
◆白髪山古墳　（清寧天皇御陵）　墳丘長 約八〇歩　六世紀前半
◆野中ボケ山古墳　（仁賢天皇御陵）　墳丘長 約九〇歩　六世紀前半

巷間、応神天皇が三韓からの渡来王とされていますが、違います。

本文で述べたように、倭王讃の事績を応神天皇の事績として記述しているので、そう見えるのです。倭王讃は、畿内には足を踏み入れていません。九州王として、筑紫に加え、三韓南部と関門付近を制圧しているのです。筑紫の君磐井（石井）の乱とされる筑紫と大和の戦争以前は、摂・河・和（大和）への渡来民の大半は、若狭経由で大和・河内に入ったと判断できます。

河内王たる誉田大王の崩御年が西暦三九四年である事から、初代河内王の渡来は四世紀前半と考えられます。

初代河内王こそ渡来王であり、親子孫の三代で、羽曳野開発に成功したと考えるほうが納得が行きます。図⑥の渡来王の推定図を参照願います。

誉田大王の世子の大山守命が、難波開発を進める大雀命に殺害されます。そこで、三韓から再度、貴種（内臣佐平洪）を呼び寄せたと推論します。この件は、「第六話　允恭天皇の謎」で詳しく説

図⑥　渡来王の推定図

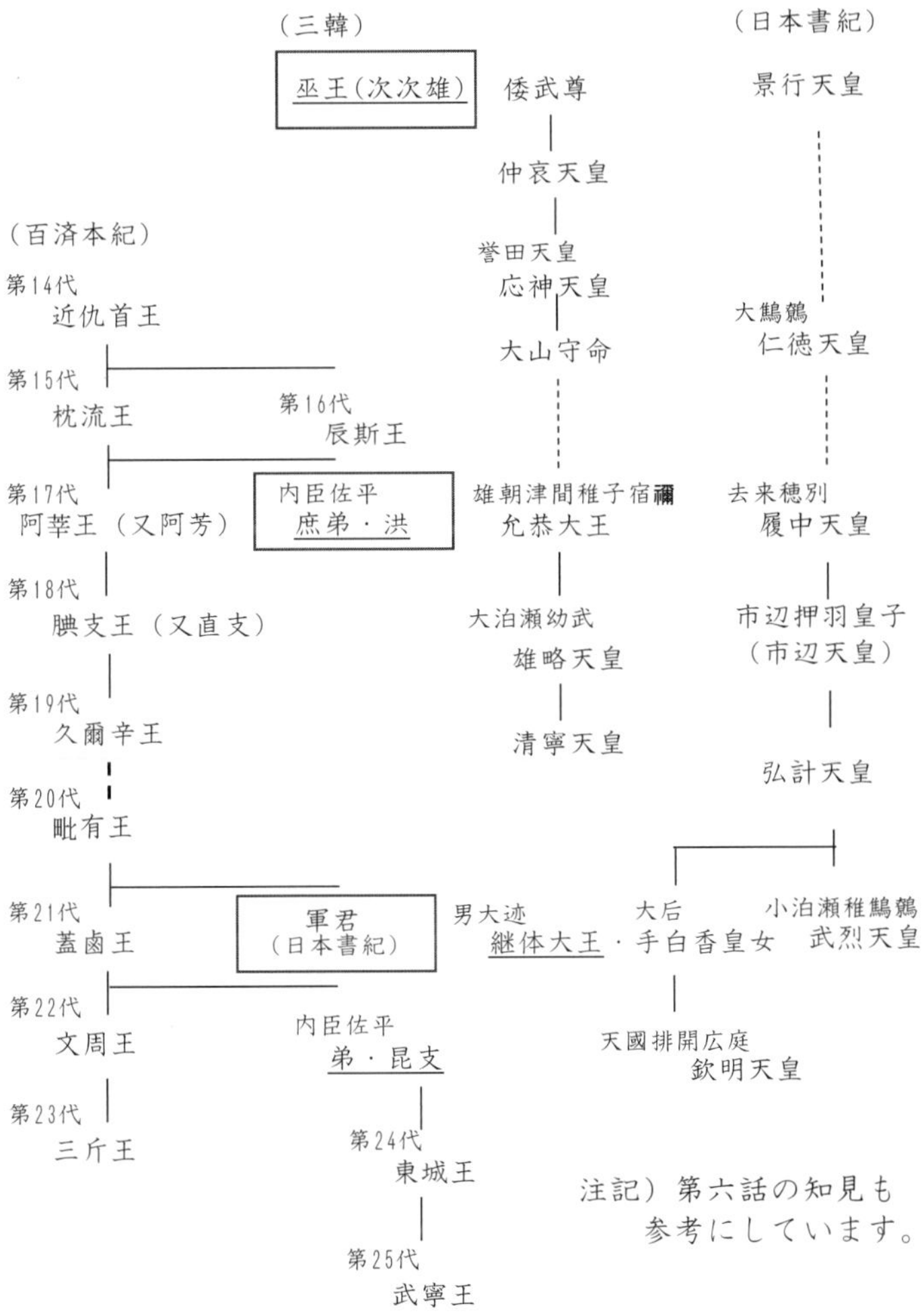
（三韓）
巫王（次次雄）
内臣佐平
庶弟・洪
軍君
（日本書紀）
内臣佐平
弟・昆支
第24代
東城王
第25代
武寧王
（百済本紀）
第14代
近仇首王
第15代
枕流王
第16代
辰斯王
第17代
阿莘王（又阿芳）
第18代
腆支王（又直支）
第19代
久爾辛王
第20代
毗有王
第21代
蓋鹵王
第22代
文周王
第23代
三斤王
倭武尊
仲哀天皇
誉田天皇
応神天皇
大山守命
雄朝津間稚子宿禰
允恭大王
大泊瀬幼武
雄略天皇
清寧天皇
男大迹
継体大王・手白香皇女
大后
天國排開広庭
欽明天皇
（日本書紀）
景行天皇
大鷦鷯
仁徳天皇
去来穂別
履中天皇
市辺押羽皇子
（市辺天皇）
弘計天皇
小泊瀬稚鷦鷯
武烈天皇
注記）第六話の知見も
参考にしています。

明します。

最後に、第四話の検証結果をまとめておきます。

宇治谷孟著『日本書紀・全現代語訳』上巻の「応神天皇紀」の表題は「応神天皇　誉田天皇」です。ぴったりの表題です。応神天皇の謎の検証で、筑紫倭王讃を応神天皇として描き『古事記』の品陀和気命を誉田天皇として記述している事が判明しました。

両大王の生涯を描いてみます。
◇倭王讃（応神天皇）西暦四一九年即位、四三六年崩御、在位十八年
　　九州の蚊田でお生まれになった。
　父・倭国王旨もしくは、その皇子
　母・不詳
西暦四一三年　東晋に遣使朝貢《けんしちょうこう》
西暦四二一年　宋に遣使朝貢
西暦四二五年　宋に遣使朝貢（遣司馬曹達奉表献方物）
西暦四三〇年　宋に遣使朝貢
西暦四三六年　九州・大隅宮で崩御、王弟の珍（彌）が継位
◇品陀別（誉田大王）西暦三六二年即位、三九四年崩御、在位三三年
　　河内国でお生まれになった。

父・河内王の帯中日子大王（仲哀天皇）

母・息長帯比売尊（神功皇后・『日本書紀』）

西暦三六二年　父王（仲哀天皇）の薨去に伴い継位

后・高木之入日売命・

子・額田大中日子命《ぬかたのおおなかつひこのみこと》

大山守命《おおやまもりのみこと》

伊奢之眞若命《いざのまわかのみこと》

大原郎女《おおはらのいらつめ》

高目郎女《たかむくのいらつめ》

南河内の灌漑、農地拡大に尽力された。

西暦三九四年　河内国で崩御、御陵は恵賀の裳伏崗に在る。

世子の大山守命が継位

『日本書紀』編者の見事な荒業《あらわざ》です。

時代も違い、知（治）らすところも異なる二柱（倭国王讃と、河内の誉田大王）の二大王を『日本書紀』は、一柱の大王（応神天皇）として描いているのです。

第五話　仁徳天皇の謎

■仁徳天皇と応神天皇

『日本書紀』は「大鷦鷯《おおさざき》（仁徳《にんとく》）天皇は、応神《おうじん》天皇の第四子である。母を仲姫命《なかつひめ》という。五百城入彦皇子《いおきにいりひこ》の孫である」としています。本当なのでしょうか。仁徳天皇の父が応神天皇であるとの記述には疑念が生じます。第三話ならびに第四話の解析結果では、記紀で仁徳天皇と応神天皇の治世が重なります（第一話の「『日本書紀』と『古事記』の天皇崩壊年」三二一〜三三頁参照）。在位期間は、次の通りです。

【天皇在位比較】

◇応神天皇　在位期間　西暦三六二年—三九四年（『古事記』の年紀）

◇仁徳天皇　在位期間　西暦三七八年—三九九年（『日本書紀』の復元年紀）

応神天皇と仁徳天皇は同じ御一人なのでしょうか、同じとの説もあるようです。『日本書紀』を読み解く上で重大な命題であり、『日本書紀』の重要な謎の一つです。筆者は、異なる大王だと確信しています。理由は、第四話の応神天皇に関する検証結果に加えて、**表①**に示す様に、この時期日本列

表① 大王割拠の時代（三大王対照表）

筑紫倭王	大和天皇	河内大王
根拠地 九州北部・南韓	根拠地 大和・難波	根拠地 南河内
御名 倭旨	御名 大鷦鷯尊 （仁徳天皇）	御名 誉田別尊 （誉田大王）
推定在位 一西暦395年 （第四話の解析結果）	推定在位 西暦376年-399年 日本書紀太歳年基準	推定在位 西暦363年-394年 古事記崩御干支基準
業績 百済支援 新羅征伐	業績 難波の堀江開削 茨田堤築造	業績 感玖大溝の開削 羽曳野開発
父 不詳	父 去来沙和気命	父 帯中日子命
子 倭讃と倭珍 （宋に朝貢）	子 去来穂別命 （履中天皇）	子 大山守命 （暗殺される）
大王御陵 筑紫 陵墓不明	天皇御陵 百舌鳥野 大仙陵古墳 5世紀中期頃築造	大王御陵 古市 誉田御廟山古墳 5世紀前半築造
父王御陵 筑紫 陵墓不明	父王御陵 百舌鳥野 上石津ミサンザイ古墳 （現履中天皇御陵）	父王御陵 古市 仲津山古墳 （現仲津媛御陵）
注記：応神天皇は倭王旨（讃）の写し絵	注記：仁徳天皇紀は履中帝の事績を含む	注記：誉田大王は外来系の羽曳野開発王

島から朝鮮半島南端にかけて、三大勢力が鼎立《ていりつ》していたと考える故です。即ち、百舌鳥野《もずの》に御陵《ごりょう》がある大倭《おおやまと》の天皇の勢力、河内古市《かわちふるいち》の大王の勢力、筑紫倭国《つくしわこく》の大王の勢力です。筆者は、百舌鳥野の大王は、景行天皇から五百城入彦王、品陀真若《ほむたわか》王、仁徳父帝、仁徳天皇、履中《りちゅう》天皇へと続くと考えています。

百舌鳥古墳群と古市古墳群の位置関係は、図①畿内の古墳群を御覧ください。

図① 畿内の古墳群

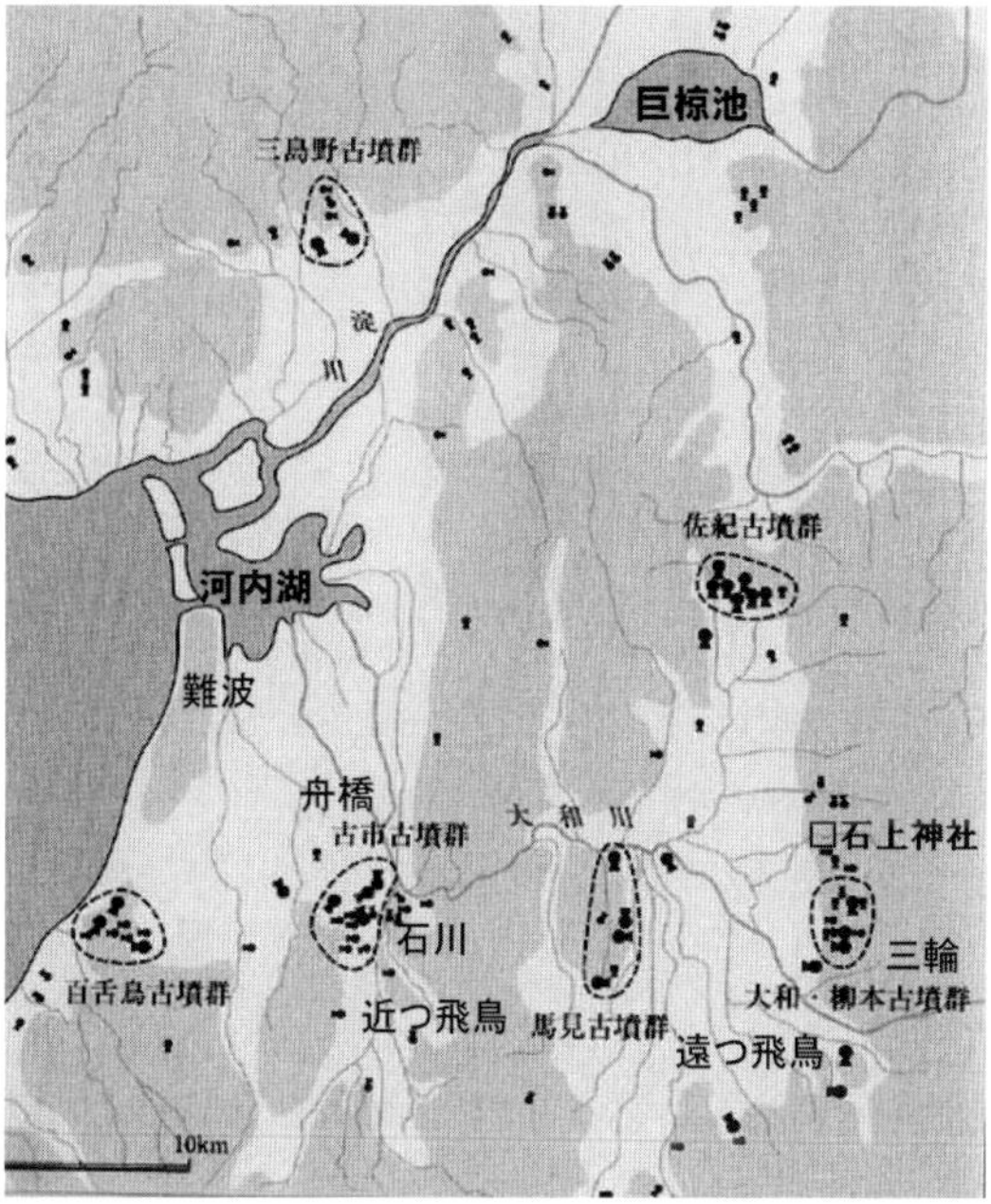

白石太一郎著『古墳の語る古代史』、一部加工

畿内での二大大王勢力の並立を裏づける更なる根拠は、河内王たる允恭《いんぎょう》天皇に関するものです。

允恭天皇と百舌鳥野の三天皇の在位期間を較べてみます。

【天皇在位比較】

◇允恭天皇　在位期間　西暦四一二年—四五三年（『日本書紀』復元年記）

◇仁徳天皇　在位期間　西暦三九四年—四二七年（『古事記』の年記）

◇履中天皇　在位期間　西暦四二七年—四三二年（『古事事記』の年記）

◇反正《はんぜい》天皇　在位期間　西暦四三二年―四三七年（『古事記』の年記）

允恭天皇の在位期間に、百舌鳥野の巨大御陵の主である仁徳、履中、反正天皇の在位期間の殆どが含まれてしまうのです。この記述から、百舌鳥野の天皇と河内の大王が並立していた事は、ほぼ確実です。

百舌鳥野の三天皇と対立する允恭天皇は、允恭大王と記すべきでしょう。

ここで、筆者が誤解していた反正天皇の諱《いみな》について説明しておきます。最初に読んだ印象は「正に反す」なので何と悪い名前を付けたのか、でした。正義に反《はん》すと解釈したのです。間違いでした。漢和大字典によれば、①正道に戻す、②再び正しくする、③天下を平定する、でした。正に反《かえ》す、乃ち、正に返す、と読むべきだったのです。

■「安田家文書」

では、河内の大王と百舌鳥野の天皇に関する資料を調べて、仁徳天皇の真の姿に迫りましょう。

興味深い資料を入手しています。河内玉手の旧家で発見された一七〇三年作成の「安田遠江守故源氏安田（家）略系図」（以降「安田家文書《やすだけもんじょ》」）です。この古文書を用いて謎の解明を行います（**資料①**、なお、古文書は勝井翁により解説された現代文で紹介します）。

検証結果を先に述べておきます。巨大な百舌鳥野の御陵群《ごりょう》に葬られた天皇一族は、崇神《すじん》天皇に始まる伽耶《かや》系王朝である大和王家の難波《なにわ》進出王であるという事が確認できました。

資料①「安田家文書」

★河内玉手の旧家安田家の畳の下から発見された古文書
（延亨三年（1703年）作成「安田遠江守故源氏安田略系図」から引用）

解説書の関係部分の抜粋

□古代、日本の中心は大和・河内である。
□当時、日本には文字がなく渡来人によって読み書きがなされた。
□中国より朝鮮へと漢字が入り三百年後日本に漢字が入った。
□天皇の御歌等は、皆朝鮮語であった。

□第10代崇神天皇　崇神天皇は大和より竹ノ内街道、関谷、竜田を通り伯田へ出て石川を舟で渡って道明寺へ、又船橋へと出て難波へと行かれた。
浪速へ三里、京都に十三里である。

□第12代景行天皇　河内一帯が天皇の所有地。

□第17代履仲天皇　大陸文化に精通し、船史、建築、美術、工芸等に秀でた文化人で、学者としても秀で、帰化人の定住にも力を尽くした。
弟の墨江の仲皇子の反乱で難波の宮を焼かれ、天皇馬で大和に向かわれた。
丹比-野々村-植生坂-伯田へ逃げてこられ、
難波の猛火の煙を見られる。
平群木逸宿彌等と大阪道-駒ヶ谷-飛鳥-東大阪道-当麻へ。

□第18代反省天皇（ママ）　龍田-大和-石上希留神社に入らせたまう。

注）伯田=河内玉手
注）安田家=楠木正成に従い敗れ、武士を捨て就農、代々庄屋・代官職を務める。

◎出典：安田美幸氏の提供文書

図② 玉手付近の地図

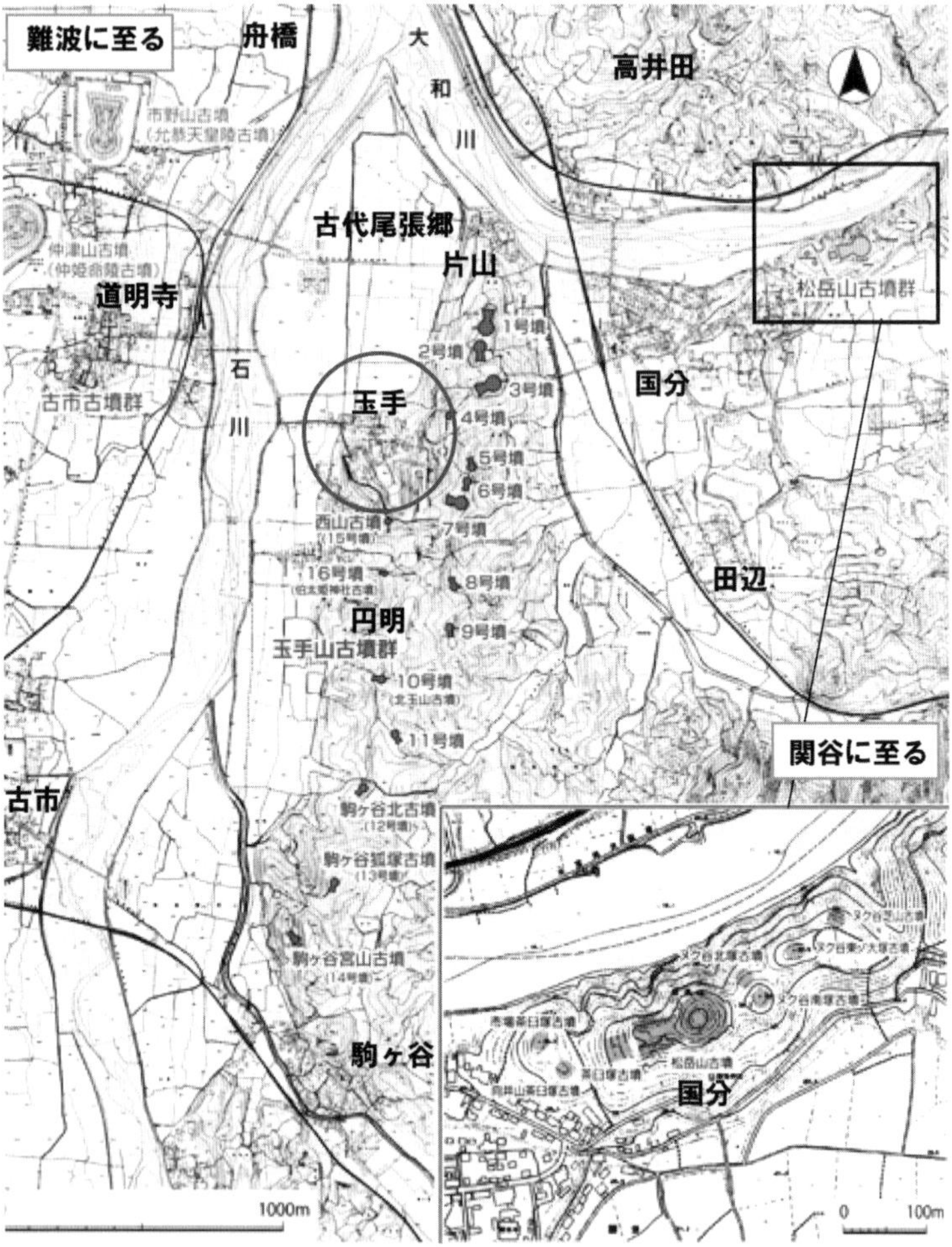

柏原市文化財課広報資料を一部加筆加工

「安田家文書」には、崇神天皇、景行天皇、履中天皇、反省《原文ママ》天皇に関する記述があります。なお、安田家の在る玉手《たまて》は、伯田《はかた》と表記されています。

文書の重要部分を列挙し、注記を加え解説します。

◎崇神天皇

崇神天皇は大和より竹ノ内街道、関谷、竜田《たつた》を通り伯田（玉手）へ出て、石川を舟で渡って道明寺へ、又船橋へと出て難波へと行かれた。浪速へ三里、京都に十三里である（図②）。

注記・「仁徳天皇紀」に猪飼野《いかいの》に小橋を架けたとの記述がありますが、当時、石川には橋が架かっていなかった様です。道明寺北に船橋という地名が残っており、いつの時代か、舟を連ねた舟橋で川を渡った名残と思われます。

◎景行天皇

河内一帯が天皇の所有地。

注記・非常に重要な記述です。あえて「河内一帯が景行天皇の所有地」と書く以上、先王である崇神天皇の時代には河内一帯は、まだ天皇家の所有地ではなく、景行天皇（大足彦《おおたらしひこ》忍代別《おしろわけ》）の時代に、大和を根拠地にして河内にまで領地を拡大させた事を示唆しています。景行天皇の御名の大足彦が領土拡大を、忍代別が三太子（日本武尊《やまとたけるのみこと》・成務《せいむ》天皇・五百城入彦命）への御領地の分配を意味している可能性があります。日本武皇子には南河内を、成務天皇には大和を、五百入彦皇子には難波を、です。

◎履中天皇

大陸文化に精通し、船史（造船）、建築、美術、工芸等に秀でた文化人で、学者としても秀で、帰化人の定住にも力を尽くした。弟の墨江《すみえ》の仲皇子《なかつみこ》の反乱で難波宮を焼かれ、天皇、馬で大和に向かわれた。丹比《たじひ》—野々村—植生坂《はにゅう》—伯田へ逃げてこられ、難波宮の猛火の煙を見られる。平群木逸宿禰《へぐりのつくのすくね》と大阪道—駒ヶ谷—飛鳥—東大阪道—当麻《たいま》（大和）へ、逃げられた。

注記・履中天皇の在位期間が短い六年との記紀の記録と「（永年）帰化人の定住にも力を尽くした」と表現される履中天皇の御姿には強い違和感を覚えます。在位年に関する検証が必要です。履中天皇の即位年は、記紀の記述よりも遡るものと思われます。

◎反省天皇（反正天皇）

龍田—大和—石上希留《いそのかみママ》（ふる）神社（石上神社）に入らせたまう。

注記・石上布留神社は、奈良の石上神宮を指します。大和・柳本古墳群の北部に位置します。祭神は、布都御魂神《ふつのみたまのかみ》、布留御魂神、布都斯《ふつし》御魂神です。石上神社は、物部氏の総氏社《そううじしゃ》であり、大和朝廷（物部氏）の武器庫があったと伝えられています。

「安田家文書」を基に、検証を進めます。

不思議です。河内の人々にとって、景行天皇から反正天皇の期間の最大の事件が墨江の仲皇子の乱で、『日本書紀』が詳しく述べている神功《じんぐう》皇后の新羅《しらぎ》征伐後の大和入りに向けた仲哀《ちゅうあい》天皇の二皇子との戦いの記述が全くありません。

「安田家文書」から『日本書紀』の神功皇后の西征（三韓征伐）ならびに、東征（二皇子との戦い）が作話《つくりばなし》である事を示しています。

「安田家文書」の文面からは平穏な河内の農村が思い浮かびます。第三話の神功皇后の御歌「あさず呑せ、ささ」が脳裏に浮かびます。

さらに驚く事に「安田家文書」には、仁徳天皇も応神天皇も、記録がありません。玉手と古市の距離は、約四キロ、すぐそばです。この時期、誉田大王《ほむた》（応神天皇）はいなかったのでしょうか。結論は、誉田大王は、この時期、勢力は大きくとも南河内に割拠する大豪族の一人にすぎなかったのです。また、大和の天皇家に仕えていた可能性もあります、

大和・河内の人々にとって、天皇とはあくまでも大和三輪の信仰を継承した崇神、景行、履中、反正天皇なのです。大和と河内の年配の人々にとって、今も「三輪《みわ》さん参り」は絶大な人気があります。当然です、お伊勢《いせ》さんよりも古いのですから。三輪信仰は、稲を育てる水への信仰です。ちなみに山中の静かな池の水表面を走る蛇を一度でも見れば、蛇は水神と感じざるを得ません。三輪信仰と蛇との関係が良く理解できます。一方、伊勢神宮は水よりも太陽（光と火）への崇拝を信仰の中心にしています。

■「安田家文書」の吟味

文書からは重要な情報が多く得られます。列挙します。

○天皇の御歌等は皆朝鮮語であった、とあり、まさしく崇神王朝が三韓渡来王朝であった事を証明しています。
○崇神天皇時代の古街道が、大和から竹ノ内街道、関谷、竜田、伯田（玉手）、石川を舟で渡り、道明寺、難波の津、であった事が分かる。この時代、大和川は北流して河内湖に流れこんでおり、大和國から石川を渡れば難波津に行けたのです。
○河内一帯が景行天皇の所有地とあり、大足彦が大和から河内に支配地を拡げ、難波一帯に支配を拡げた事が読みとけます。伽耶から持ち込んだ鉄製武具が支配地域拡大の原動力になったに違いありません。
○履中天皇が、弟の墨江の仲皇子の反乱で難波宮を焼かれ、天皇が馬で大和に向かわれたとあります。何故、履中天皇は反乱にあって大和に逃げたのでしょうか、大和が履中天皇の本貫の地（出身地）だからです。『古事記』に、仁徳天皇は難波の高津宮、履中天皇は磐《いわ》余《れ》の若桜宮、反正天皇は多治比の柴垣宮（河内国丹比郡）とありますが、乱の時には、履中天皇の宮は、難波にあったと考えます。
○反省天皇は、龍田―大和―石上希留《ママ》神社に入らせたまう、とあります。後述するように反省天皇も允恭天皇の圧迫を受けて大和に逃げ還ったようです。天皇に十分な武力が無く物部氏の武力を頼る為に大和に向かったと考えられます。また、反省天皇が允恭大王に弑逆《しぎゃく》されて、天皇の葬列が大和に向かったとも考えられます。在位六年は短すぎます。

百舌鳥野に葬られた歴代の天皇は、共に難波を拠点とする王であり、景行天皇の遺志を受け継ぎ、難波津の交易振興と大阪平野の開拓を行っていたのだと考えます。なお「安田家文書」にも、履中天皇のところに帰化人の定住にも力を尽くしたとありました。戦乱と苦役、飢饉の続く三韓地方から多くの難民が大阪平野に入ったと確信します。特に大阪平野の南部には多くの諸蕃の祖神を祀る式内社《しきないしゃ》が多く分布します。これらの人々の手を借りて巨大御陵の建設も行われました。

「新羅本紀」に悲惨な三韓の農民に関する記事があります。

【飢饉の記録】

◇奈勿《ネムル》王九年（西暦三七二年）春夏大旱《ひでり》、年荒、民飢え、流亡する者多し。

◇訥祇《ヌルジ》王十九年（西暦四三五年）春穀欠乏、人、松樹皮を喰らう。

ところで「安田家文書」の文面からも、この時代、大和の勢力が九州島を支配していたとは、到底思えません。なお、景行天皇の時代に、伽耶の鉄を力に大和王朝が日本列島各地に支配地を拡げたのは確かなようです。

古市古墳群の歴代大王と百舌鳥野の歴代天皇は血統が異なるのです。筆者は、倭建命《やまとたける》も景行天皇の御子ではないと確信しています。

大鷦鷯《おおさざき》は、誉田天皇の御子ではありません。景行天皇の血統です。なお「安田家文書」からは、履中天皇の業績を仁徳天皇紀の構成に使っている可能性が示唆されます。この件についてもこの後、検証を進めます。

では、大鵜鶿の父はどなたで、どこに眠っておられるのでしょう。

この件に関する謎解きを行います。

謎は、古墳を検証する事で解けます。

まず、仁徳天皇（大鵜鶿）の真陵は、どの巨大御陵なのかです。矢澤高太郎著『天皇陵の謎』でも結論が出ていません。現天皇御陵の比定と、先達の研究による各古墳の編年とに齟齬《そご》が生じるのです。この謎に挑戦しましょう。


【百舌鳥野の天皇御陵】


百舌鳥野の御陵には多くの謎があります。現在の宮内庁の比定では、巨大な御陵、墳丘長《ふんきゅうちょう》が二八八米《メートル》（古代尺・約二一〇歩）もある土師ニサンザイ古墳の主が分からないのです。墳丘長二〇八米（約一五〇歩）が、この時代の大王御陵の標準的な大きさです。墳丘長二八八米は偉大な大王の陵墓の証《あかし》です。古墳の大きさでは、国内第八位なのです。これに続く御陵は、古市の仲津山古墳と播磨の作山古墳で、いずれも墳丘長二八六米です。

実に不可解です。

百舌鳥野の主要天皇御陵と陵墓参考地は次の通りです。尚、およその推定築造時期（編年）も示しておきます（図③参照）。編年の古い順に並べています。
◇履中天皇御陵（上石津ミサンザイ古墳・墳丘長三六五米）　五世紀初頭　南側
◇仁徳天皇御陵（大仙陵古墳・墳丘長四八六米）　五世紀前期―中期　中央

◇陵墓参考地（土師ニサンザイ古墳・墳丘長二八八米）五世紀中期—後期　南側
◇反正天皇御陵（田出井山古墳・墳丘長二〇〇米）　五世紀中頃　北側

編年を考慮すると、土師ニサンザイ古墳が履中天皇御陵ではないか、と思われます。

一方、『延喜式諸陵寮《えんぎしきしょりょうりょう》』の記述は、次の通りです。

図③ 百舌鳥古墳群

白石太一郎編「百舌鳥古墳隣分布図」、一部加工

◇百舌鳥耳原中陵
難波高津御宇仁徳天皇
在和泉国大鳥郡　東西八
町　南北八町
◇百舌鳥耳原南陵
磐余稚桜宮御宇履中天皇
在和泉国大鳥郡　東西
五町　南北五町
◇百舌鳥耳原北陵
丹比柴籬宮御宇反正天皇
在和泉国大鳥郡　東西
三町　南北二町

現在の仁徳、履中、反

正天皇御陵の比定は『延喜式諸陵寮』の記述と、大きさ、位置を含め、一致しています。大きさは、仁徳、履中、反正の順に小さくなり、位置も、『延喜式』通り、仁徳陵を中心に北に反正御陵、南に履中御陵があります。

ただ、編年が、一致しません。先に述べたように、履中天皇御陵が仁徳天皇御陵よりも時代を遡るのです。

編年を考慮すると、仁徳天皇が誉田天皇の太子では無い可能性が高いので、百舌鳥野の巨大三陵の主は、仁徳父帝、仁徳帝、履中帝に割当てれば整合がとれます。

即ち、『延喜式諸陵寮』の記述にならうと、左記の如くになります。

◇百舌鳥耳原西陵　難波□□宮御宇仁徳父帝　在和泉国大鳥郡　東西六町　南北六町

◇百舌鳥耳原中陵　難波高津宮御宇仁徳天皇　在和泉国大鳥郡　東西八町　南北八町

◇百舌鳥耳原南陵　磐余稚桜宮御宇履中天皇　在和泉国大鳥郡　東西五町　南北五町

◇百舌鳥耳原北陵　丹比柴籬宮《たじひのしばがきのみや》御宇反正天皇　在和泉国大鳥郡　東西三町　南北二町

古墳名は、順番に、

◆上石津ミサンザイ古墳・墳丘長・古代尺 約二七〇歩）　五世紀初頭　西側

◆大仙陵古墳　・墳丘長・古代尺 約三六〇歩）　五世紀前期―中期　中央

◆土師ニサンザイ古墳　・墳丘長・古代尺 約二一〇歩）　五世紀中期―後期　南側

◆田出井山古墳　・墳丘長・古代尺 約一五〇歩）　五世紀中頃　北側

大きさ、編年、などすべて合致します。

仁徳父帝が史書から消されているのです。大問題です。履中天皇の短い在位期間を含めて、この時期の『日本書紀』の記述は、おかしいのです。「安田家文書」の記述とも一致しません。「安田家文書」には、仁徳天皇も大鷦鷯天皇も大雀命《おおさざきのみこと》も出てきません。おかしいのです。

この難問の答は一つ、筑紫《つくし》倭《わ》国王《こくおう》旨《し》と讃の写し絵である神功皇后と応神天皇の年紀を、歴代天皇紀に挿入したために、大鷦鷯の父帝、祖父帝など、偉大な歴代難波開発王の名が消され、多くの天皇の業績を「仁徳天皇紀」に押し込めてしまっているのです。さらには、履中天皇の業績をも含ませている可能性があります。

■仁徳天皇は歴代王の混成王

仁徳天皇が歴代王の混成王である事を証明します。

仁徳天皇の名前とされる大鷦鷯天皇の名が混成王である事を物語ります。大鷦鷯は一般名詞の大御陵《おおみささぎ》の意です。大きな御陵《ごりょう》の主（達）の意味なのです。

筆者は、景行天皇の世子である五百城入彦王に始まる四代の難波開発王の事績を述べたのが「仁徳天皇紀」であると考えています。一部、履中天皇の事績が入っている可能性もあります。

歴代難波王とその御陵（津堂城山古墳、第六話図①）

五百城入彦王　津堂城山古墳（古市北）　墳丘長 約一五〇歩

品陀真若王	百舌鳥大塚山古墳	墳丘長 約一二〇歩
大雀命父帝	上石津ミサンザイ古墳	墳丘長 約二七〇歩
大雀命	大仙陵古墳	墳丘長 約三六〇歩
履中天皇	土師ニサンザイ古墳	墳丘長 約一五〇歩

以上の五帝の業績の集成された天皇が、仁徳天皇ではないか、との考えです。

仁徳天皇の表記がある場合、①合体帝を指す場合、②大雀命単独を指す場合があると云う事です。

『日本書紀』の記事は、複層しているため、理解するのに困難が伴います。

さて、仁徳父帝の御名が、分かりそうです。

『日本書紀』の文中に仁徳父帝に関する何らかの記述はないのでしょうか。書紀編者は智者です。解くべき多くのヒントを残しています。ここでの鍵は、履中天皇の名、去来穂別《イザホワケ》です。似た名前が、「応神天皇紀」に出てきます。

「応神天皇紀」初段の誉田天皇の名の由来譚です。原文は次の通り、

―一云「初天皇爲太子、行于越國、拜祭角鹿笥飯大神時、大神與太子、名相易、故號大神曰去來紗別神、太子名譽田別尊。」然則、可謂大神本名譽田別神、太子元名去來紗別尊、然無所見也、未詳。

以下、意約します。

―一説に云う―「天皇が立太子の後、越の国の角鹿《つぬが》(敦賀)にある笥飯《けひ》大神に参られた時、大神

と御名を交換された。その故に、大神の名が去来紗別《いざさわけ》神、太子の名が誉田別尊になった、と云われている」と。すると、笥飯大神の本の名が誉田別神で、太子の本《もと》の名が去来紗別尊ということになる。しかしながら、確かな証拠は無く、今だ詳《つまび》らかでは無い」

意味深、ですね、書紀編者が去来紗別という名前を書き残したかった事は確かです。筆者は、この去来紗別尊こそが、仁徳父帝の御名と確信します。『日本書紀』は、大鷦鷯天皇の父が応神天皇と作話しています。仁徳天皇の父帝の御名が、去来紗別命であり、その父帝は、五百入城彦王の血統です。

去来紗別や去来穂別は、由緒ある名前です。伊邪那岐《いざなき》神、伊邪那美《いざなみ》神という神代七代の神の名に由来します。三輪の信仰を受けつぐ崇神王朝の天皇名としてふさわしい命名です。

次に、現在、反正天皇の御陵は、百舌鳥耳原北陵《もずのみみはらのきたのみささぎ》とされ、田出井山古墳（一五〇歩）が正式に比定されていますが、プロローグで紹介した反正山古墳の可能性があります。『延喜式諸陵寮』では、「丹比柴籬宮御宇反正天皇」と書かれていた多治比地域にある前方後円墳です。

反正山は「ハジヤマ」と読みます。御陵の位置は、継体天皇御陵ではないかと云われている河内大塚山古墳（前方後円墳　墳丘長約二五〇歩）の巨大古墳の西隣です。古墳北には古《いにしえ》の丹比大溝《たじひおおみぞ》（灌漑用水路）があったとされます。残念ながら反正山古墳は都市開発により失われており、これ以上の検証は困難となっています。

なお、五百城入彦王の皇子である品陀真若王陵《ほんだまわかのおうりょう》とした百舌鳥大塚山古墳も消失古墳です。昭和

図④ 難波大王の血統図

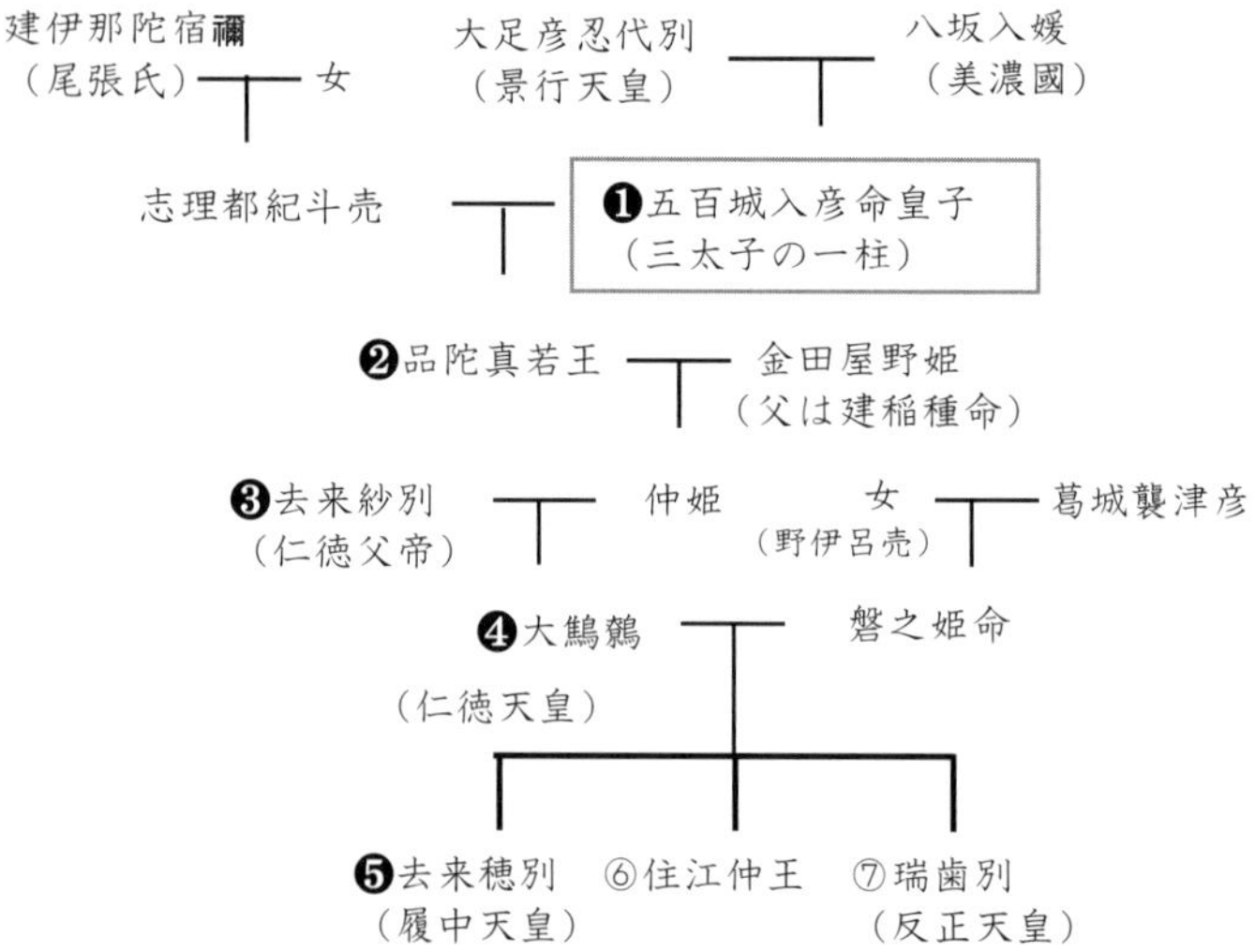

二四年に墳丘が削られ、周濠も埋め立てられ、地上から姿を消しました。残念です。

以上の検証の結果、「仁徳天皇紀」は、五百城入彦王から履中天皇に至る五天皇の事績を集積、記述していると確信します。倭建命、仲哀天皇、応神天皇を正統な天皇血統として天皇紀に入れ込み、仁徳天皇を応神天皇の御子としたため、五百城入彦王、品陀真若王、去来紗別命の存在が消され、かつ、履中天皇の在位期間が短かくなってしまっているのです。本来、五百城入彦王、品陀真若王、去來紗別命は、天皇と呼ばれるに相応《ふさわ》しい三柱なのです。

五百城入彦王は、西暦三五五年崩御の成務天皇と同時期の王です。履中天皇崩御を『古事記』の西暦四三二年とすると、その間の四代王の平均在位は、約二〇年となります。妥当な数字です。
図④に歴代難波王の推定血統図を作成しておきました。
最後に、初代難波開発王と推論した五百城入彦王の御陵について説明を加えます。
筆者は、五百城入彦王陵を津堂城山古墳と推定しました。
◆津堂城山古墳（五百城入彦御陵）墳丘長二〇八米　古代尺 約一五〇歩　五世紀初頭
その根拠は、古市・百舌鳥古墳群で最初の墳丘長が古代尺 約一五〇歩（大王墓の規格に合致）の御陵であり、古墳の編年が、ほぼ合致する事、皇后（志理都紀斗売《しりつきとめ》）一族の本貫の地である尾張郷（片山村）に極めて近く、王墓が大和から出て大阪平野を睥睨《へいげい》する場所にある事、大和と難波を結ぶ古街道である大津道を扼《やく》する場所に立地する事です。さらに、五百城入彦王の名の城は城村の意であり、多くの村のある大阪平野への進入を意味します。

五百城入彦王の大阪平野（摂《せっ》津・河内・和泉《いずみ》）を制覇する夢は、河内の大王達により阻まれ、最後の難波王である反正天皇は、多治比から大和三輪に追い出されました。五百城入彦王の夢は潰えたのです。

第六話　允恭天皇の謎

■允恭天皇は仁徳天皇の御子なのか

允恭《いんぎょう》天皇は『日本書紀』では、反正《はんぜい》天皇の同母弟で、太歳壬子《たいさいいみずのえね》（西暦四一二年）の年に帝位に就いた雄朝津間稚子宿禰《をあさづまわくごのすくね》天皇であるとされ、在位は四十二年間、宮の記載は無く、御陵は河内の長野原陵と記録されています。一方『古事記』では、「遠《とお》つ飛鳥宮《あすかのみや》に坐《いま》して天の下治《したし》らしめ」、七十八歳で甲午《きのえうま》の年（西暦四五四年）の一月十五日に薨《みまか》り、「御陵《みはか》は河内《かわち》の恵賀《えが》の長枝《ながえ》にあり」とされています。

但し、重大な問題があります。再録しますが**表①**の対照表に示すように、下段の『古事記』の記録にある仁徳《にんとく》天皇、履中《りちゅう》天皇並びに反正天皇の崩御年が、それぞれ西暦四二七年、四三二年と四三七年で、表上段の『日本書紀』の允恭天皇の在位期間と重なってしまうのです。

允恭天皇に関する最大の謎です。

允恭天皇は、本当に仁徳天皇の御子《みこ》なのでしょうか。

疑問点を検証する事で謎を解いていきます。

◎御陵の築かれた場所

通常、大王墓は大王一族の墓域に築造されます。陵墓のありかで、その大王がどの血統に属していたかが分かります。允恭天皇御陵が何故、大阪湾岸の百舌鳥野《もずの》に築かれた仁徳朝四代（仁徳父帝・仁徳・履中・反正天皇）の御陵群の地（墓域）から、河内の東部、奈良に近く、かつ、応神《おうじん》天皇御陵に近い大津道（難波《なにわ》から大和への東西公路）の北脇に建設されたのかが謎です。大津道を挟んで南側には、筆者が仲哀《ちゅうあい》天皇御陵と推定する仲津山《なかつやま》古墳があります。図①の古市《ふるいち》古墳群の地図をご覧ください。偉大な仁徳天皇の皇子なら、御陵は百舌鳥野に築かれるべきです。允恭天皇御陵が、大津道を挟んだ北側直近に築造されている事実を考慮すれば、允恭大王は、倭建命《やまとたけるのみこと》、足仲彦命《たらしなかつひこのみこと》（仲哀天皇）、誉田別命《ほむたわけのみこと》（応神天皇）に連なる河内血統又は河内の王統であると推論できます。

西暦300年

『日本書紀』（復元）	『古事記』	干支年
崇神天皇　元年		
崇神天皇　崩御	崇神天皇　崩御（三一八）	戊寅
垂仁天皇		
景行天皇	垂仁天皇	
成務天皇	景行天皇	
仲哀天皇		
神功皇后　元年（三四九）		
	成務天皇　崩御（三五五）	乙卯
神功皇后一八年（三六六）	仲哀天皇　崩御（三六二）	壬戌
応神天皇　元年（三六七）	（神功皇后）	

◎允恭天皇の即位と崩御年

允恭天皇の崩御年は、表①に示すように、『日本書紀』が西暦四五三年、『古事記』が四五四年とほぼ一致しています。一方、書紀の允恭天皇即位年は四一二年で

表①『日本書紀』と『古事記』の天皇崩御年

注記１）上段の日本書紀の年記は、継体天皇より在位年で神功皇后まで遡った天皇崩御年。

　　　なお、仁徳、応神天皇、神功皇后の在位は、四倍年暦から平年暦に換算しています。

注記２）下段の古事記の年記は、干支年が記録されている天皇の崩御年を遡っています。

西暦400年　西暦500年

『日本書紀』（上段）
応神天皇二一年（三七七）
仁徳天皇　元年（三七八）
仁徳天皇二二年（三九九）
履中天皇　元年（四〇〇）
履中天皇　六年（四〇五）
反正天皇　元年（四〇六）
反正天皇　五年（四一〇）
允恭天皇　元年（四一二）
允恭天皇四二年（四五三）
安康天皇　元年（四五四）
安康天皇　三年（四五六）
雄略天皇　元年（四五七）
雄略天皇二三年（四七九）
清寧天皇　元年（四八〇）
清寧天皇　五年（四八四）
飯豊女王　元年（四八四）
飯豊女王　退位（四八四）
顕宗天皇　元年（四八五）
顕宗天皇　三年（四八七）
仁賢天皇　元年（四八八）
仁賢天皇十一年（四九八）
武烈天皇　元年（四九九）
武烈天皇　八年（五〇六）
継体天皇　元年（五〇七）
武寧王薨去（五二三）
■継体天皇十七年（五二三）
継体天皇二五年（五三一）

『古事記』（中段）	干支（下段）
応神天皇　崩御（三九四）	甲午
仁徳天皇　崩御（四二七）	丁卯
履中天皇　崩御（四三二）	壬申
反正天皇　崩御（四三七）	丁丑
允恭天皇　崩御（四五四）	甲午
安康天皇	
雄略天皇　崩御（四八九）	己巳
清寧天皇	
飯豊天皇	
顕宗天皇	
仁賢天皇	
武烈天皇	
継体天皇　崩御（五二七）	丁未

す。図中段の『古事記』の年紀に従えば、允恭天皇の即位年には、まだ偉大な仁徳天皇が生きておられた事になります。仁徳天皇の治世と允恭天皇の治世が重なってしまうのです。不可思議です。『日本書紀』が、河内の勢力の勢威を盛り返し、大和へ攻め込んだ偉大な功績を持つ允恭天皇の四二年間の在位の記録を、たとえ、『古事記』との齟齬《そご》が生じても敢えて残したかったのだと推察します。

記紀の比較から導かれた結論は、仁徳朝四代（墓域は百舌鳥古墳群）と、誉田の諸大王の在位（墓域は古市古墳群）が重なる事実、即ち、五世紀、畿内では難波の勢力と河内の勢力が覇を競っていたと推論できます。

なお、この時代の河内と大和に築造された大型古墳の分布からは、大和に残留した天皇家（墓域・佐紀《さき》古墳群）も、一定の勢力を維持していたと考えられます。百舌鳥古墳群の建造時期に、大和でもコナベ、ウワナベ等の大型古墳が築かれているからです。則ち、垂仁《すいにん》天皇、成務《せいむ》天皇、大草香《おおくさか》王、安康《あんこう》天皇の純粋大和王の血統です。何回も述べているように筆者は、景行《けいこう》天皇の三太子の内の一柱とされる五百城入彦《いおきにいりびこ》王が、景行天皇の命を受けて、難波に進出し、仁徳朝四代を築いたと考えています。

当然、大和王家は成務天皇と太子である和訶奴気《わかぬけ》王が預かる事となります。

◎継位辞退の話

雄朝津間稚子皇子は、反正天皇が崩御せられた時、病気を理由に継位を辞退しています。その際、自らは不能歩行とまで言っています。一方で『古事記』では七十八歳までの長寿を全うしています。矛盾しているのです。新羅《しらぎ》の名医が治したなど言い訳に過ぎません。和漢押しなべて、史書編者は、正統な継位でない場合、当初辞退していたが、群臣の強い推挙で大王位に就いたと書き残します。先に述べた様に、仁徳天皇の在位（～西暦四一七年）中に允恭大王が即位（西暦四一二年）したのなら、この継位辞退の話は、全くのでたらめとなります。

■天皇名の不思議と謀反

『日本書紀』允恭天皇の段の最初に「雄朝津間稚子宿禰天皇瑞歯別天皇同母弟也」とあります。

允恭天皇の名前を雄朝津間稚子宿禰としていますが、宿禰は高位の称号ではありますが、野見宿禰《のみのすくね》や武内宿禰《たけうちのすくね》のようにあくまでも臣下の称号です。他の天皇で、宿禰天皇とした例は無いようです。允恭天皇即位の西暦四一二年に、天皇位を反正天皇から継位していたとは思えません。むしろ、河内の大王（誉田《ほむた》大王もしくはその世子）の死去により河内の大王位は継位したが、大和の天皇に仕えていたとも考えられます。宿禰は書紀編者が残した真実解明へのヒ

図① 古市古墳群
（古くは大和川は河内湖に北流）

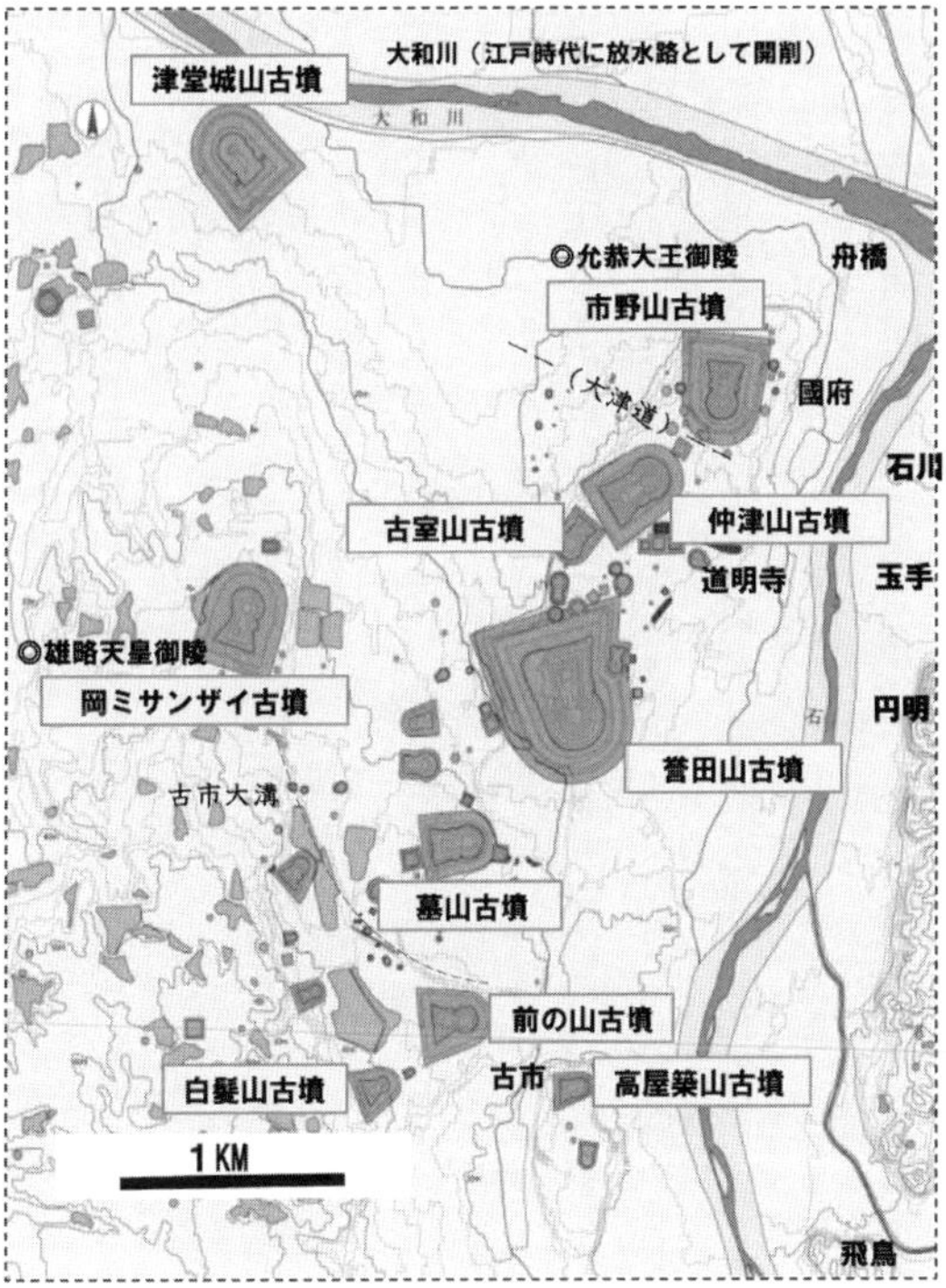

藤井寺市広報資料より、一部加工

ントです。

更に、名前の最初の「を」（牡・雄・男）も、書紀編者のサインの可能性があります。大が最初に付く天皇名は多いのですが、「を」の付く天皇は、允恭天皇と継体《けいたい》天皇の様です。継体大王の名は男大迹《をほど》です。ヲの音は、荒けずりの男を連想させます。三輪の祭祀を受け継ぐ崇神王朝の後裔には似つかわしくない命名です。そういえば、雄略《ゆうりゃく》天皇も「を」はありませんが、雄略に「雄」の字を含みます。允恭、雄略、継体大王は、筆者の検証が正しいとすれば、大和系の王と王子達を殺しまくった「ヲ大王」です。

『日本書紀』反正天皇の段には、「元年冬十月、河内の丹比《たじひ》に都を造った。これを柴籬宮《しばがきのみや》という。このとき雨風、ときに正しく、五穀豊穣で人民は富み賑い、天下太平であった。この年、太歳丙午《ひのえうま》（西暦四〇六年）。五年春一月二十三日、天皇は正殿で崩御された」とあります。

一方、第四話で紹介した「安田家文書《やすだけもんじょ》」には、履中天皇のところに仲皇子《なかつみこ》の乱の顛末があり、反省《ママ》天皇の段では「天皇、龍田から大和の石上《いそのかみ》希留《ママ》神社に入らせたまう」とあり、文面からは、履中天皇に続き、反正天皇も大和に追われたと読み取れます。動乱の時期なのです。史書編者が天下泰平などと敢えて書くときは、世の中が乱れている事が多いのです。誰が、丹比から反正天皇を大和に追いやったのでしょう。当然、対抗勢力である允恭大王の可能性が高いと判断します。

『日本書紀』允恭天皇五年の反正天皇の殯《もがり》の際、葛城襲津彦《かつらぎそつひこ》の孫の玉田宿禰《たまだのすくね》が、武装して叛乱を起こし、雄朝津間稚子宿禰の兵が、玉田宿禰の居宅を囲み、捕らえて殺したとあります。反正天皇の忠義な側近である玉田宿彌が謀殺された可能性があります。葛城襲津彦は伽耶系《かやけい》大倭《やまと》王朝の藩屏《はんぺい》の一人です。その孫の玉田宿禰にとって、反正天皇を難波から追い落とした朝津間稚子は、伽耶系大和王家に対する反逆者なのです。

『日本書紀』「允恭天皇紀」では、在位四十二年の年の春正月十四日、天皇が崩御、その時、歳は若干と記されています。若干の意味は「いくばくか」です。何故、『古事記』の様に崩御時「時年七十八歳」と書かないのでしょう、隠したい何かがあるに違いありません。なお、西暦四五三年に七十八歳で薨《みまか》ったなら、生まれた年は西暦三七五年前後です。『日本書紀』では、仁徳天皇の在位期間内（西暦三一三～三九九年）です。

◎御名代決定の件

『古事記』の編者が、允恭天皇は、仁徳天皇の皇子では無いと告げています。御名代《みなしろ》決定の件です。御名代とは高貴な人々の名を後世に残すための土地と部民を定める事です。仁徳天皇の皇后の石姫、皇子の伊耶本和気命《いざほわけのみこと》（履中）、水歯別命《みずはわけのみこと》（反正）、大日下王《おおくさかおう》、若日下王には御名代が設けられました。不思議な事に雄朝津間稚子には設けられていません。『古事記』は正直です。崇神《すじん》天皇の後裔である難波王並びに大和王と、允恭天皇を区別しています。允恭天皇は、河内の王統です。

本件、重要につき原文を紹介しておきます。

「此天皇之御世爲大后石之日賣命之御名代定葛城部亦爲太子伊邪本和氣命之御名代定壬生部亦爲水齒別命之御名代定蝮部亦爲大日下王之御名代定大日下部爲若日下部王之御名代定若日下部」

筆者は、先に述べた景行天皇の三太子、ならびに応神天皇の三皇子の役割分担から、『古事記』が記録する仁徳天皇の皇子達も、一、伊耶本和気命と水歯別命、二、大日下王と若日下王、（原文の若日下部王は、誤記または転写時のミスと判断）、三、雄朝津間稚子命、に分けて論考すべきと考えています。親が異なるのです。図②と図③をご覧ください。図の最下段の王子達の内、末子の雄略天皇（もとは大長谷と略記）以外すべて非業の死を遂げています。有り得ません。他の王子と雄略天皇の血統が違う事を物語っています。

允恭天皇は、一体、どの天皇の皇子なのでしょう。

允恭天皇の御陵の位置からは、河内の王統に属し、応神天皇の後裔と推察されます。

『古事記』の品陀和気命《ほんだわけのみこと》（誉田天皇）の崩御年である西暦三九四年と書紀の允恭天皇即位の年である西暦四一二年との間には、十八年の開きがあります。この空隙を埋める河内王は、誉田大王の世子である大山守命《おおやまもりのみこと》以外考えられません。『古事記』には、応神天皇が三柱の皇子に対し、「大山守命は山海の政を、大雀命《おほさざきのみこと》は食國《おすくに》の政を、宇遅和気郎子《うじのわきいらつこ》は天津日継《あまつひつぎ》を治らせ」と詔りたまうとの記述があります。この大山守命が殺されているのです。誰あろう、殺したのは大雀命（大鷦鷯・仁徳天皇）です。

『古事記』の記す「大山守命の反逆」の段です。大雀命の兵が大山守命を河原で、矢刺し溺死させたとあります。河内の勢力と難波・大和勢力の血の抗争の始まりです。難波の天皇は、大和と河内を結ぶ大津道を確保していました、難波の宮の経営に欠かせない道路だったのです。しかる

図② 仁徳天皇の孫皇子（『日本書紀』）

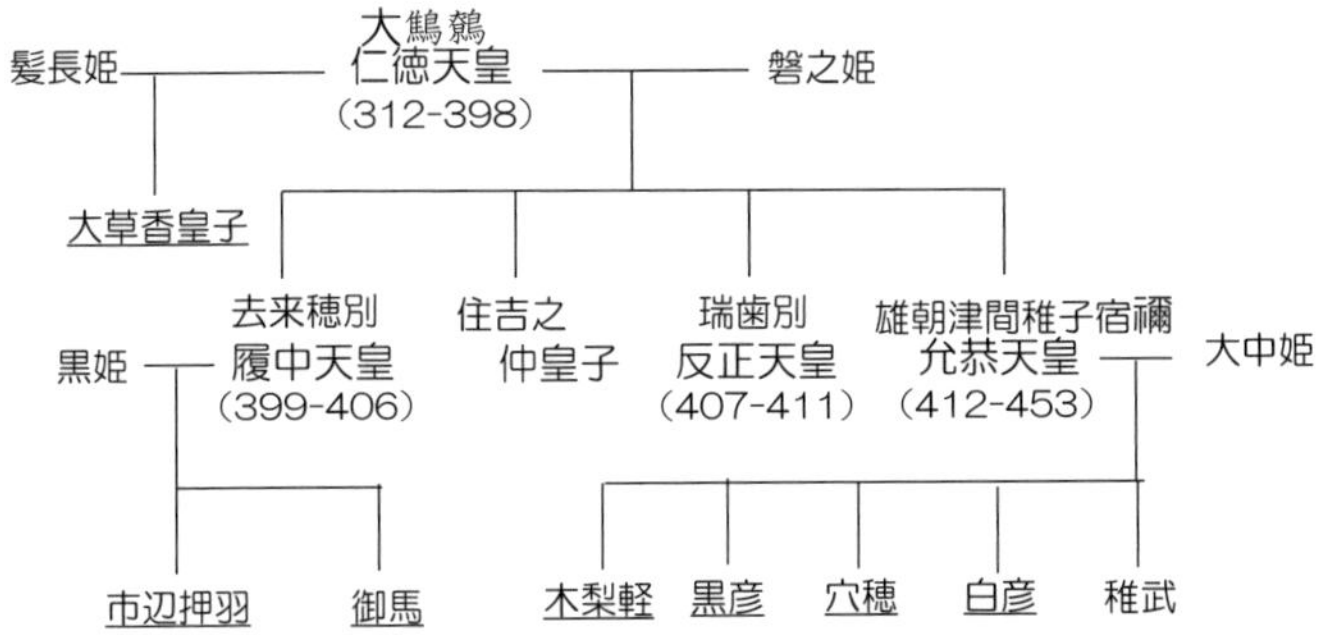

図③ 仁徳天皇の孫皇子（『古事記』）

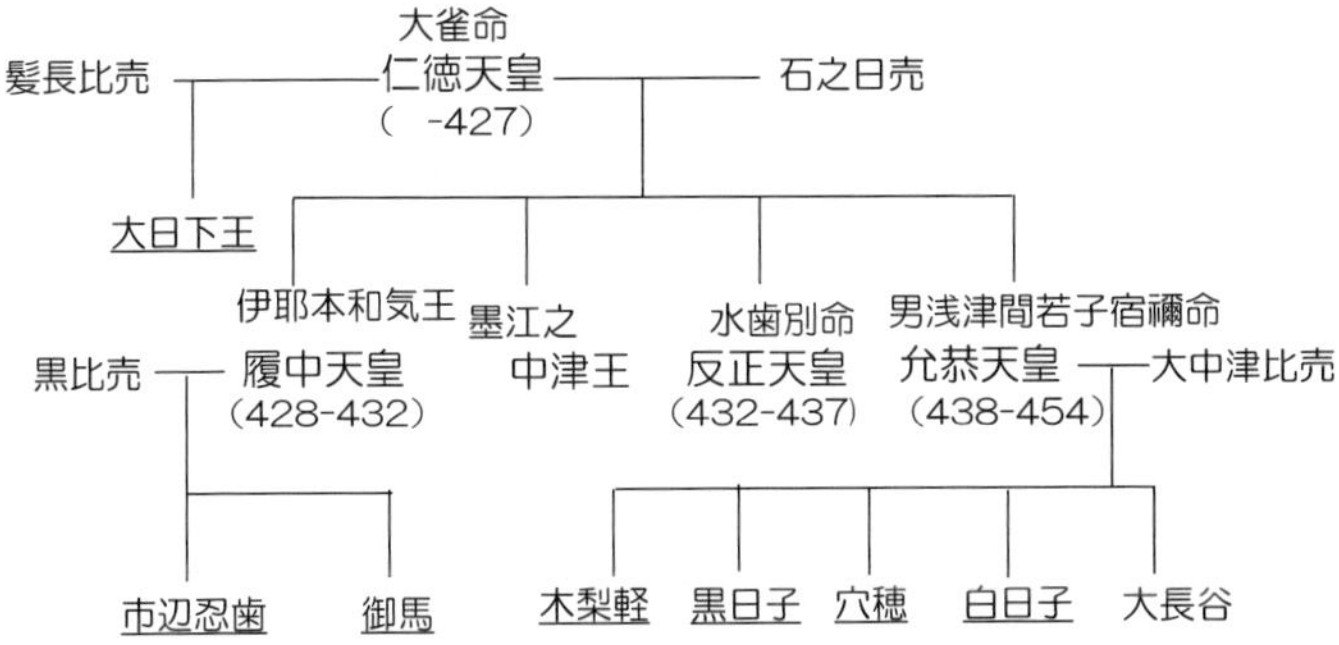

注記：下線の付く王はすべて非業の死を遂げた。

に、河内の大王の勢力範囲《シマ》は、古市周辺であり、大津道に近接しています（図①）。シマの境界付近では、常に小競り合いが生じていたと思われます。この争いが拡大したのが『古事記』の「大山守命の反逆」なのです。

結果は、大山守命と将軍ならびに多くの兵が戦死しました。筆者は、この「反逆」と呼ばれる抗争で戦死した大山守命他を葬ったのが墓山古墳とその陪塚《ばいづか》と推論しています。

皇妃ごとの応神天皇の皇子達（男王のみ）を並べてみました。

○高木之入日売命《たかきのいりひめのみこと》　額田大中日子命《ぬかたのおおなかつひこのみこと》　大山守命　伊奢之真若命《いざのまわか》　【河内王】
○中日売命《なかひめのみこと》　大雀命　【難波王】
○宮主矢河枝比売《みやぬしやかわひめ》　宇遅和気郎子　【大和王】
○息長真若中比売《おきながまわかなかつひめ》　若沼毛二俣王《わかぬけふたまたおう》
○糸井比売《いといひめ》　速総別命《はやぶさわけのみこと》
○泉長比売《いずみのながひめ》　大羽江王《おおばえのみこ》　小羽江王《おはえのみこ》
○迦具漏比売《かぐろひめ》　迦多遅王《かたじのみこ》
○野伊呂売《のいろめ》　伊奢能麻和迦王《いざのまわかのみこ》　（葛城王）

これら全ての王が応神天皇の御子だとは、到底思えません。大雀命は五百城入彦王の血統、大山守命は倭建命の血統、宇遅和気郎子は成務天皇の血統と考えられます。根拠は、景行天皇の三皇子を太子に立てた三太子制から導かれます。『日本書紀』では、景行天皇の云わば、手元に三皇子を遺したとしていますが、『古事記』では、三皇子を太子に立てたと明瞭に言っています。『古事記』編者の虚言《うそ》ですよ、のサインです。一王朝に三太子などありえません。すぐさま、血で血を洗う抗争が始まります。

次に、大雀命に惨殺された大山守命の御陵である墓山《はかやま》古墳を確認してみます。古市古墳群の誉田御廟山《こんだごびょうやま》古墳に近い、南西の位置に墓山古墳はあります。

◆墓山古墳　前方後円墳　墳丘長二二五米《メートル》・約一六〇歩　五世紀前半

現在、応神天皇御陵の陪塚に指定されています。陪塚にしては大きすぎます。大王御陵の基準の大きさを優に超えています。さらに、古墳の編年が大山守命の時代と合っています。決定的なのは、この古墳の陪塚の多さです。現存するのは、大型方墳五基、付属する円墳三基です。

【大型方墳】

◆向《むこう》墓山古墳（辺・約五〇歩）
◆浄元寺山古墳（辺・約五〇歩）
◆野中古墳（辺・約三〇歩）多数の武具の出土で知られる。・
◆西馬塚古墳（辺・約三〇歩）
◆西墓山古墳（辺・約一五歩）

これらの陪塚を、対大雀命天皇戦で大山守命と共に戦い、戦死した将軍の陵墓と考えれば、墓山古墳の陪塚の多さと大きさも、うなずけます。

■允恭大王は誉田大王の子である大山守命の世子なのか

『古事記』が、そのヒントを残してくれています。「応神天皇紀」は、國栖《くす》の歌、百済《くだら》の朝貢、大山守命の反逆、天之日矛《あめのひぼこ》の渡来、と続くのです。大山守命の反逆の記事の後に、唐突に天之日矛の渡来記事が出てきます。おかしいのです。

『古事記』編者が、そこに注目して下さいと遺したサインと考えられます。通説では、神功皇后《じんぐう》の母方の血統を述べる為とされていますが、筆者は、大山守命の戦死後、三韓の百済もしくは新羅《しらぎ》からの王族《コニキシ》の渡来があった事を示すものだと受け取りました。

ところで、この時期、百済や新羅から渡来した可能性のある王子《コニキシ》は居るのでしょうか、また、どなたと特定できるのでしょうか。

倭韓の情報を駆使して推定してみましょう。渡来時期は、誉田天皇崩御（西暦三九四年）から、允恭天皇即位（西暦四一二年）の間です。

「百済本紀」の関係記事を紹介します。百済の王城（漢城）陥落、ならびに蓋鹵《ケーロ》王戦死を挟む動乱の時代です。阿莘《アシン》王（阿花王）、腆支《チョンジ》王、蓋鹵王、文周《ムンジュ》王の時代です

【阿花王】

西暦三九五年春二月、腆支を太子に立てる、大赦を行う、庶弟洪を内大臣左平（内臣佐平）に任

命する。

秋七月、高句麗と水谷城下で戦う、敗績。

西暦三九六年、高句麗王談徳と狽水《ばいすい》上で戦う、我が軍大敗、死者八千。

西暦三九七年、王、倭国と結好、太子の腆支を人質として送る。

【腆支王】

西暦四〇五年、王位をめぐり内紛、相殺す、倭兵衛送、腆支還國、腆支王即位。

【蓋鹵王】

西暦四七二年、遣使魏に朝貢、帝に表白、高句麗の不義。（百済王慶の上表文）

西暦四七五年、高句麗兵三万、王城包囲、陥落、王薨る。（百済國、一旦滅ぶ）

【文周王】

西暦四七五年、太子文周王即位、王城を熊津に移す。

西暦四七七年、王弟昆支を内大臣佐平に、長子三斤を太子に。

秋七月、内大臣佐平昆支卒。

西暦四〇五年。百済王室では、相殺し合う内紛が勃発します。阿莘（阿花）王が薨《みまか》り、王の仲弟訓解が摂政となるも、季弟の禮（余禮）が王位に就こうとして反逆、摂政の訓解を殺してしまう。そこで倭国（筑紫倭国）の人質であった腆支太子が、倭兵に衛送されて還國、王位に就いたと「百済本紀」には、記されています。「季弟」は末の弟、仲弟は「中の弟」の意です。

ここで注目すべきは、年表で阿花王の西暦三九五年に出てくる阿花王の庶弟洪《しょていコン》です。百済王室の内乱の中、殺されたのか逃亡したのか、全く消息が分からないのです。一方で、西暦四七七年に内大臣佐平に任命された昆支《コンジ》については、秋七月に卒したと記録されているのです。『日本書紀』では、この西暦四七七年に卒（死亡）した昆支王が大倭に渡来したとの伝聞が記載されています。

庶弟洪が、季弟禮に追われて新羅や大和に亡命した可能性が高いのです。年代も合致します。

先に紹介した『古事記』の中に唐突に挿入された「天之日矛の渡来」記事に加え、庶弟洪と男大迹王《ヲホド》（継体天皇）の出自（本貫・百済）が繋がる事、允恭天皇と継体天皇の名前の最初がヲ（牡、雄、男）で共通している事、さらに、允恭、雄略、清寧《せいねい》の河内王に殺された数えきれない大和王と王子の数等を勘案すると、允恭天皇が百済から亡命した洪である可能性は、高いと思われます。

奇妙な一致もあります。洪（コウ・コン・ホン）、誉田（ホムタ・コンダ）、品陀《ほむた》の音が近似するのです。（田辺史）伯孫が伯太彦に変化するなら、洪は洪太《コンダ》にも変われます。内臣佐平洪が渡来してから、誉田の地名が生じた可能性もあると考えます、一説には允恭天皇と応神天皇を同一視する説もあるようですが、筆者は、倭王讃の写し絵である応神天皇と、河内王となった允恭天皇とは別人という考えです。

『古事記』では、允恭天皇は西暦四五四年に七十八歳で薨《みまか》ったとされます。庶弟洪の亡命年は、百済王室の内紛時期である西暦四〇五年前後と考えられます。亡命時の年齢は三十歳頃、働き盛りです。河内王就位は、三十六歳前後。生まれは西暦三七六年頃、百済近仇首王《クングス》の時代です。石上神宮七支刀銘文《しちしとう》にある世子奇生聖音が近仇首王とされています。洪が允恭天皇なら、近仇首王の長子である枕流《チムニュ》王の王子です。なお、「允恭天皇紀」には、新羅の朝貢《ちょうこう》の記事が見えますので、百済から新羅に亡命の後、河内に渡来したとも考えられます。

大山守命御陵の最有力候補は、先に述べたように墓山古墳です。その場合、古市古墳群には比定の難しい古墳が一つ残ります。五世紀後半築造の前之山古墳（約一五〇歩）です。大王墳の基準に合致します。筆者は、安康《あんこう》天皇を最後の純粋大和王（佐紀）と視ていますので、允恭帝崩御から雄略天皇との間を埋める河内王が居たと推論します。その場合、前之山古墳は、雄略天皇の父王（西暦四五四年即位、四六六年崩御・推定年）の御陵であると推論します。河内八代王の御陵は左記のように推定されます。

【河内王の御陵（推定）】

◆古室山古墳	（日本武尊御陵）	墳丘長一五〇米 約一一〇歩	四世紀後末・五世紀初頭
◆仲津山古墳	（仲哀天皇御陵）	墳丘長二八六米 約二一〇歩	五世紀前半
◆誉田御廟山古墳	（品陀天皇御陵）	墳丘長四一五米 約三〇〇歩	五世紀初頭
◆墓山古墳	（大山守命御陵）	墳丘長二二五米 約一六〇歩	五世紀前半
◆市之（野）山古墳	（允恭天皇御陵）	墳丘長二二七米 約一六〇歩	五世紀後半
◆前之山古墳	（雄略父王御陵）	墳丘長二〇〇米 約一五〇歩	五世紀後半
◆岡ミサンザイ古墳	（雄略天皇御陵）	墳丘長二三八米 約一七〇歩	五世紀末葉

◆白髪山古墳　（清寧天皇御陵）　墳丘長一一五米 約八〇歩　六世紀前半

すべて、古市古墳群に含まれます。位置関係は図①でご確認下さい。

次に、允恭天皇の行った大和の勢力への攻撃について、検証を加えていきます。

允恭大王が関与したと筆者が考える抗争事件を挙げてみます。

□仲皇子の履中天皇に対する反乱　（『日本書紀』「履中天皇紀」）

□玉田宿禰の允恭天皇に対する反乱（『日本書紀』「允恭天皇紀」）

□木梨軽皇子《きなしのかるのみこと》と同母妹との密通事件（『日本書紀』「允恭天皇紀」）

□木梨軽皇子に自殺を強いた事件　（『日本書紀』「安康天皇紀」）

□大草香皇子の殺害事件　（『日本書紀』「安康天皇紀」）

履中天皇や安康天皇紀の事件を何故、允恭大王が関与したとするのかを次に説明します。

記紀の記録から、履中天皇と允恭天皇の在位期間は重なります。一方、安康天皇は允恭天皇の第二子とされていますが、墓所が大和であり、允恭天皇の皇子とは考えられません。天皇の御陵は書紀では菅原伏見陵、『古事記』でも安康天皇を殺したとされる目弱王《まよわのおおきみ》の段に菅原の伏見岡にありと書かれています。菅原の伏見岡は大和の国にあるとされます。

では、各事件を追ってみます。

■事件史

○仲皇子の乱

記紀共に、天皇位を狙う仲皇子が履中天皇のいる難波の宮に火をかけ、酔った天皇を無きものにしようとした事件とします。この事件で不可解なのは、天皇が河内から大和に山越えしようとした時「武器を持つ人等が多くこの山を塞いでいる」との情報がもたらされた事です。事件が仲皇子とその側近の叛乱では無く、裏に黒幕がいる事を示唆しています。もっとも可能性が高いのは、大和の勢力を大阪平野から駆逐しようとする河内の勢力です。即ち、允恭大王が仲皇子をそそのかして事件を実行させたと考えるのが妥当な見方です。大和へ峠越えする際の、大阪側の山口は古市に近く、河内兵の移動は容易です。ただ、允恭大王の目的は、仲皇子の狙いである天皇殺害では無く、大和への追い落としが目的とも考えられます。企ては、まんまと成功しました。天皇は、最終的に、大和勢力の武器庫があったともされる三輪北の石上神社に避難されました。

○玉田宿禰の乱

『日本書紀』は、玉田宿禰を葛城襲津彦《かつらぎそつひこ》の孫としています。葛城襲津彦は、伽耶《かや》系崇神王朝の藩屏《はんぺい》です。もし、この乱が反正天皇崩御の後に起こったとすれば、玉田宿禰が仕えたのは、大草香大王、市辺押羽《いちのべのおしは》大王、木梨軽《きなしのかる》大王、安康大王の各大和王のいずれかであると思われます。反正天皇の側近であった玉田宿彌が、天皇位を奪おうとする允恭大王の動きを察知し、兵を挙げたところ、允恭大王の返り討ちに遭って討ち死にしたというのが実情だと思われます。玉田宿禰の叛乱は、「允恭大王の乱」である可能性のほうが高いのです。

○木梨軽皇子と同母妹との密通事件

密通事件に続く太子の自殺を勘案すれば、木梨軽《きなしのかる》皇子は、允恭大王の子では無いと断言できます。『日本書紀』では、允恭天皇の皇后である忍坂大中姫《おしさかのおおなかつひめ》は、男児である木梨軽皇子、境黒彦《さかいのくろひこ》皇子、八釣白彦《やつりのしろひこ》皇子、安康天皇、雄略天皇を生んだとされます。書紀の編者が、万世一系を柱とする『日本書紀』の基本方針のもとで、大和王、難波王、河内王の御子名を後世に残そうとした場合、一視同仁《いっしどうじん》、諸大王の御子をも含めて、天皇の皇子として記録する事が、最も良き解決法なのです。その為、皇子の血統は、各皇子の陵墓のありか、誰と衝突したか、で判断するしかありません。殺された木梨軽皇子、境黒彦皇子、八釣白彦皇子、安康天皇は、大和・難波系の大王の皇子達です。生き残った雄略天皇のみが、允恭天皇の血統と考えて良いでしょう。即ち、允恭大王と雄略大王が大和王の血統を次々と殺害してゆき、最後に継体大王が大和王の宮殿を襲い、最後の大和王たる武烈《ぶれつ》天皇と、その太子、皇子を殺害して、継体王朝を発足させたと筆者は考えています。木梨軽皇子の密通事件も、河内の勢力が軽皇子を無きものにするために、軽大娘《かるのおおいらつめ》皇女との醜聞をでっち上げたのだと考えます。この件で、大和王室を圧迫し、崩壊へと導くのです。

○木梨軽皇子の殺害

軽大娘皇女との醜聞のでっち上げを前段とし、後段では軽皇子を殺害します。『日本書紀』では、軽皇子殺害を命じたのは穴穂《あなほ》皇子（安康天皇）としていますが、濡れ衣です。全体の流れを見る限り、物部大前宿禰の家におられた軽皇子を河内兵が襲って殺害したと思われます。この殺害の後、黒彦皇子と白彦皇子も大泊瀬幼武《おおはつせわかたける》（雄略天皇）によって殺害されるのです。忍坂大中姫《おしさかおおなかつひめ》の皇子とされる四柱の男王が、大泊瀬幼武以外殺されてしまうのです。犯人は、河内の勢力（允恭・雄略）以外に考えられません。

○大草香皇子の殺害

『日本書紀』は、正統な大和王の血統であり、仁徳天皇の皇子である大草香皇子を殺害したのは、穴穂皇子としています。これも濡れ衣です。穴穂皇子と大草香皇子の関係、年齢差を考慮すると、殺せる関係ではありません、世代が違うのです。さらに、殺害の後、大草香皇子の妃を宮中に入れたなどは王位簒奪者が良くやる事で、安康天皇を悪者に見せるための作話です。大草香皇子の殺害記事自体が虚言《うそ》である可能性も在ります。なぜなら、大草香皇子の御陵と推定できる巨大墳墓が大和に存在するからです。この後の御陵の話の中で説明します。

さて、允恭天皇の皇子がどうなったかをまとめました。

長男　木梨軽皇子　　　　　　　　兵に囲まれ自殺
次男　境黒彦皇子　　　　　　　　兵に囲まれ焼死
三男　穴穂皇子　　（安康天皇）　刺客により暗殺
四男　八釣白彦皇子　　　　　　　兵に囲まれ斬殺
末子　大泊瀬稚武皇子（雄略天皇）　存命

一目瞭然です。雄略天皇と他の皇子の血統は異なります。

允恭天皇も、仁徳天皇の皇后の末子と書かれていました。履中、中皇子、反正、允恭天皇の順です。書紀編者は定められた書法を駆使しています。万世一系の天皇系譜とする為、諸大王の皇子も天皇の皇子に加えているのですが、正統な崇神王家の皇子達を優先して、長男以下とし、その後に諸大王の皇子を記述しています。

じつは、筆者は、河内兵との戦いの中、四柱の皇子達は戦死したと考えています。この件は、「第七話　雄略天皇の謎」で詳しく述べます。

次に、景行天皇の三太子と応神天皇の三皇子の役割分担の話で示された大和・難波・河内の三血統の内、天津日継ぎを知らす正統大和血統を追ってみましょう。成務天皇、宇遅能和気郎子王《うじのわきいらつこ》（宇治天皇・『播磨之国風土記』）に連なる血統です。陵墓については、概ね古代尺一五〇歩以上の墳丘長を有する大型古墳は大王墓であったと判断します。

大和北部の佐紀古墳群が正統大和一族の墓域としての威容を誇ります。

すでに「第二話　崇神天皇の謎」で証明しているように、佐紀古墳群の初期古墳である五社神古墳が開化天皇の兄とされる大毘古命《おおびこのみこと》（大彦命）の御陵、宝来山古墳を垂仁天皇御陵と判定し、以降の大和王の古墳を、割り当ててみました。**表②**に示します。**図③**の佐紀古墳群の地図もご参照ください。

佐紀古墳群の御陵の立派さは格別です。四世紀末から五世紀後半まで大型古墳を造り続けています。非常に安定した王権だったのです。御陵八基の平均墳丘長は、約一七〇歩です。百舌鳥や古市古墳群に負けていません。この築造が安康天皇暗殺によって停まるのです。王権を奪われた証左《あかし》です。

大毘古命と垂仁《すいにん》天皇から始まる純粋大和王朝は、安康天皇で幕を閉じたのです。

『古事記』は、安康天皇崩御年を記録していません。雄略大王の即位年、または、その前年が安康天皇の崩御年とは言えないのです。その理由は、安康天皇は大和王であり、雄略大王が河内王だからです。

表② 大和王の推定系譜

(推定大和王)	御陵	編年
大毘古命 (孝元天皇の元子)	五社神古墳(約200歩)	4世紀末葉
垂仁天皇	宝来山古墳(約160歩)	4世紀後半
成務天皇	石塚山古墳(約160歩) 【天皇位を継ぐ御子】	4世紀末頃
和訶奴気王 (成務天皇の太子)	陵山古墳(約150歩)	4世紀末頃
宇遅能和紀郎子	コナベ古墳(約150歩) 【天津日継を知らす御子】	4世紀前半
大草香王	市庭古墳(約180歩)	5世紀前半
木梨軽王	ウワナベ古墳(約180歩)	5世紀中頃
安康天皇	ヒシアゲ古墳(約160歩)	5世紀中-後半

安康天皇暗殺後、大和に戻った難波血統の王、即ち、市辺忍羽王《いちのべのおしは》の血統が、次に河内勢と対峙する事になるのです。飯豊《いいとよ》天皇、顕宗《けんそう》天皇、仁賢《にんけん》天皇　、武烈天皇と続き、武烈天皇が崇神天皇から続く最後の難波(伽耶)系の天皇となるのです。

以上の件については、次の「第七話　雄略天皇の謎」で詳しく述べます。

ここで、飯豊女王の陵墓について

図③ 佐紀古墳群

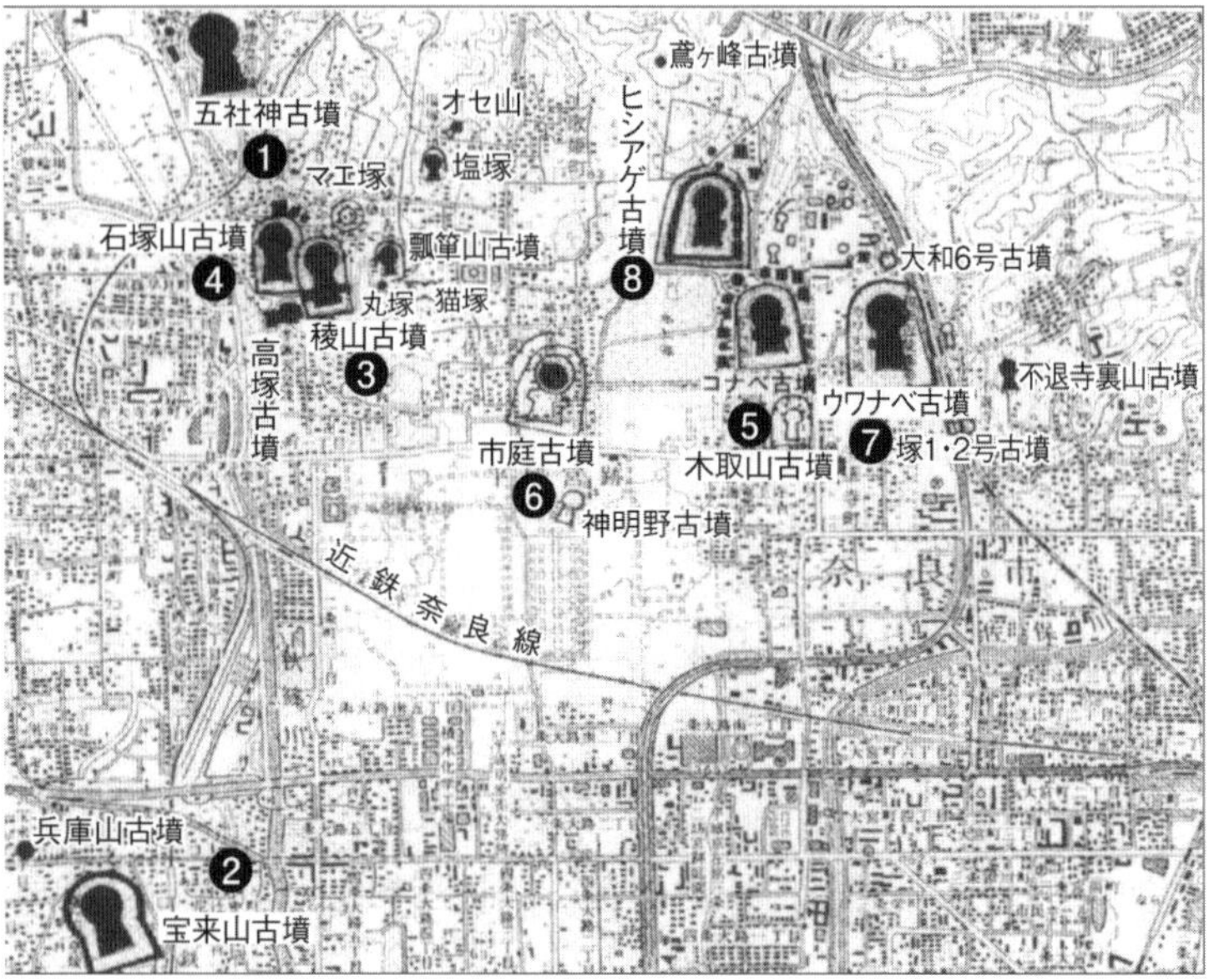

近畿日本鉄道「大和の古墳」より、一部加工

古墳名	比定
❶五社神古墳	現仲哀天皇妃気長足媛御陵
❷宝来山古墳	現垂仁天皇御陵
❸陵山古墳	現垂仁天皇妃日葉酢媛御陵
❹石塚山古墳	現成務天皇御陵
❺コナベ古墳	
❻市庭古墳	現平城天皇御陵
❼ウワナベ古墳	
❽ヒシアゲ古墳	現仁徳天皇妃磐之媛御陵

検証しておきます。
現在、女帝が宮とした「葛城の忍海の高木の角刺宮」に近い北花内三歳山古墳《きたはなうちさんさいやま》が女帝の御陵とされていますが、やや小さすぎます。他に御陵候補がないか、探してみましょう。五世紀中葉から六世紀にかけての大和の古墳です。掖上缶子塚古墳《わきがみかんすづか》と屋敷山古墳が、同時期の古墳です。推定築造時期の古い古墳から並べます。

【飯豊天皇御陵の候補】
◆屋敷山古墳　葛城市新庄町　墳丘長一四〇米　古代尺　約一〇〇歩　五世紀中頃
◆掖上缶子塚古墳　御所市柏原町　墳丘長一四九米　古代尺　約一一〇歩　五世紀後葉
◆北花内三歳山古墳　葛城市北花内町　墳丘長　八二米　古代尺　約六〇歩　六世紀初頭
どれも大王御陵の大きさである古代尺一五〇歩には届いていません。
文献資料を集めます。
なお『古事記』には、飯豊女王の御陵の記録はありません。
『日本書紀』と『延喜式諸陵寮《えんぎしきしょりょうりょう》』に古墳に関する記録がありました。
『日本書紀』顕宗天皇五年冬十一月　飯豊青尊崩、葬葛城埴口丘陵
『延喜式諸陵寮』埴口墓　飯豐皇女　在大和國葛下郡　兆域東西一町南北一町　守戸三烟　遠墓
『日本書紀』と『延喜式諸陵寮』の記載に齟齬《そご》はありません。飯豊女王の御陵である埴口墓《はにぐち》は、兆域東西南北それぞれ一町ですので小ぶりな御陵です。この数字から、飯豊女王の御陵は、五〇歩

程度と推察されます。やはり、飯豊女王の御陵は、現比定の通り北花内三歳山古墳が正しいようです。

最後に、允恭天皇に関する検証（推論）の結果をまとめておきます。

允恭大王（第十六代百済王である枕流《チムニュ》王の王子洪）は、河内の大王である大山守命が、難波王の勢力に殺害された事件を受けて、百済から急遽河内に今来し、履中天皇、反正天皇らの難波の勢力に圧力を掛け、最終的に大和に追いやりました。その結果、河内の勢力は、允恭天皇の御陵を大津道を北に越えた沢田の地に建設する事が出来たのです。市之山《いちのやま》古墳は、河内の勢力が大和の勢力を打ち負かした戦捷《せんしょう》記念碑でもあるのです。

第七話　雄略天皇の謎

■雄略天皇は、はたして倭王武なのか

大泊瀬幼武《おおはつせのわかたけ》、すなわち雄略《ゆうりゃく》天皇は、允恭《いんぎょう》天皇の第五子とされます。長子が木梨軽皇子《きなしのかるのみこ》、次男が境黒彦皇子《さかいのくろひこのみこ》、三男が穴穂御子《あなほのみこ》（安康《あんこう》天皇）、四男の八釣白彦皇子《やつりのしろひこのみこ》に続く末子です。在位は『日本書紀』では西暦四五七年から四七九年、『古事記』の崩御年は四八九年で、なぜか記紀で崩御年に十年の差があります。

御陵《ごりょう》は、記紀ともに、河内の丹比高鷲原《たじひたかわしはら》陵に葬ったと書かれています。その御陵とされる近鉄高鷲駅の北にある雄略天皇陵が、全く天皇御陵の格式を備えていないのです。奇妙な天皇御陵の一つに挙げられています。

この羽曳野《はびきの》市島泉にある古墳は前方後円墳ではなく。直径七六米《メートル》の円墳と隣に在る一辺五〇米の方墳の混成墓なのです。雄略天皇への冒瀆といえます。本題に入る前に、本来の雄略天皇御陵のありかを見つけておきます。なお、近くには候補となる前方後円墳が数基あります。

雄略天皇御陵の『延喜式諸陵寮《えんぎしきしょりょうりょう》』の記述は、次の通りです。

【雄略天皇御陵】

◆丹比高鷲原陵　泊瀬朝倉宮御宇雄略天皇　在河内国丹比郡　兆域　東西三町　南北三町

意訳「長谷の朝倉宮に坐《いま》して天下治らす雄略天皇、御陵は河内の多治比高鷲原、墓域三町四方」

「第五話　仁徳《にんとく》天皇の謎」で述べたように、兆域《ちょういき》の大きさと前方後円墳の墳丘長《ふんきゅうちょう》には一定の関係があります。兆域が東西三町・南北三町なら、墳丘長は大王古墳の基準である二〇八米を超えている必要があります。

高鷲付近の雄略天皇の格式に見合いそうな前方後円墳は、次の通りです。

【多治比の大型前方後円墳】

◆河内大塚山古墳《かわちおおつかやま》（墳丘長 約二四〇歩・三三〇米）　六世紀前半　高鷲駅の西約一キロ

◆岡ミサンザイ古墳（墳丘長 約一七〇歩・二三八米）　五世紀後半　高鷲駅の南西約二キロ

◆反正山古墳《はじやま》（墳丘長 約一五〇歩・二〇五米）（不詳）　河内大塚山古墳の西隣

河内大塚山古墳の兆域は、大王墓として十分な大きさですが、築造が六世紀後半のため、雄略天皇の御陵ではありません。次に、反正山古墳ですが、雄略天皇の父帝の御陵（市之山《いちのやま》古墳）の墳丘長が二三〇米ですので、やや小さすぎます。筆者は、築造時期と大きさを考慮すると岡ミサンザイ古墳が相応《ふさわ》しいと考えます。また、古墳の北側に、『日本書紀』清寧《せいねい》天皇元年十月の記事にある「殉死した隼人の墓」と推定される鉢塚《はちづか》古墳（墳丘長 約五〇歩）も在ります。現在の雄略天皇御陵が、何故この様に奇妙な形になったのかについては、本文の謎解きのところで詳しく説明します。

では、本題に入りましょう。

巷間、雄略天皇は、倭《わ》の五王の一人で、あの有名な「封国は偏遠《へんえん》にして藩を外に作《な》す」から始まる流麗な四六駢儷体《べんれいたい》の上表文を南宋の順帝に奉った倭国《わこく》王の武《ぶ》であるとされます。南宋への遣使は西暦四七八年、なお、天皇号の「雄略」が「雄材大略（優れた知恵と大きな謀りごと）」から採られた事も明白です。勇躍三韓に外征し、大いに敵を破った印象を与えます。

雄略天皇は、はたして倭王武なのでしょうか。

違います。河内王たる雄略大王は、筑紫《つくし》倭王武とは異なる大王です。検証を進めます。

理由を次に列挙します。

◎倭王武は、西暦五〇二年に中国梁《リョウ》王朝に朝貢《ちょうこう》して征東将軍号を得ています。雄略帝の崩御年は『日本書紀』では西暦四七九年、『古事記』では四八九年です。雄略天皇は、五〇二年には亡くなられており、中国の梁に遣使するのは無理なのです。

◎大和に、五世紀に中国で製作されたと推定される中華王朝からの下賜《かし》品や文書が伝世されていません。また『日本書紀』の雄略天皇紀に、「天皇遣使梁朝貢」の文字がありません。大倭王朝は、遣隋使《けんずいし》の時代まで中国に「遣使朝貢」していないのです。

◎五・六世紀の『日本書紀』は、三韓記事で埋め尽くされており、中華王朝との交渉記事がありません。三韓王の即位と崩御記事は充実しているのに、中華皇帝の交代記事が全く見られません。

◎『舊《く》（旧）唐書《とうじょ》』では、「倭国伝」と「日本伝」が区別されており、日本国は倭国の別種と記されています。

◎「安田家文書《やすだけもんじょ》」に、大和王家が河内を支配したのは、景行《けいこう》天皇の時代と判断できる記事があります。筑紫の君である磐井《いわい》（石井）王との三井郡の戦いまでは、大倭《やまと》王家は九州を制圧出来ていません。そのことは、継体天皇が、磐井の領地は攻め取りして良い、と物部大将軍に、約束している事でも裏付けられます。

西暦五八年の後漢の光武帝への遣使朝貢以来、連綿と朝貢を続け、高句麗《こうくり》に対抗するために、四六騈儷体の華麗な上表文を、南宋の順帝に奉ったのは、筑紫倭王武と断定できます。さらに、念押しです。何故、日本国では、遣随使・遣唐使《けんとうし》船を大偉業と称えるのでしょう。初めての中華王朝への朝貢事業だからではないでしょうか、いかがでしょう。

表①に、倭国と日本国（大和）の簡単な比較年表を作ってみました。

では次に、河内王たる雄略天皇（推定在位・西暦四五七―四八九年）の在位期間の筑紫倭王の活躍を紹介します。倭国王の済《せい》、興《こう》、武《ぶ》の治世に亘ります。

倭王の活躍の中心は、新羅《しらぎ》征伐です。なお、在位年から換算した西暦年と実際の発生年とには、ややずれがあります。

西暦四六四年（雄略天皇八年の記事）

春、高麗《こうらい》兵が新羅に侵入、築足流《つくそくろ》城を取り囲んだ。新羅は、高麗の本格攻撃に備え、任那《みなま》加羅《から》に援兵を乞うた。任那王は、援兵を送った。高麗が総攻撃を仕掛けてきたが、新羅兵と加羅兵が追い払った。高麗と新羅の怨《おん》（不和）は、これから始まった（高麗＝高句麗）。

西暦四六五年（雄略天皇九年の記事）

春、新羅の不貢を責めるため、紀小弓宿禰《きのおゆみすくね》らを新羅に侵攻させた。猛攻に新羅王遁走、

表① 倭国と日本国の比較年表

倭国史

西暦〇五七年	委奴国王遣使朝貢（後漢書）
西暦二三九年	倭女王遣使朝貢（魏志）
西暦四一三年	倭王遣使朝貢（晋書）
西暦四二一年	倭王「讃」遣使朝貢（晋書）
西暦五〇二年	倭王「武」遣使朝貢（梁書）
★西暦五二七年	物部軍筑紫に来攻、王敗死
西暦五六二年	任那伽耶を新羅が併合支配
西暦六三一年	唐に遣使朝貢、返使高表仁
西暦六四八年	新羅使に上表文を託し朝貢
西暦六五四年	唐高宗に琥珀と瑪瑙を献上
西暦六六三年	唐軍と白村江上で戦闘大敗

日本史

西暦二二四年頃	三輪王朝始まる
西暦三五〇年頃	崇神王朝が河内平定（巨大王墓の築造）
西暦五二六年	男大迹王、大和王宮制圧
★西暦五二七年	筑紫国造磐井の乱
西暦六〇七年	第一回遣隋使
西暦六三〇年	第一回遣唐使
西暦七〇三年	遣日本国使粟田朝臣真人

追撃して敵将を斬ったが、残兵は降伏しなかった。残兵との戦いに敗れ、大伴談連《おおとものかたりのむらじ》他、多くの指揮官が死んだ。

西暦四七六年（雄略天皇二〇年の記事）

冬、高麗王が大軍をもって攻め、百済を滅ぼした。

西暦四七七年（雄略天皇二一年の記事）

雄略天皇が久麻那利《くまなり》（熊津）を百済の汶洲王《ムンジュ》（文周王《ムンジュ》）に与えて、百済國を再興させた。

西暦四七九年（雄略天皇二三年の記事）

文斤王《ブンキン》（三斤王《サムグン》）薨《みまか》る、昆支王《コンジ》（位は内臣佐平）の子の末多王《マッタ》（東城王《トンソン》）に兵器を与え、五百人の筑紫兵を遣して王位に就かせた。東城王である。この年、筑紫の船軍が高麗を討った。

■「雄略天皇紀」の中の倭王

以上が、「雄略天皇紀」の中の倭王の活躍を記述したであろう部分です。内容を簡略化して紹介します。

西暦四六五年に、倭王興は紀小弓宿禰指揮の筑紫兵を新羅に侵攻させていますが、勝ち切れていません。多数の将軍が戦死したとあり、負け戦です。その後、四七五年には、高句麗が大軍で百済に侵攻し王城を陥《お》とし、蓋鹵王《ケーロ》を敗死させています。翌年、太子の文周王が、王城を南に下げて熊津に定め、即位しています。「百済本紀」によれば、その後、文周王も臣下である内大臣佐平（内臣佐平）の解仇《ヘグ》に殺されるなど百済王宮は混乱が続きます。四七九年には、倭国の後援で東城王が即位し、筑紫倭国《つくしわこく》の船軍が高句麗と闘ったと、「雄略天皇紀」には記録されています。

倭王武が、南宋の順帝に上表文を送ったのは、西暦四七八年であり、百済の東城王の即位の前年です。高句麗の南下攻勢で百済王家が、滅亡の危機に瀕していた時です。この時、筑紫倭国は、前面の高句麗だけでなく、軍備を増強し拡大する本州大倭国《やまとのくに》にも狙われていたのです。大倭・筑紫戦争は、上表文献上から五十年後に発生しています。

筑紫倭国が強盛を誇ったのは、七支刀《しちしとう》にある倭王旨《わおうし》（『日本書紀』の神功《じんぐう》皇后活躍期）の時代です。高句麗と対抗する力を持っていました。その後、倭王讃（『日本書紀』の応神《おうじん》天皇活躍期）を経て、倭王武の時代には、度重なる三韓への派兵により軍事力が衰えてしまっているのです。次に紹介する「新羅本紀」の記事のように、倭国は小国新羅には強くても、高句麗には手も足も出ないのです。

「新羅本紀」と「高句麗本紀」の記事を見てみましょう。

「新羅本紀」

◇西暦四五九年　夏、倭人の兵船百餘艘が東邊を襲い月城を包囲する。

◇西暦四六二年　夏、倭人が石活城を襲い捕虜一千を連れ去る。

◇西暦四六三年　春、倭人、缺良城を襲う。

◇西暦四六七年　春、王、有司に戦艦の修理を命ず。

◇西暦四七五年　秋、高句麗、百済を攻撃、百済王太子文周が救援を求めて

来城、王出兵。援兵の到着前に漢城陥落、百済王既死。
◇西暦四七六年　夏、倭人が東邊に侵攻。
◇西暦四八一年　春、高句麗と靺鞨《まっかつ》が北邊を侵す。我が軍と百済と伽耶の援兵、分かれて之を防ぐ。泥河西に追撃、斬首一千餘級。
◇西暦四八二年　夏、倭人侵邊。
◇西暦四八四年　秋、高句麗が北邊を侵す。我が軍と百済兵とで之を破る。
◇西暦四八五年　夏、倭人侵邊。

「高句麗本紀」
◇西暦四六八年　春、王、靺鞨兵四万を以て新羅の悉直州城を攻め取る。
秋、百済兵、南邊に侵入。
◇西暦四七五年　春、王、兵三万を率いて百済に侵攻、王都漢城を陥とし、百済王扶余《プヨ》（蓋鹵王）を殺し、虜男女八千を連れ還る。
◇西暦四八九年　秋、兵を遣りて新羅北邊を侵し、狐山城を陥とす。

この時期「高句麗本紀」には、倭兵、倭人との戦闘記録はありません。

「高句麗本紀」の西暦四七五年の記事にある高麗兵に捕らえられて殺害された百済の蓋鹵王も、戦死の三年前の西暦四七二年に北魏《ほくぎ》に遣使して上表文を送り、高句麗の不義をうったえています。悲痛な上表文です。要は、無道な高麗と戦う為に、速やかに兵を送って国を助けて欲しいとの懇願です。

倭王武の上表文も、同様です（資料①）。要約すると、「倭国は長年、遠國ながら皇帝への忠節に励んできました。我國は、皇帝への朝貢を途絶えさせた事はありません。しかるに、現在、高句麗の妨害で朝貢に支障が出ています。そのため、武備を整え、父兄の遺志である高句麗討伐を果たそうと決意しました。どうか皇帝のご援助をお願いします」と、宋《そう》の順帝に懇願しています。

苦労多き倭国王武です。一方、この頃、河内王たる雄略大王は、先王允恭大王の遺志を継ぎ、大和勢との戦闘に明け暮れていました。次は、河内王たる雄略大王の活動に移ります。

では、大泊瀬幼武命・雄略天皇の活動を見ていきましょう。

第六話で述べた大和勢と河内勢の対立を背景に殺された人々の内、雄略天皇と清寧《せいねい》天皇の父子に殺害された被害者を抽出しました。なお、王の周りの多くの兵士も死んでいます。

○八釣白彦皇子《やつりのしろひこのみこ》　雄略天皇の兵に斬殺される。　雄略帝の兄王
○境黒彦皇子《さかいのくろひこのみこ》　雄略天皇の兵に焼き殺される。　雄略帝の兄王
○眉輪王《まよわ》　雄略天皇の兵に焼き殺される。　雄略帝の従弟
○円《つぶら》大臣　雄略天皇の兵に焼き殺される。　眉輪王の忠臣
○坂合部連贄宿禰《さかあいべのむらじにえのすくね》　雄略天皇の兵に焼き殺される。　眉輪王の忠臣
○市辺押磐皇子《いちのへのおしはのみこ》　雄略天皇が狩りに誘い謀殺する。　雄略帝の従弟
○佐伯部売輪《さえきべのうるわ》　市辺押磐皇子の舎人売輪が雄略天皇に殺される。　市辺王の側近

資料① 倭国の朝貢記録と武王の上表文

倭国在高麗東南大海中世修貢職（宋書・倭国傳）

■高祖永初二年（421）詔曰倭讃萬里修貢遠誠宜甄可賜除授

■太祖元嘉二年(425)讃又遣司馬曹達奉表献方物

■讃死弟珍立遣使貢献自称使持節都督倭百済新羅任那秦韓慕韓六国諸軍事安東大将軍倭国王表求除詔除安東将軍倭国王珍又求除正倭隋等十三人平西征虜冠軍輔国将軍号詔並聴

■二十年倭国王済(443)遣使奉献復以為安東将軍倭国王

■二十八年(451)加使持節都督倭新羅任那加羅秦韓慕韓六国諸軍事安東将軍如故并除所上二十三人軍郡

■済死世子興遣使貢献

■世祖大明六年（462）詔曰倭王世子興奕世戴忠作藩外海稟化寧境恭修貢職新嗣辺業宜授爵号可安東将軍倭国王

■興死弟武立自称使持節都督倭百済新羅任那加羅秦韓慕韓七国諸軍事安東大将軍倭国王

■順帝昇明二年（478）　**【遣使上表】**

封国偏遠作藩于外自昔祖禰躬貫甲冑山川跋渉不遑寧処東征毛人五十五国西服衆夷六十六国渡平海北九十五国王道融泰廓土遐畿累葉朝宗不愆于歳臣雖下愚忝胤先緒駆率所統帰崇天極道遙百済装治船舫而句麗無道図欲見呑掠抄辺隷虔劉不已毎致稽滞以失良風雖曰進路或通或不臣亡考済実忿寇讐壅塞天路控弦百万義声感激方欲大挙奄喪父兄使垂成之功不獲一簣居在諒闇不動兵甲是以偃息未捷至今欲練甲治兵申父兄之志義士虎賁文武効功白刃交前亦所不顧若以帝徳覆戴摧此彊敵克靖方難無替前功窃自仮開府儀同三司其余咸仮授以勧忠節詔除武使持節都督倭新羅任那加羅秦韓慕韓六国諸軍事安東大将軍倭王

（上表文の骨子）

我国は、遠國ながら皇帝への忠節に励んできました。
我先祖は、東の毛人55国、西の衆夷66国、北に渡海し95国を制圧。
我國は、皇帝への朝貢を途絶えさせた事はありません。
ところが、現在、高句麗の妨害で、朝貢に支障が出ています。
父の済は高句麗討伐の兵を整えたましたが、父兄の死で中止。
そこで、武備を整え、父兄の遺志を果たそうと思います。
どうか皇帝のご援助をお願いします。
自ら開府儀同三司の官を名のりたいと思います。
また、わが諸将にもそれぞれ称号を頂きたい。

図①『古事記』記載の雄略天皇血統図

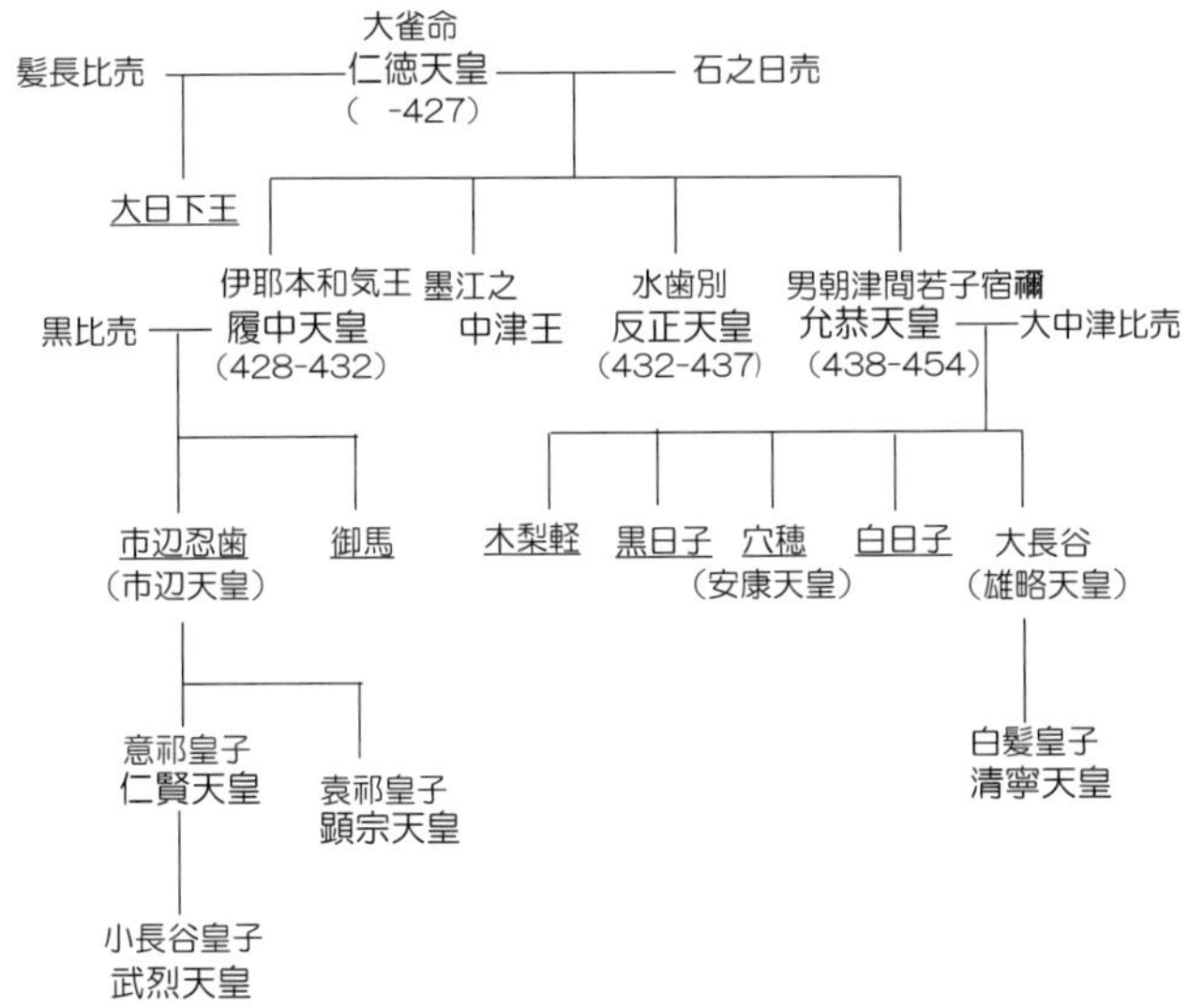

○御馬《みま》皇子　雄略天皇側の伏兵に襲撃され、殺される。
市辺王同母弟

○大津馬飼《おおつのうまかい》　雄略天皇に殺される。
帝車駕の御者

○星川皇子　清寧天皇の兵に焼き殺される。
清寧帝異母弟

○兄君《えきみ》　清寧天皇の兵に焼き殺される
磐城皇子異父兄

○城丘前来目《きのおかさきのくめ》　清寧天皇の兵に焼き殺される。
磐城皇子異父兄

非常に強い違和感を覚えます。図①を御覧ください。仁徳天皇の孫として記録されている七皇子の内、雄略天皇を除く六皇子すべてが非業の死を遂げているのです。宮廷内の抗争で、これだけの人々が殺されるでしょうか。すでに説明しているように、天皇系図は、万世一系の思想から、諸大王のすべての皇子を一視同仁《いっしどうじん》、天皇の御子として記録に残しています。真実とは到底思えません。二大勢力の対立で生じた戦闘《いくさ》が原因と判断すべきです。これまでの検証で、河内王と大和王家が対立していた事が分かっています。また、『播磨国風土記』では、市辺押磐皇子は、市辺天皇と書かれています。反正《はんぜい》天皇が大和に逃れて後、難波王家は、市辺天皇が継位しました。一方、大和王家は、大草香王、木梨軽王、安康天皇と継位され、安康天皇の暗殺で、実権を雄略天皇に奪われたと考えられます。

允恭天皇も、仁徳天皇の末子として記されていました。雄略天皇も、允恭天皇の末子と書かれています。允恭天皇ならびに雄略天皇は、他の皇子とは血統が異なるのは確かなのです。

書記編者は、市辺押羽皇子が大和王または難波王である事を「雄略天皇紀」に書き記しています。

雄略天皇三年の安康天皇に関する記事です。原文は、次の通りです。

原文「冬十月癸未朔天皇恨穴穂天皇曾欲以市邊押磐皇子傳國而遙付囑後事」

意訳「冬十月一日、雄略天皇は、穴穂《あなほ》天皇（安康天皇）が市辺押磐皇子に国を譲り、後事を託そうとされたのを怨み」とあります。

この後、雄略天皇は、市辺押磐皇子を近江の猟場で、仲子皇子《なかつみこ》（佐伯部売輪）とともに殺してしまうのです。さらに、市辺天皇暗殺の前にあったとされる八釣白彦皇子と境黒彦皇子の惨殺も不可解至極です。安康天皇が幼い眉輪王に殺され、これを聞いて雄略天皇が、兄弟である白彦と黒彦が眉輪王の背後に居ると判断し、殺したと書かれています。

おかしいでしょう、雄略天皇がまずやる事は、安康天皇が後事を託そうとした市辺押磐皇子の制圧です。何故、兄弟である白彦と黒彦の皇子を惨殺するのでしょう。皆、虚言《うそ》です。幼い眉輪王が天皇を殺した、も虚言です。血が繋がった兄弟や係累ではないのです。市辺押磐皇子を狩りに誘って殺した、も虚言と云えます。雄略天皇は、安康天皇暗殺で、大和制圧を果たしたのです。天皇の御歌（後述）が証拠です。

このあたりの『日本書紀』の記事は、全く信用できません。

市辺天皇の勢力に対して不満な近江勢と河内勢の合同軍が北方から大和に攻めかかります。市辺天皇は、仲子皇子と親兵である大和兵を率いて叛乱軍の討伐に向かいます。会戦場は、近江の郊野《かやの》（蚊屋野）になりました。奮戦空しく討伐軍は敗れます。

決戦で戦死した市辺天皇の仮陵が近江の国にあります。

◆市辺天皇御陵　円墳　全周五〇米《メートル》　東近江市市辺町

◆仲子皇子御陵　円墳　全周二五米　東近江市市辺町

では、市辺天皇の真陵は何処に在るのでしょう。『古事記』の安康天皇崩御年は、五世紀後半と思われます。市辺天皇の御陵築造時期もほぼ五世紀後半と考えて良いでしょう。

該当する古墳を探します。

◆掖上缶子塚古墳《わきがみかんすづか》　御所市柏原町　墳丘長 約一一〇歩　五世紀後半

◆屋敷山古墳　葛城市新庄町　墳丘長 約一一〇歩　五世紀後半

両陵墓共に初期の大王古墳の規模（墳丘長一五〇歩）は下回っていますが、五世紀後半の大王墓の標準と云える大きさです。推定築造時期も一致します。では、どちらでしょう。
屋敷山《やしきやま》古墳が、最も真陵に近いと判断します。市辺天皇は、履中《りちゅう》天皇（去来穂別《いざほわけ》）の皇子です。葛城《かつらぎ》地域最大の古墳が室宮山《むろみややま》古墳（約一七〇歩）です。筆者は、この古墳の主が、応神天皇の皇子とされる去来真若《いざさまわか》王と推定しています。母は葛城の野伊呂売《のいろめ》媛です（『古事記』）。名に去来が入る事もあり、難波血統と繋がっていたと考えます。葛城地域に近い屋敷山古墳が市辺天皇の御陵に相応しいと判断されます。

雄略天皇の殺戮を、紹介します。
大和での御馬皇子《みまのみこ》勢と河内兵との合戦です。原文は、次の通りです。

「是月御馬皇子以曾善三輪君身狭故思欲遣慮而往不意道逢邀軍於三輪磐井側逆戰不久被捉臨刑指井而詛曰此水者百姓唯得飲焉王者獨不能飲矣」

意訳「この月、御馬皇子が良き仲である三輪君である身狭《むさ》公に会おうと、出掛けたところ、不意に道で襲撃軍と遭遇、三輪の磐井の辺で反撃したが、程なく捕らえられ、処刑された。処刑に臨んで、御馬皇子は、井戸を指さし、この井の水は、ただ百姓のみ飲み得、王者のみ一人飲み得ず、と呪詛された」とあります。

雄略大王の無道への恨みの言葉です。邀軍、逆戦と言っています。御馬皇子率いる大和兵が、待ち伏せしていた河内兵と突然の遭遇戦になって敗れたのです。
このように、御馬皇子に呪われた雄略天皇の御陵は、前述のように、円墳と方墳をあわせた二基のみじめな形となっています。とても、『延喜式諸陵寮』に残された「丹比高鷲原陵、河内國丹比郡、兆域東西三町、南北三町、陵戸四烟、遠陵」の記述と大きさが合いません。例えば、三町四方の兆域を有すると諸陵寮にある御陵は、継体天皇御陵とされる太田茶臼山古墳《おおだちゃうすやま》（三嶋藍野陵《みしまのあいののみささぎ》）があります。墳丘長二二六米（約一六〇歩）の大きい御陵です。この件は、本話の最初に述べ終わっています。

では、何故、現在の様になったかです。江戸時代、安政二年頃には、すでに円墳の丸山古墳のみが雄略天皇御陵とされていたと伝えられています。可能性の高いのは、八幡《はちまん》信仰の高まりです。応神天皇を八幡神の化身とする八幡信仰では、八幡三神をお祀りします。応神天皇、比売神《ひめがみ》（宗像三女神）、神功皇后です。この比売神を応神天皇妃仲姫と捉え、仲姫の御陵を設けるべき、と主張した人物が現れたと思われます。その場合、応神天皇の陪塚《ばいづか》である二つ塚古墳（墳丘長 約八〇歩）を選んでおけば、仲哀《ちゅうあい》天皇も自身の御陵から追い出される事は無かったのですが、誰かが小さすぎると言ったのでしょう、仲哀天皇は、本来の仲津山御陵（墳丘長 約二一〇歩）から追い出されて、岡ミサンザイ古墳に移されました。その結果、岡ミサンザイ古墳の主であった雄略天皇も連鎖的に押し出されて、丸山古墳に移されてしまったと考えられます。抵抗した人もいたでしょうが、ここで、父帝である市辺押羽王を殺された顕宗《けんそう》天皇の復讐の想い「願わくは、其の陵（雄略天皇御陵）を壊し、骨を投げ捨てたい」を説く人が居て、転陵が了承されたと思われます。顕宗天皇の想いが一部実現されたのです。

また、御馬皇子の呪いも威力を発揮したのでしょう。

■安康天皇暗殺後

話を本題に戻します。安康天皇暗殺後の大和王家の動向です。

雄略天皇崩御後の五柱の天皇について、『古事記』は崩御年を遺《のこ》していません。それ以前の多くの天皇の崩御年を遺しているのにも関わらず、残していないのです。この時代の『日本書紀』の記述は事実と異なるのではないか、との強い疑念を抱かせます。

本書では、大王古墳の築造時期、立地、伝承などを重視して、天皇や大王系譜の真実に迫ろうとしています。

記紀に記された五天皇の御陵の記述と、現存の古墳との照合を行ってみます。

天皇御名	『日本書紀』	『古事記』	推定古墳
清寧《せいねい》天皇	坂戸原陵（河内）	記述なし	白髪山《しらがやま》古墳（河内）
飯豊《いいとよ》天皇	葛城埴口丘陵《かずらきのはにくちのおかのみささぎ》（大和）	記述なし	北花内三歳山《きたはなうちさんさいやま》古墳（大和）
顕宗天皇	傍丘磐坏丘陵《かたおかのいわつきのおかのみささぎ》（大和）	片崗石坏崗陵（大和）	狐井城山《きついしろやま》古墳（大和）
仁賢《にんけん》天皇	埴生坂本陵《はにゅうのさかもとのみささぎ》（河内）	記述なし	野中ボケ山古墳（河内）
武烈《ぶれつ》天皇	傍丘磐坏丘陵（大和）	片崗石坏崗陵（大和）	不詳・合葬？（大和）

古代、天皇の宮は転々としますが、一族の御陵築造域は、ほぼ一定に保たれています。右のデータから、次の知見が得られます、

◎顕宗天皇（弘計《をけ》）と仁賢天皇（億計《おけ》）は、兄弟では無い。
御陵が、大和と河内に分かれています。文献、伝承により決められた御陵位置です。
御名も対になっていません。

★顕宗天皇・弘計天皇　（記）袁祁之石巣別命《をけのいわすわけのみこと》
★仁賢天皇・億計天皇　（紀）諱《いなみ》・大脚《おおし》　字《あざな》・嶋郎《しまのいらっこ》

明らかに、袁祁之石巣別命が「天津日継の皇子」の血統であり、大脚は河内血統と断定できます。

やはり、野中ボケ山古墳を仁賢天皇陵とする伝承は正しいのです。『日本書紀』が、弘計、億計を、いかにも双子のごとき兄弟に見せかけようとしていますが、『古事記』編者は、何とか真実を遺そうと努力し、区別しています。

◎武烈天皇は、仁賢天皇の御子では無い。むしろ顕宗天皇の御子である可能性が高い。『古事記』、「顕宗天皇紀」の御陵の土の段の内容で事実が分かります。
顕宗天皇が父帝を殺した雄略天皇を恨んで、御陵を破壊しようと思われた時、億計が我赴《ゆ》くといって帰ってきたが、少し掘っただけと報告した。理由を問うと、「大長谷《おおはつせ》天皇は、父の仇と雖《いへ》ども、我が従父、また治天下天皇の御陵である、と申し述べたと記されています。従父の意味は、漢和大字典によれば、「伯父《をぢ》・父の兄」または、「叔父《をぢ》・父の弟」を意味します。先に参照した図②を見て下さい、雄略天皇は、弘計、億計の兄弟にとって、従父ではありません。祖父の従弟の子供です。これで、はっきりしました。仁賢天皇は、市辺押羽王の子ではなく、雄略天皇の兄弟姉妹の子供なのです。御陵が古市《ふるいち》にあるのも当然です。記紀の天皇血統図はパズルそのものです。ヒントを探すのも大変です。当然、顕宗天皇の叔父が御馬王であり、御子が武烈天皇なのです（図②参照）。

これで、安康天皇暗殺後の状況が見えてきました。

ここからは、物語となります。

安康天皇暗殺後、雄略天皇が大和地域の実権を握ります。しかし、太子の清寧天皇に皇嗣《こうし》が生まれなかった為、誰を後継者にするかで抗争が続きます。

結局、近江、河内、大和の勢力が妥協し、倭国の女王卑弥呼に倣《なら》って、履中天皇の皇女の忍海郎女《おしぬみのいらつめ》が、天皇位を執政される事になります。

角刺《つのさし》宮治天下天皇の治政の始まりです。ほどなく飯豊《いいとよ》天皇（忍海部女王《おしぬみべのひめみこ》）は葛城勢の後援の下、市辺押羽王の御子である袁祁之石巣別命に天皇位を譲られました。顕宗天皇の誕生です。この事に

図② 復元した雄略天皇の血統図

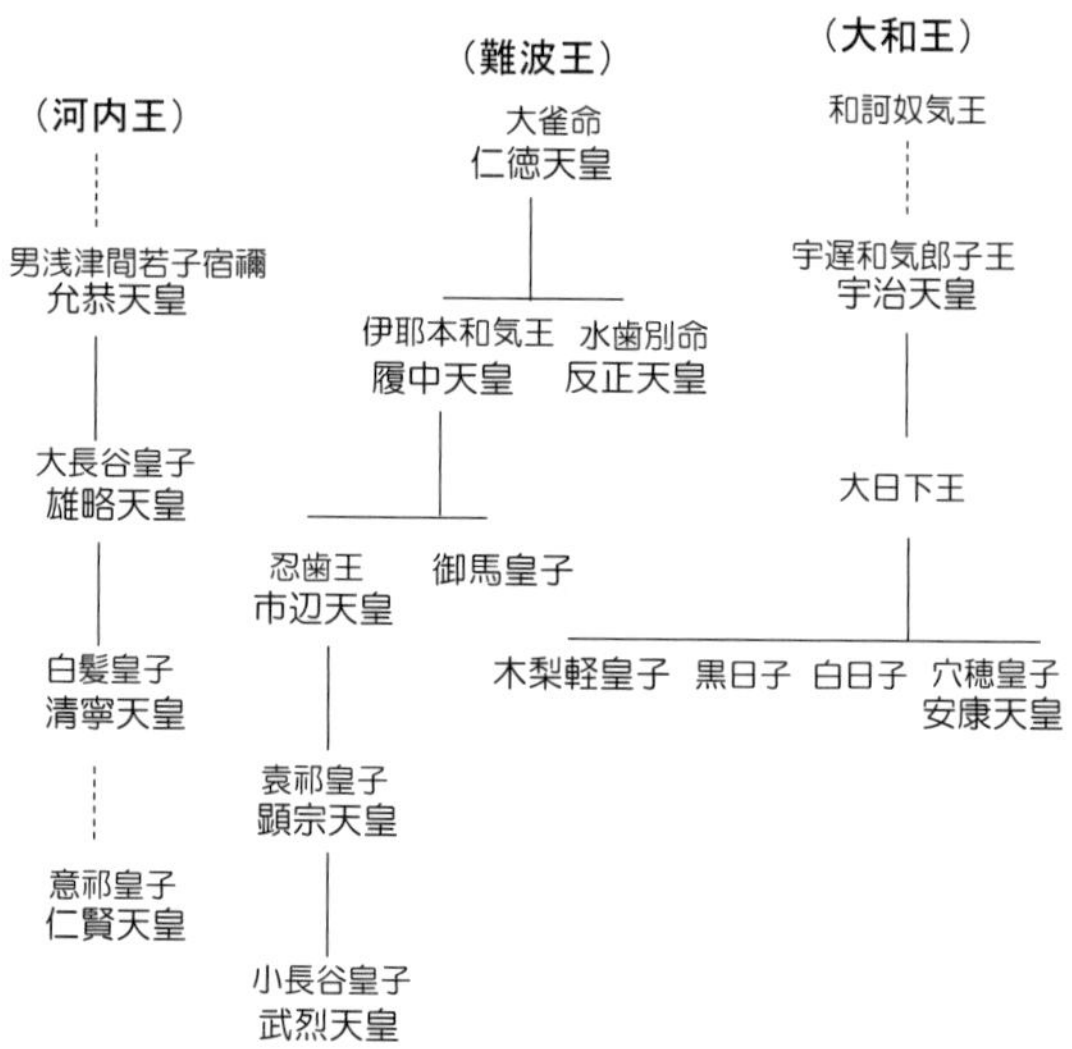

納得しない河内の勢力が、強引に大和王に押し込んだのが、大脚王（仁賢天皇）です。ほどなく、仁賢天皇は、顕宗天皇の皇子で、精力あふれる小長谷若雀命《おはつせわかさざき》（武烈天皇）に河内に追い返されます。武烈天皇の治政が始まり、継体天皇との最終決戦に続く、厳しく長い戦いが始まります。

以上が、記紀の記述よりも真実に近いと思われる物語です。

話を戻して、正当大和王である安康天皇を暗殺した雄略天皇は大和制覇の歌を詠んでいます。

『万葉集』巻一の一

原文「篭毛與　美篭母乳　布久思毛與　美夫君志持　此岳尓　菜採須兒　家吉閑名　告紗根
　虚見津　山跡乃國者　押奈戸手　吾許曽居　師吉名倍手　吾己曽座　我許背齒　告目
　家呼毛名雄母」

意訳「こもよ　美しいかごを持ち　ふくしもよ　美しいへらを持ち
　この丘で　野草を採る児よ　家聞かな　告らさね
　そらみつ　大和の国は　おしなべて　我こそ居す　しきなべて　我こそ坐す
　我こそは　告らさめ　家をも　名をも」

勝利の歌です。菜つます娘は、どんな魅力的な美少女でしょう。大和の国も、大和の美女もわが物という精力絶倫、大長谷の命らしい勝利の歌です。

筆者が最後の純粋大和王である安康天皇御陵と推論したのは、佐紀《さき》古墳群にある御陵です。佐紀古墳群最後の大型古墳です。

◆ヒシアゲ古墳　河合町　墳丘長約一六〇歩　五世紀中・後半

古墳の編年、規模、『古事記』の御陵記事、すべて合致しています。

勝利の余韻に浸っていた雄略天皇の前に立ちはだかったのが葛城の勢力です。「雄略天皇紀」に「葛城の一言主《ひとことぬし》」の話が、載っています。将《まさ》に、天皇にも対抗できる勢力という事を示唆しています。雄略天皇は、葛城を攻めたが、跳ね返されたのです。跳ね返した葛城大王は、おそらく河合（川合）大塚山古墳（約一六〇歩）に眠っています。

葛城勢の実力は、どれほどだったのでしょう。

葛城大王の古墳の大きさを調べてみます。西大和の大王王墓です。

【西大和の陵墓群】

◆佐味田《さみた》宝塚古墳　河合町　墳丘長一一二米（約八〇歩）四世紀中頃
◆巣山古墳　広陵町　墳丘長二〇四米（約一五〇歩）四世紀後半
◆島之山古墳　川西町　墳丘長一九〇米（約一四〇歩）四世紀後半
◆築山古墳　河合町　墳丘長二一〇米（約一五〇歩）四世紀後半
◆室宮山古墳　御所市　墳丘長二三八米（約一七〇歩）五世紀初頭
◆新木山古墳　広陵町　墳丘長二〇〇米（約一五〇歩）五世紀初頭
◆河合大塚山古墳　河合町　墳丘長二一五米（約一六〇歩）五世紀中頃
◆掖上鑵子塚《わきがみかんすづか》古墳　御所市　墳丘長一四九米（約一一〇歩）五世紀中頃

◆屋敷山古墳　　新庄町　墳丘長一四〇米（約一〇〇歩）五世紀後半
◆狐井城山古墳　香芝市　墳丘長一四〇米（約一〇〇歩）五世紀後半

四世紀中頃から五世紀後半にかけて大王墓級の王墓を造り続けています。

なお、この地域最大の前方後円墳が室宮山古墳です。武内宿禰《たけうちのすくね》の陵墓と伝えられており、一説では葛城襲津彦《かずらきのそつひこ》が被葬者とされます。葛城襲津彦は、大雀命《おおさざきのみこと》の正后磐之媛《いわのひめのみこと》の父です。

◆室宮山古墳　墳丘長二三八米　五世紀初頭　伝武内宿禰　大和國葛上郡牟婁郷所在、室宮山古墳の被葬王を推定します。

まず、古墳の規模は、大王墓（墳丘長一五〇歩）の基準を超えています。故に、臣下の陵墓ではありません。葛城襲津彦や武内宿禰の陵墓ではないようです。

『古事記』の「天皇年紀」では、誉田《ほむた》天皇（西暦三九四年崩御）の皇子の御陵が造られる年代です。

なんと、すぐに発見できました。誉田天皇の御子に、条件に合う王が居られます。

応神天皇から御子の役割分担を告げられた大山守命《おおやまもりのみこと》（山海の政を知らせ）、大雀命（食國の政を知らせ）、宇遅能和気郎子尊《うじのわきいらつこのみこと》（天津日継を知らせ）、即ち、これらの河内大王、難波大王、大和大王の三大王らとともに皇子として御名がある伊奢能麻和迦王《いざのまわかみこ》です。

伊奢能麻和迦王は、品陀和気命と葛城の野伊呂売媛の皇子とされます。偉大な葛城大王です。大王墓の基準を上回る一七〇歩の御陵に祀られる資格は十分です。葛城大王の絶頂期が、五世紀初頭だったことが分かります。以降も、西大和では大型古墳の築造が五世紀後半まで続きますので、後年まで大きな勢力を維持していた事がわかります。

どれほどの規模なのか。

応神天皇の御子とされる四大王の古墳と較べてみます。

◆大雀命　大仙御陵　墳丘長 約三八〇歩　五世紀前期—中期　百舌鳥
◆伊奢能麻和迦王　室宮山《むろみややま》御陵　墳丘長 約一七〇歩　五世紀初頭　葛城
◆大山守命　墓山古墳　墳丘長 約一六〇歩　五世紀前半　河内
◆宇遅能和気郎子王　コナベ御陵　墳丘長 約一五〇歩　五世紀前半　佐紀

四大王の古墳の中、第二位です。室宮山古墳の大きさにも驚きますが、畿内に於いて、同じ時期にこれだけの四基の巨大御陵を造る財力は、何処から出てきたのでしょう、稲作の収量が画期的に伸びたと思われます。新田開発に加え、この時代の生産性（反収）の伸びが、如何に大きいものだったかが分かります。河内平野のみならず、大和盆地でも、優れた灌漑技術の導入により収量が大きく改善されたと考えられます。

第三話で紹介した気長足姫尊《おきながたらしひめのみこと》の御歌の背景は、豊かな実りでした。再掲します。

「此の御酒は、吾が御酒ならず、醸の神、常世に坐す、磐たたす
少名御神の、神壽《ほ》ぎ壽ぎ憑《くる》ほし、豊壽ぎ壽ぎもとほし、
祀りこし御酒ぞ、あさず呑せ、ささ」

さあ飲め、さあ飲め、です。日本列島の豊かな実りは、三韓からの新しい灌漑技術の導入と、鉄

製農具の普及でもたらされました。

最後に、結論を述べます。

雄略天皇は、倭王武ではありません。父王である允恭天皇の遺志を引き継ぎ、大和王家の多くの王子達と戦いを重ね、最後は、安康天皇を弑逆《しぎゃく》する事で、河内勢による大和制覇を果たした偉大な大王なのです。大王の御歌は、高らかに大和制覇の歓びを語っています。

第八話　継体天皇の謎

■謎だらけの大王

継体《けいたい》天皇（男大迹《をほど》王）は、謎だらけの大王です。

男大迹王の正体が、先達の懸命の検証によっても、いまだ分かっていないのです。

水谷千秋著『継体天皇と朝鮮半島の謎』では、近江《おうみ》の王族で、百済《くだら》に渡り、活動の後に帰国した首長の一人ではないか、と結論づけておられます。ただ、帰国首長にしては、百済との結びつきが強すぎるのです。

解くべき謎の核心を絞れば、「百済臭（習）の強すぎる男大迹王は、河内に御陵《ごりょう》のある誉田《ほむた》天皇の血統では無く、百済王室の血を引く渡来王ではないのか」となります。

少しずつ解いていきましょう。

「継体天皇紀」のはじめに「男大迹天皇――またの名は彦太尊《ひこふとのみこと》――は、応神《おうじん》天皇の五世の孫で、彦主人王《ひこうしのおおきみ》の子である。母を振姫《ふるひめ》という。振姫は垂仁《すいにん》天皇の七世の孫である」と書かれています。

これまで検証を進めてきた中で、百済系と推定する允恭《いんぎょう》天皇、雄略《ゆうりゃく》天皇らの河内の勢力と、崇《す》神《じん》天皇に始まる大和王権との間の抗争で多くの血が流れた事を論じてきました。この抗争が、遂に畿内北部の勢力と河内の勢力が組んで男大迹王を担いで、最終的に大和王宮を攻め落とす事で、長い争いが一段落したのだと筆者は考えています。

記紀の記述から、男大迹王が近江の諸豪族の力を背景に、大和に攻め上ったのは確かです。継体大王に関する不可解な記述、さらには、継体大王の不可解な行動を、ひとつひとつ検証する事で、継体大王の正体に迫ろうと思います。

まずは、継体天皇の継位の際の混乱について調べてみました。

『日本書紀』の記述によれば、雄略天皇の後を継いだ清寧《せいねい》天皇に皇嗣《こうし》（跡継ぎ）が生まれず、やむを得ず、履中《りちゅう》天皇の血統である弘計《をけ》王と億計《おけ》王の兄弟が継位した。更に億計の嫡子の武烈《ぶれつ》天皇が即位したが、再度皇嗣が生まれなかった。そこで、大伴金村大連《おおとものかなむらおおむらじ》が皇嗣探しを担当した。まず、丹波に居た仲哀《ちゅうあい》天皇五世の孫の倭彦《やまとひこ》王を招聘《しょうへい》しようとしたが、恐れを抱いて遁走、行方不明になってしまった。最後に、誉田天皇の五世の孫の男大迹王に決まったと書かれています。

倭彦王が何故逃げたのかも不可解です。後先が逆で、男大迹王に決まったので殺されると思い、逃げたと推察できます。

一方『古事記』の記述は単純明快です。

「武烈天皇紀」の終りに継体天皇の即位について書かれています。「品太《ほむた》天皇の五世の孫の、袁本杼命《をほどのみこと》を近淡海国《ちかつおうみのくに》より上り坐《いま》さしめて、手白髪命《たしらかのみこと》に合わせて、天の下を授け奉りき」と有ります。

実に短い記述です。書けない何かがありそうです。
〝ここがおかしい〟と思う疑問点を抽出し、検証する事で真実に迫りましょう。

■疑問点① 男大迹王が、直接、大和の王宮に入っていない

『古事記』の記述が真実なら、男大迹王は、大和王家へ手白髪媛の婿として入るために、最初から、大和王宮（磐余《いわれ》）に入った筈です。ところが、大和王宮に入るのに二十年を要しているのです、奇妙なのです。

◎元年正月、天皇践祚《せんそ》（即位）、行至樟葉宮《くずは》　（西暦五〇七年）
◎五年冬十月、遷都山背筒城《やましろつづき》（宮）　（西暦五一一年）
◎十二年春三月、遷都弟国《おとくに》（宮）　（西暦五一八年）
◎二十年秋九月、遷都磐余玉穂《たまほ》（宮）一本云七年也　（西暦五二六年）

図①の畿内地図で、葛葉宮、綴喜《つづき》宮、乙訓《おとくに》宮、磐余玉穂の宮の位置関係をご確認下さい。ちなみに葛葉宮の敷地は小さく。到底、偉大な大和王の宮とは思えません。天皇行幸《みゆき》樟葉宮なのか、天皇遷都樟葉宮なのかも、はっきりしません。男大迹王が、まず樟葉の宮（営）で挙兵し、以降、大和の兵と戦いながら二十年後に磐余の王宮に入った、が真実の様です。

表①の「天皇年紀」をご覧ください。『古事記』の雄略天皇崩御年である己巳《つちのとのみ》年（西暦四八九年）から『日本書紀』の各天皇の在位年数に従って、清寧、顕宗《けんそう》、仁賢《にんけん》と時代を下ると、武烈天皇の

図① 継体天皇の大和入り関係図

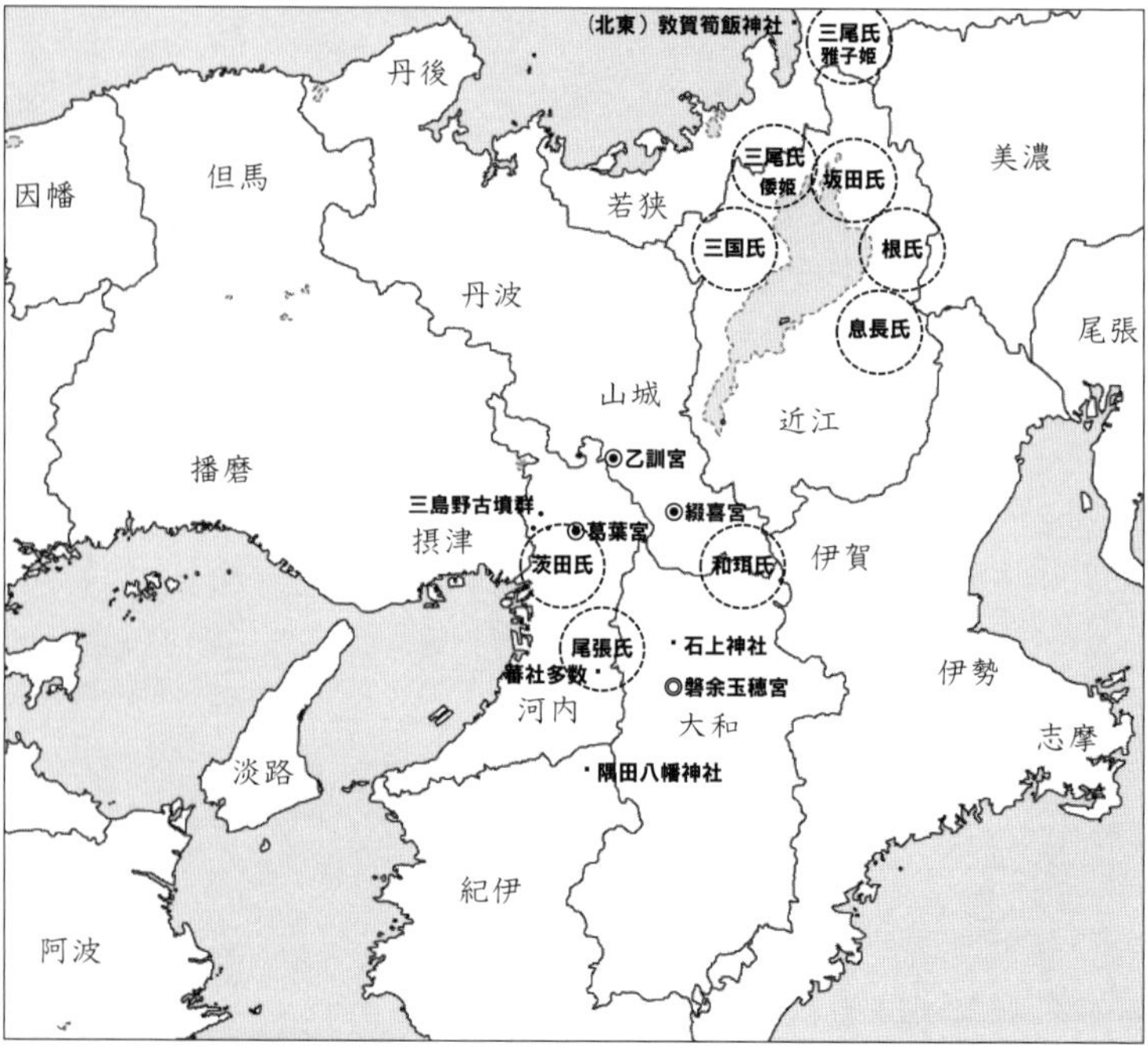

崩御年は、西暦五一四年となります。継体天皇の即位年は『日本書紀』では西暦五〇七年とされます。武烈天皇の崩御が、継体天皇八年となり、在位が重なってしまいます。

一つの謎が解けました。在位の重複を避ける為、書紀編者は、雄略天皇崩御年を、無理に十年繰り上げて西暦四七九年に改変しているのです。本当は、継体天皇元年（西暦五〇七年）は、男大迹王の天皇就位の年では無く、葛葉宮での挙兵の年なのです。この結果から、武烈天皇崩御の年は、西暦五一四年、もしくは、継体天皇の磐余入りの西暦五二六年となります。

次の謎です。継体大王の崩御年に諸説ある問題です。

■疑問点② 男大迹王の崩御年が定まっていない

表① 雄略天皇後の「天皇年紀」
（在位は書紀年数）

	即位年	在位年数	崩御年
雄略天皇	―	―	**A. C. 489**
清寧天皇	A. C. 490	5	A. C. 494
顕宗天皇	A. C. 494	3	A. C. 496
仁賢天皇	A. C. 497	11	A. C. 507
武烈天皇	A. C. 507	8	A. C. 514
継体天皇	**A. C. 507**	**25**	**A. C. 531**

□雄略天皇崩御年は、古事記の記録による。

『日本書記』の継体天皇崩御の段は、次の通り複雑です。「継体天皇二十五年春二月、病が重くなり磐余玉穂宮で崩御された。御年八十二歳、冬十二月五日に藍野《あいの》御陵に葬った。或る本には、天皇は継体天皇二十八年に薨《みまか》るとあるが、書紀編者は二十五年崩御説を採用する。その理由は、『百済本記』（『三国史記』の『百済本紀』ではなく『百済三書』の一書）に次の文章がある為です。其の文章曰く、太歳辛亥三月、百済の軍が進撃し安羅《あんら》の軍営である乞乇《こっとん》城に至った月に、高句麗では、王の安（安臧王《アンジャンオウ》、諱《いみな》は興安）が弑逆《しぎゃく》されたと聞いた、又日本の天皇と太子、皇子ともに亡くなったとも聞いた、とある。この年が継体天皇二十五年にあたる。私はこの情報をもとに、二十五年説を採用したが、後年、精査する人が、その真実を明らかにするだろう」との内容です。

実に奇妙かつ含みのある記述です。真実を明らかにしたいですね。

『三国史記』「高句麗本紀」の第二十二代「安臧王紀」には、王の在位十三年の夏五月に安臧王は亡くなったとあります。安臧王十三年は西暦五三一年で、継体天皇の二十五年であり、『日本書紀』の採用した崩御の年にあたります。

『日本書紀』の編者は、何を伝えたいのでしょう。
○西暦五三一年に「日本の天皇（継体大王）と太子（大郎王）、皇子（後の安閑《あんかん》天皇・後の宣化《せんか》天皇、後の欽明《きんめい》天皇）が亡くなった」と伝えたいのでしょうか。
あり得ない話です。なお、継体天皇の二十五年に、天皇が皇子（欽明天皇）に殺害されたとの学説もあるようですが、安閑天皇と宣化天皇が、何故生き残っているのかの説明が出来ません。当然、同時に殺される筈です。また、皇子に継体天皇が殺されたのなら、伝わる伝聞の核心は「天皇が太子または皇子に殺された」になる筈です。

不可解です。全く辻褄《つじつま》が合いません。

結局、書紀編者が伝えたいのは、
一、継体天皇が在位二十八年の西暦五三四年に崩御されたという事、「後年、精査する人が、その真実を明らかにするだろう」と編者が書き残す以上、真実は、継体天皇は、在位二十五年の崩御ではなく、二十八年（西暦四三四年）に崩御されたという事です。
一、編者が「日本の天皇と太子、皇子ともに亡くなったとも聞いた」と、わざわざ書き残している以上、西暦五三一年の前後で、悲惨にも、日本の天皇と皇子達が殺される弑逆事件が発生していた。

以上の内容を伝えたいのだと思われます。

一方の『古事記』の継体天皇崩御の記事は、単純明快です。「天皇御年、肆（四）拾參歳、丁未年四月九日崩也。御陵者、三嶋之藍御陵也」

意訳すると、「天皇は、御年四十三才で丁未《ひのとのひつじ》年（西暦五二七年）四月九日に崩御された。御陵は三嶋の藍の陵にある」、という内容です。

記紀の継体天皇崩御年は、一致しません。謎として残ります。

では、真実を明らかにして行きましょう。

解明の糸口は、継体天皇の崩御年が、記紀の間で異なっている点にあります。

【異なる崩御年】

①西暦五二七年（『古事記』　継体天皇二十一年）丁未年。

②西暦五三一年（『日本書紀』継体天皇二十五年）「百済本記」による。

③西暦五三四年（『日本書紀』継体天皇二十八年）或本云。

なお、②の西暦五三一年は、すでに『日本書紀』の記述に基づき、否定しています。

西暦五二七年から五三四年の近傍では、日本列島の東と西で、立て続けに重大な事件が二つ起こっています。

◎西暦五二六年（天皇二〇年）　継体天皇の磐余玉穂宮入り。
（大和王宮、陥落）。
◎西暦五二七年（天皇二一年）　筑紫国造《つくしのくにのみやつこ》磐井《いわい》の乱、勃《おこ》る。
（筑紫倭国王、継体大王と衝突）

二つの事件ともに、天皇が憤死しています。東の大和の天皇である武烈天皇と、西の倭国の天皇である「筑紫の君」です。第七話で説明したように、倭王武《わおうぶ》の上表文の書かれた年である西暦四七八年と「磐井の乱」の年代差は、わずかに半世紀です。ところが、『日本書紀』は、倭国王の倭名を徹底的に消し去っています。わずかに、真君《まさみ》（前述）が残っているのみです。倭の五王についても業績記録だけを転用し、名前は消し去っているのです。

では「天皇、太子、皇子の暗殺事件」は、東西どちらの事件なのでしょう。西の事件である「磐井の乱」では、太子の葛子《くずこ》が生き残っています。

以上の検証の結果、可能性の残るのは、武烈天皇の場合です。

継体大王は、二十年の秋九月に磐余玉穂宮に攻め入っています。

継体天皇の磐余入りまでは当然、大和王は武烈天皇です。武烈天皇崩御は、西暦五二六年と推論できます。ただ記紀共に、武烈天皇には皇子は無かったと記しています。そうであれば、武烈天皇も「殺された天皇」には該当しません。では、本当に武烈天皇に皇子・皇女は居なかったのでしょうか。

『古事記』の武烈天皇の段は簡潔で「小長谷若雀命坐長谷之列木宮治天下捌歳也此天皇无太子故爲御子代定小長谷部也御陵在片岡之石坏岡也天皇既崩無可知日續之王故品太天皇五世之孫袁本杼命自近淡海國令上坐而合於手白髪命授奉天下也」とあります。

意訳すると「武烈天皇、長谷の列木《なみきの》宮で天下を治めて八年也、この天皇太子無かりき、故に御子代（みこしろ）として小長谷部をもうけられた。御陵は、片岡の石坏岡にあり、天皇薨《みまか》り、日継の王無く、誉田天皇五世の孫、袁本杼命を近淡海国より上らしめて白髪命と娶《めあわ》せて天下を奉る也」です。

疑問点は、あまりにも記事が短かすぎる事です。

『古事記』編者は、書きたいのに書けないのです。ただ、編者は、ヒントを残してくれています。

同じく継嗣《けいし》のいなかった清寧天皇の記事と比較してみます。

『古事記』清寧天皇の段、「御子白髪大倭根子命坐伊波禮之甕栗宮治天下也此天皇無皇后亦無御子故御名代定白髪部故天皇崩後無可治天下之王也於是問日繼所知之王市邊忍齒別王之妹忍海郎女亦名飯豊王坐葛城忍海之高木角刺宮也」とあります。

意訳すると「清寧天皇は甕栗《かめぐり》宮で天下を治められた、天皇は皇后無く御子無し。故に御名代《みなしろ》として白髪部をもうけられた。天皇薨りし後、天下を治むべき王無く、ここにおいて、日嗣知らすべき王を問う、市辺押羽《いちのへのおしは》王（履中天皇の皇子とされる）の妹、忍海郎女《おしぬみのいらつめ》又の名飯豊《いいとよ》女王が角刺《つのさし》宮に坐《いま》して天下を治められた」です。重大な相違点が確認できます。

清寧天皇・白髪大倭根子命《しらがのおおやまとねこのみこと》は、後世に自分の名を遺すために白髪部をもうけられた、とあります。

一方、武烈天皇の段では、御子代（傍点部）となっています。武烈天皇の御名である小長谷《おはつせべ》を後世に残すのであれば御名代でなければなりません。皇子の名を遺すなら、御名代、又は御子代です。『古事記』編者は、御名代とすべきところを御子代と敢えて書き間違え、武烈天皇に太子・皇子が存在した事を後世に伝えようとしたと筆者は解釈します。

以下は、御子代についての補足説明です。

『古事記』には「御子代」と「子代」と書かれた記事が一件ずつあります。武烈天皇の右記の記事と、景行天皇の御子の伊登志和気《いとしわけ》王が子無く子代を定めた、とあるだけです。そこで、子無き場合に設けたのが子代ともとれるのですが、そうでは無いようです。平野邦雄氏の「子代と名代について」の論文によれば、津田左右吉《そうきち》氏の研究結果は、「子代とは、皇子の無いための代償でなく、既に存在する皇子のために、特に設けた民という意味に他ならぬ」を結論としています。

当然ですね、御子代とは、その名の通り、皇子の為の代《しろ》（土地）なのですから、苗代は、稲苗のための土地、御名代は、御名を後世に残すための土地です。当然、土地管理のための部民が配置されます。

津田左右吉氏の説では、子代、名代の記述について、「応神天皇紀」以前は信用できないとの判断だそうです。

武烈天皇の太子はおられたのです。

「百済本記」の「日本の天皇と太子、皇子ともに亡くなった」は、継体天皇に暗殺された武烈天皇一家なのです。継体天皇の二十五年（西暦五三一年）に百済軍営で聞いたことであって、その年に亡くなったとは伝えていません。『日本書紀』は、武烈天皇への弑逆を隠蔽《いんぺい》するために、あえて継体天皇の崩御年を繰りあげ、「百済本記」の記事を挿入して、大和本宮での一族惨殺を、消そうとしているのです。

次は、継体大王の周りに漂う百済臭（習）の謎を解きます。

■疑問点③　男大迹王の周りに漂う百済臭（習）の原因は何か

○『日本書紀』継体天皇二年、南の海の耽羅人《たんら》が初めて百済国に使いを送った、とあります。原文は、「南海中耽羅人初通百濟國」です。おかしいですよね、耽羅（済州島）の人が使いを大和に送ってきたなら分かりますが、何故、百済に初通した事を寿《ことほ》ぐのでしょうか。理解不能の記事です。書紀編者が何等かの目的を持って記したと考えるべきでしょう。

○『日本書紀』継体天皇三年のところに、百済に使いを送った。任那《みまな》の日本県邑に居る百済の百姓で、逃亡してきた者や本貫（戸籍）の不明な者を三、四代前まで探し出して、もろともに百済に送り還し、戸籍に付けた、とあります。原文は、「遣使于百濟、括出在任那日本縣邑百濟百姓浮逃絶貫三四世者、並遷百済附貫也」です。これもおかしい、百姓は国の宝、財産です。一旦、逃散して他国に逃げ入った生口《せいこう》は王の財産です。容易に返すものではありません。即位三年に還す意図は、これは、明らかに返礼です。

「継体天皇紀」は百済関係記事で埋め尽されていると言っても良いのですが、ただ、残念ながら改変可能な文献資料です。記事のすべてを信じる事は出来ません。

何らかの物的証拠は無いのでしょうか。

それがあるのです。

遠《とお》つ飛鳥《あすか》から吉野、五条、橋本と吉野川を下る約二〇キロの地にある隅田《すだ》八幡神社（図①）の宝鏡に刻鋳《こくちゅう》された銘文です。紹介します。

銘文「癸未年八月日十大王年男弟王在意柴沙加宮時斯麻念長奉遣開中費直穢人今州利二人尊所白上同二百旱所此意」の文字が刻まれています。文中の癸未《みずのとひつじ》の年が西暦五〇三年で、男弟王が男大迹王で、斯麻《シマ》が百済の武寧《ムリョン》王だとしたら、まさしく国宝です。

意訳します。

「癸未の年（西暦四四三年、五〇三年、または、五六三年）の八月、日十（読み不詳）大王の年、男弟王が意柴沙加《おしさか》（奈良の忍坂）宮に在る時、斯麻が長く奉じたいと念じて開中（辟中《べいちゅう》）の費直（郡将《こおりちか》）と穢人《わい》の今州利《こんつり》の二人を派遣し、上質の白銅二百旱《かん》許りで造った此の鏡を奉献する」

癸未の年が西暦五〇三年だとすると、大和では、億計《おけ》天皇（仁賢天皇）の七年です。隅田八幡神社宝鏡銘文には、略字が見られます。銅を同と刻鋳しています。億計の計は十と刻鋳しても違和感はありません。問題は、億を日と略す事ができるかです。

ここで、金石文に出てくる天皇名の書き方です。先に紹介した河内国安宿部郡国分の松岳山《まつおかやま》古墳

（前方後円墳・墳丘長 約一〇〇歩）出土とされる「船氏王後墓誌《ふなしおうごぼし》」では、次のように表現されています。

■乎娑陀《おさた》宮治天下天皇　（他田宮）敏達《びたつ》天皇
■等由羅《とゆら》宮治天下天皇　（豊浦宮）推古《すいこ》天皇
■阿須迦《あすか》宮治天下天皇　（飛鳥宮）舒明《じょめい》天皇

当然ですね、天皇本人はともかく、天皇の御名は、臣下がむやみに、書いたり呼んだりしてはいけないのです。今上《きんじょう》陛下とは言えても、徳仁《なるひと》陛下といってはならないのです。

億計天皇（仁賢天皇）の御名を直接書けない以上、計を十と略し、億は意とも書かれますので、日と略すのは、許容範囲と考えます。日十大王が億計大王である可能性は、筆者の感覚では、宝鏡銘の年代と合わせ、確率百パーセントに近いと思います。林順治著『日本古代国家の秘密』では、福山敏男氏が日十大王を億計天皇とし、日十をヒソと読むと指摘されている事を紹介しています。

次は、斯麻です。西暦五二三年に薨った百済武寧王の石板墓誌の銘文、「遼東大将軍百済斯麻王年六十二歳癸卯年五月崩到」の斯麻と漢字が一致します。

更に、宝鏡銘の男弟王と男大迹王の音も一致します。

『日本書紀』の男大迹王は、西暦五〇三年には何処に居たのでしょう。西暦五〇七年が天皇の元年で、正月、天皇行至樟葉宮と記されていますから、葛葉宮蹶起の四年前となります。宝鏡銘文が正しいとすれば、男大迹王は大和の忍坂に滞在して、周囲の情勢を探り、大和攻略の計画を練っていた事になります。男大迹王は、斯麻王の父王である東城王《トンソン》（牟大王）の王弟または庶弟の可能性があります。また、雄略天皇の段にある軍君渡来譚から蓋鹵《ケーロ》王の王弟である可能性も否定できません。軍君《コニキシ》渡来譚の検証のところで、牟大王の王弟か、蓋鹵王の王弟かを判断します。

どちらにしても、男大迹王が百済王家の出で、王の弟、または庶弟であり、大倭に渡来した王族《コニキシ》（軍君）である事が確認できました。

疑問点③で挙げた二点の謎は解けました。

■疑問点④　悪逆非道の王、武烈天皇への違和感

○池澤夏樹氏の新聞連載小説「ワカタケル」は、『日本書紀』「雄略天皇紀」の記述に基づいて執筆されています。小説の中に、「即位して二十五代大王となったワカサザキ（武烈天皇）は最悪の大王でした。又、たしかにワカタケル（雄略天皇）は粗暴でした、それに対して、ワカサザキはうまれついての邪悪でした」との記述があります。非常なる違和感を覚えます。本当でしょうか。

筆者はそうでは無いと確信しています。王朝交代の後、前王朝の王は「仁徳無し」として描かれるのが通例だからです。特に、河内王である雄略天皇は、尊き皇子達（貴種）を殺しまくっています。武烈天皇を徹底的におとしめなければ、雄略天皇の悪行が際立ってしまうのです。では、真実を探る為、武烈天皇の生涯を追ってみます。

筆者は、第七話で、武烈天皇は、仁賢天皇の御子ではなく、顕宗天皇の御子ではないか、と指摘

しています。そこで、三天皇の御陵の場所と御名を比較検証してみます。

御陵　　　　　　　　　　　　　和風諡号《しごう》

◆大和の片岡の石坏《いしつき》岡陵　　顕宗天皇　袁祁之石巣別命《をけのいわすわけのみこと》
◆河内の埴生《はにゅう》坂本陵　　　仁賢天皇　意祁王《おけのみこ》
◆大和の傍丘磐坏南丘陵《かたおかのいわつきのおかのみなみのみささぎ》　武烈天皇　小泊瀬稚鷦鷯《おわつせのわかささぎ》

さらに、仁賢天皇が雄略天皇を『古事記』の御陵の土の話の中で「かえりては、わが従父《おじ》」と言っています。顕宗天皇にとっては、おじでなくとも、仁賢天皇にとっては叔父なのです。原文は「還爲我之從父」です。仁賢天皇は、われらがおじとは言っていないのです。この二点から、仁賢天皇は、武烈天皇の父王ではないと推論できます。

『日本書紀』の武烈天皇の年紀は、次の通りです。なお、年齢は記入できませんでした。記紀を読み込みましたが、武烈天皇の年齢に関する情報は、得られませんでした。武烈天皇の即位の年を表①の仁賢天皇崩御の年（西暦五〇七年）、崩御の年は、継体天皇の大和王宮入りした西暦五二六年としました。

西暦五〇七年　　武烈天皇即位
西暦五〇八年　★妊婦の腹裂き
西暦五〇九年　★生爪剥ぎ
西暦五一〇年　★拷問墜落死

西暦五一一年　★三刃矛で殺戮
西暦五一三年　★矢で殺戮
西暦五一四年　★馬と交尾させた
西暦五二六年　武烈天皇崩御

崩御時の年齢がわからないので、即位後、七年間の★醜い行為が何歳で行われたかが、分かりません。もともと虚言《うそ》のため、これ以上追究しても、無駄でしょう。

伽耶《かや》系の武烈天皇から百済系の継体天皇への王朝交代です。新王朝の史官が、前王朝の最後の王の悪逆非道ぶりを強調し、新王朝の行った無道な殺戮を隠蔽するのです。

『日本書紀』の編者が、ウソである事を自白しています。天皇四年の墜落死による殺戮の記事の後に以下の記事が挿入されています。「この年、百済の末多《まった》王（東城王）が無道を行い、民を苦しめた。国人はついに王を捨てて、嶋王を立てた。これが武寧王である」とあります。

この挿入文は、次の内容を連想させるための誘導記事です。

「大和の武烈天皇が無道を行い民を苦しめた。大和の国人はついに稚鷦鷯《わかささぎ》を捨てて男大迹《をほど》王を立てた。これが継体天皇である」と言いたいのです。

騙《だま》されてはいけません。

ちなみに、末多王の無道とは、民への無道ではありません。百済血統の欽明王朝にとって新羅との融和を図った末多王が許せないのです。民を苦しめたは嘘言です。

「百済本紀」の記事は、東城王の新羅親和政策を伝えています。

西暦四七九年　文周王弟昆支之子、東城王即位

西暦四九三年　遣使、新羅に成婚を請う。

西暦四九五年　高句麗、百済雉壌城を包囲、新羅の帥兵が来援

西暦五〇一年　内紛により、王暗殺さる。武寧王即位

武烈天皇、小泊瀬稚鷦鷯の濡れ衣は晴れました。これで、男大迹王の王位簒奪の可能性が、より高まりました。

次は、男大迹王の崩御時の年齢です。全く異なる年齢二つが記録されているのです。

■疑問点⑤ 男大迹王の崩御年齢の謎

『日本書紀』は、継体天皇の崩御時の年齢を八十二歳と伝えています。一方、『古事記』は、天皇の御年四拾参歳、丁未の年（西暦五二七年）に崩りましき、と記しています。『日本書紀』の年齢が二倍年暦で記されているとすると、年齢は、四十一歳となります。しかし、四十代での崩御では、継体天皇の行った多くの事績と整合が取れません。葛葉宮挙兵から磐余玉穂宮入りまで二十年、玉穂宮入りが天皇の二十年、その後、天皇二十八年に崩御だと、挙兵は、十三歳前後です。到底、挙兵できる年齢ではありません。では『日本書紀』の八十二歳が正しいのでしょうか。

この謎解きが必須です。

『日本書紀』の「継体天皇紀」のはじめに、次の文章があります。

重要ですので全原文を紹介します。

「天皇幼年父王薨（振媛廼歎曰妾今遠離桑梓安能得膝養余歸寧高向高向者越前國邑名奉養天皇天皇壯大愛士禮賢意豁如也）天皇年五十七歳八年冬十二月己亥小泊瀬天皇崩元無男女可絶繼嗣」

意訳文は「天皇が幼年の時、父王（彦主人王）が薨《みまか》った。（…中略…）天皇（男大迹王）が五十七歳の時に、武烈天皇が在位八年で崩御された、継嗣が絶《と》だえた」、と記されています。

『日本書紀』の継体天皇即位年は西暦五〇七年ですので、西暦五三一年には、五十七歳に二十五年を足した八十二歳の高齢です。たしかに、『日本書紀』の崩御時の年齢と一致します。八十二歳は、平年暦での年齢の様です。書紀編者は、継体天皇を西暦四五〇年前後に誕生、八十二歳まで生きたとして天皇の年紀を執筆しています。

しかし、五十七歳の高齢で即位し、新たに、皇后に手白香《たしらか》皇女を迎えて、天国排開広庭《あめくにおしはらきひろには》（欽明天皇）を生ませ、七十八歳で磐井の乱を鎮定し、八十二歳で薨るでは、やや難があります。

ただ、手白香皇女が極めて若ければ、欽明天皇の懐妊は可能と考えます。手白香皇女は、仁賢天皇の皇女（実は顕宗《けんそう》天皇の皇女）とされます。皇女の誕生年を仮に西暦四八五年に設定すると、男大迹王の樟葉宮挙兵時は、ほぼ二十二歳、欽明天皇の懐妊は可能なのです。

継体天皇の崩御時年齢八十二歳が正しいとすると、西暦五二七年に御年四十三歳で没した王は、誰なのでしょう。ここからは、仮説です。

『古事記』の継体天皇の崩御記事が、継体天皇の二世の崩御記事の場合です。西暦五二七年に四十三歳で卒した王の誕生年は、ほぼ西暦四八五年です。その年、父王である男大迹王は四十歳、油の乗った年齢です。一連のこれまでの検証から、男大迹王は、磐余入りの西暦五二六年までは正式の大和王（天皇）ではありません。男大迹王は、五十歳を過ぎた頃に、世子に実権を移した可能性が高いのです。

当然、新天皇の即位ではありません。では、可能性の高い皇子は、誰でしょう。筆者は、『日本書紀』と『古事記』の書法（天皇家を万世一系の血統とする）から考えて、安閑《あんかん》王が河内血統、宣化《せんか》王が大和血統と判断していますので、両皇子を除きます。その根拠は、伝承されてきた各々の王の御陵の位置です。河内と大和にあります。

最も可能性が高い皇子は、男大迹王の根拠地の豪族である三尾角折君の妹の稚子《わかこ》媛が産んだ大郎《おおいらつこ》皇子（『古事記』では「天皇娶三尾君等祖名若比賣生御子大郎子」）です。大郎王は、正統の男大迹王の世子です。『日本書紀』の記す継体天皇の後半部の活躍が、大郎王と他の皇子、椀子《まろこ》皇子、耳《みみ》皇子などの事績である可能性があります。

『日本書紀』は、継体天皇の嫡子を欽明天皇としたため、継体天皇の他の皇子達の活躍を消し去ったと思われます。さらに、『古事記』には「天皇御年肆拾參歳丁未年四月九日崩也御陵者三嶋之藍御陵也」。

意訳すると「天皇は四十三歳で西暦四二七年の四月九日に亡くなった。御陵は、三嶋の藍の御陵です」となります。仮説は、さらに拡がります。

もし、継体天皇の世子である大郎王が、筑紫君磐井との決戦に物部麁鹿火《もののべあらかい》将軍に先んじて出陣し、戦死したとすると、西暦五二七年に四十三歳で死亡は、うなずけます。倭国王（石井）の戦死は、西暦四二七年の十一月です。この仮説が正しいとすると、三井の郡の戦いは、大和の将兵にとって、大郎王を殺した倭国軍との復習戦になります。大和の軍が禁忌である墓荒しを行ったのも理解できます。また『古事記』の継体天皇崩御記事から、大郎王が淀川北の三島の地にある太田茶臼山《ちゃうすやま》古墳または今城塚《いましろづか》古墳の主である可能性も指摘できるのです。

『古事記』が若くして戦死した継体天皇二世を記録に残した可能性があるのです。仁徳天皇の第五話と同じく、『日本書紀』ならびに『古事記』の「継体天皇紀」が男大迹王（継体天皇一世）と大郎王（継体天皇二世）の活躍を、合せて継体天皇の活動事績としている可能性が高いのです。ただ、たしかな証拠はありません。

次は、男大迹王が、いつ若狭経由で近江に渡来したか、です。

■疑問点⑥　男大迹王の若狭渡来の年はいつなのか

『日本書紀』は、雄略天皇の段に、軍君大倭渡来の記事を挿入しています。軍君の渡来年の記述もあります。ただ、昆支《コンジ》の渡来も伝えており、内容が錯綜しています。書紀編者が挿入した記事が何を伝えたいのかを吟味する必要があります。

『日本書紀』の記述を精査しましょう。

雄略天皇五年の記事に挿入された武寧《ムリョン》王誕生譚の内容は、次の通りです。再掲します。

①「乃《すなわ》ち、王（加須利君蓋鹵王也《かすりのきみケーロ》）の弟軍君（崑支王也）に曰く。汝宜しく日本に往き、以て天皇に奉侍せよと。軍君対して曰く、上君の命違い奉るべからず、願わくば君の婦を賜って、而して後、お遣し奉りたい」と。

②「加須利君、則ち以って　孕める婦を嫁さしめ、軍君に與えて曰く、我の孕める婦は既に當に臨月、若し往路で生まれなば大事に船に載せよ、随って何處かに至り、速やかに国に送り届けせしめよ」と。

③「六月丙戌朔の日、孕んだ婦は加須利君の言の如く、筑紫の加羅《かから》島で児が生まれた。仍《すなわ》ちこの児を名づけて曰く嶋君、即ち一船を仕立てて嶋君を国に送る。これが武寧王為り」と。

④「秋七月、軍君は京に入った。既に而も五子も有《も》っていた」と。

⑤さらに、「百済新撰」には、「辛丑の年に、蓋鹵王が弟の昆支君を遣し、大倭《やまと》に向かわせ、天王に侍さしめ、以って兄王との好（友誼《ゆうぎ》）を修めしむる」との説を紹介する記事も記載されている。

記事を吟味するための資料を用意しました。**図②と図③**は、「百済本紀」と『日本書紀』の百済王の血統図です。**図④**は継体天皇の出自（推定）の図です。

以上の記事の中の注記である（加須利君蓋鹵王也）と（崑支王也）には問題があります。「百済本紀」には、「武寧王即位、牟大王の第二子」とあり、「文周王弟昆支の子、東城王（牟大王）即位」とあります。嶋王（武寧王）は、昆支の子ではありません。この記述が正しいとすると、武寧王は昆支の孫です。また、昆支は百済王位には就いていません。最高位は内大臣佐平（内臣佐平）です。

図② 百済王家・血統図
（『日本書紀』による）

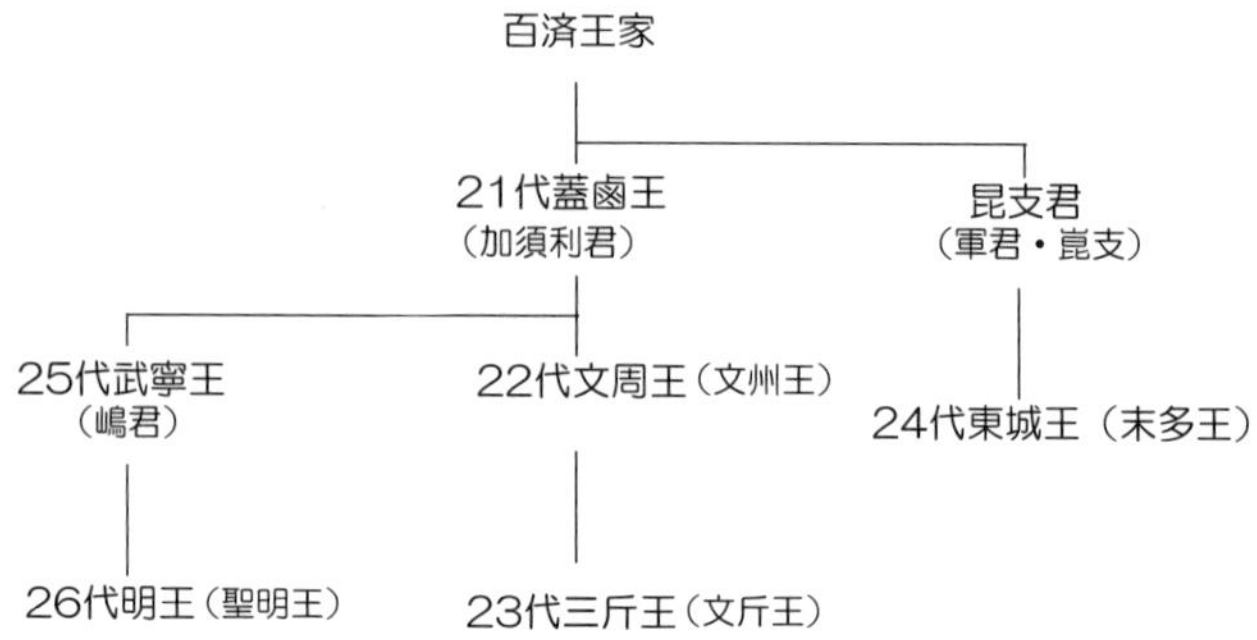

では「武寧王誕生譚」を吟味しましょう

◎内容の骨子は、次の通りです。

一、百済の王が、王の弟である軍君を日本（倭国もしくは大倭国）に派遣した。

一、軍君の渡来年と武寧王の誕生年は同じ年である。

一、軍君の渡来年は、辛丑《かのとのうし》の年（西暦四六一年）である、

至極、簡単です。

百済から西暦四六一年に、軍君が渡来した事を伝えているのです。史実と照合してみましょう。

○武寧王陵から発掘された墓誌石の銘から西暦五二三年に六十二歳で崩御と読み解けます。

その結果、武寧王（嶋王）の誕生年は西暦四六一年前後となります。軍君の渡来年も西暦四六一年前後となります。

○百済王として西暦四六一年に在位していたのは第二十一代蓋鹵王です。ここでは『日本書紀』の記述は、史実を正確に伝えています。

西暦四六一年は雄略天皇五年であり、百済では、蓋鹵王七年にあたります。この頃、高句麗の南下圧力が強まり、頻繁な百済への侵入が続いていました。

西暦四七二年の

図③ 百済王家・血統図
（「百済本紀」による））

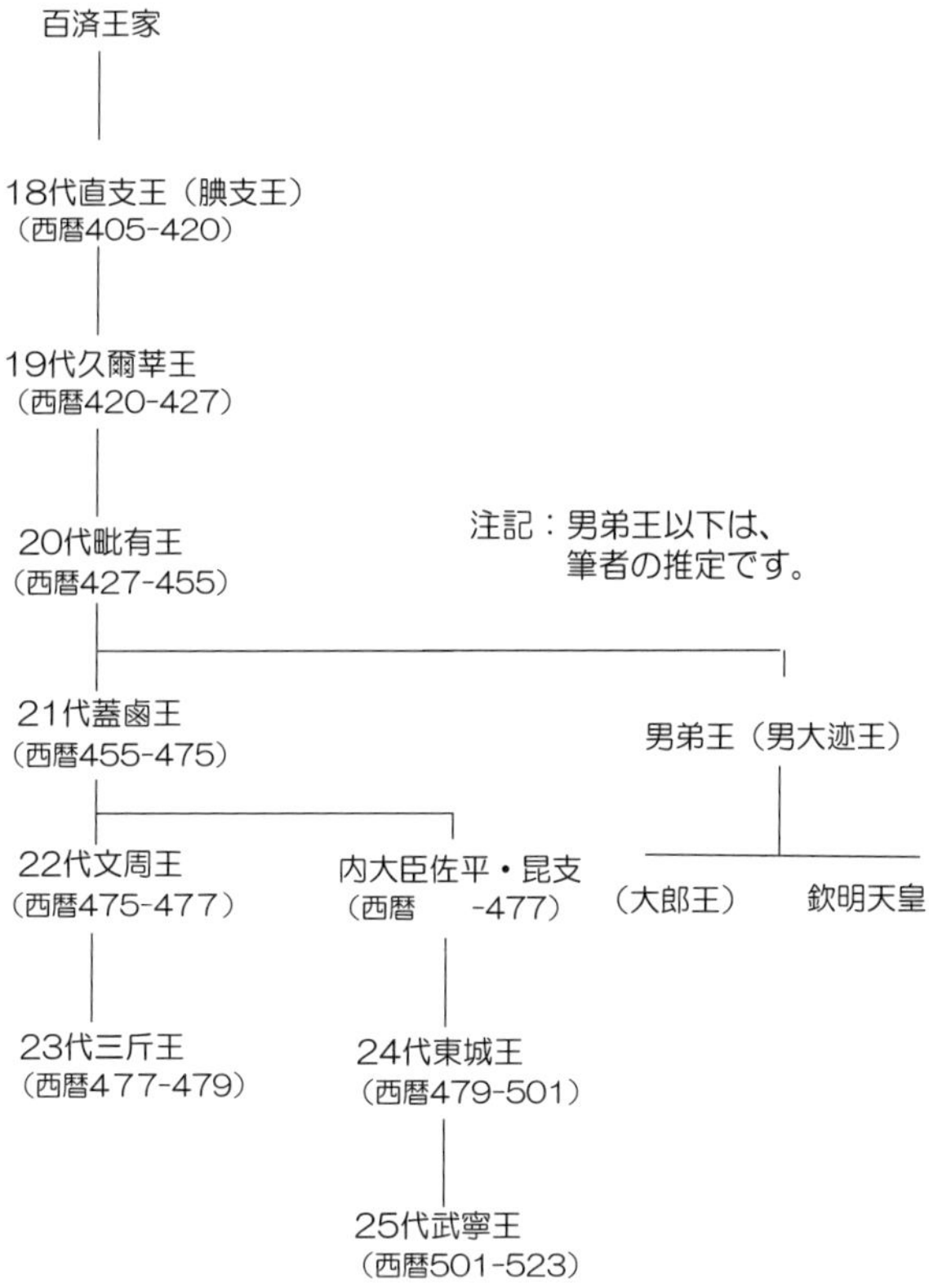

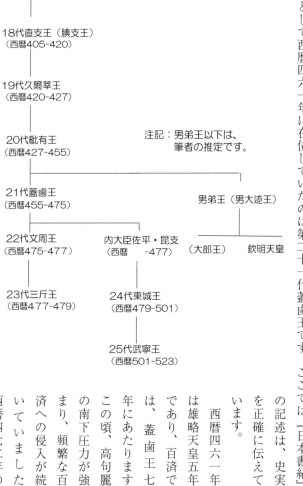

図④ 継体天皇の出自（推定）
（「百済本紀」準拠）

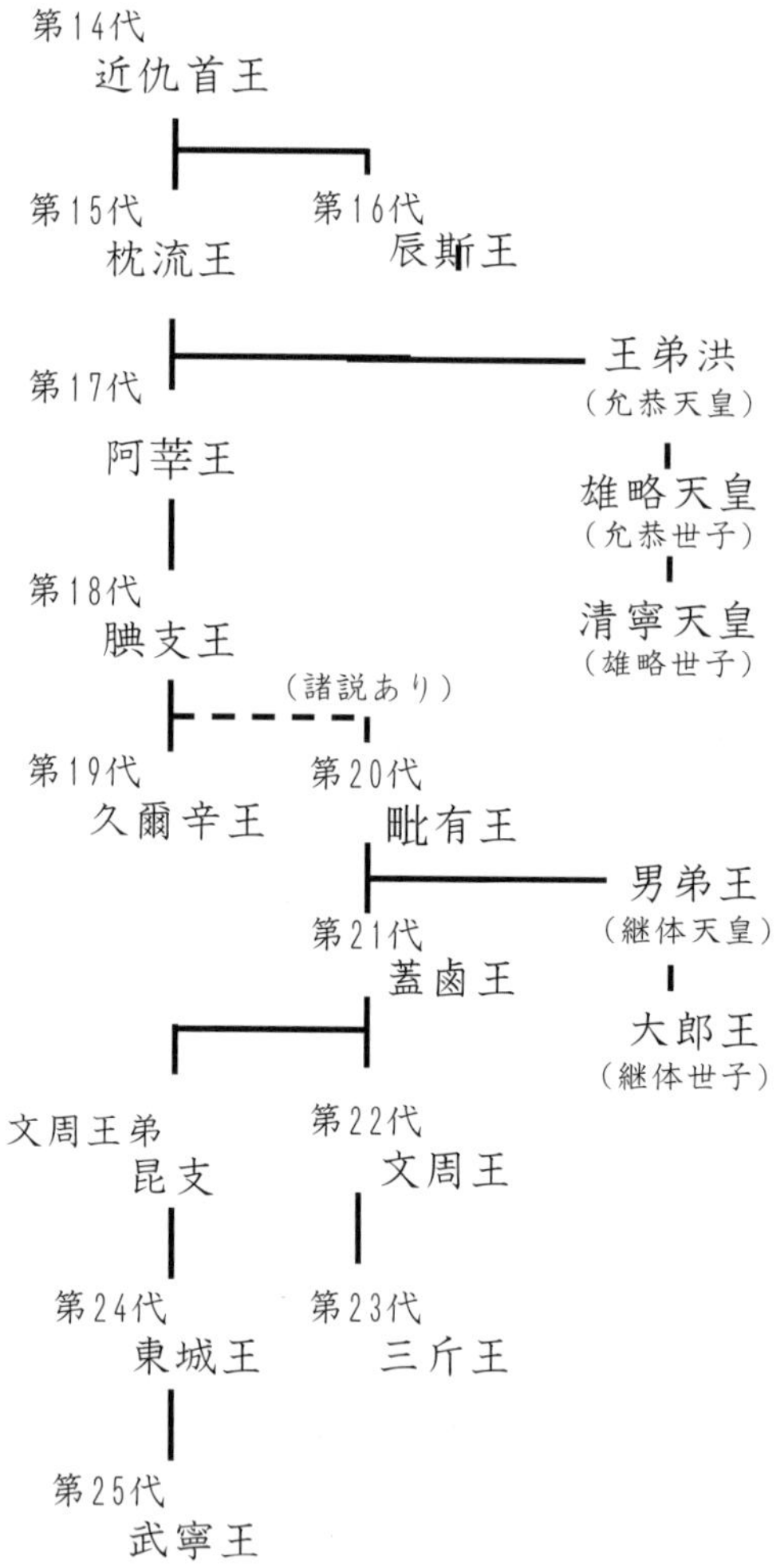

北魏《ほくぎ》への朝貢の際、蓋鹵王が、高句麗の不義を必死に上表しています。その三年後の西暦四七五年、高句麗兵三万の漢城包囲により王城である南北の漢城は陥落、蓋鹵王は逃亡を阻止され殺されるのです。この時、一旦百済は滅んだと云えるでしょう。滅亡前に、王弟を安全な国に亡命させるのは、賢明な策だったでしょう。

次は「軍君」の正体の解明です。

軍君とは何者なのでしょう。

軍君は、コニキシと訓みます。一般名詞です。特定の人物を指す語ではありません。コニキシ（又、コキシ）の原語は、鞬吉支（又、吉支）です。次の漢字の読みとして使われています、傍点部です。新羅国主（『古事記』）、新羅王子（「垂仁紀」）、百済王（「神功紀」）、其弟軍君（「雄略紀」）、百済国君（「新撰姓氏録」）、です。

先の疑問点、男大迹王の周りに漂う百済臭（習）の原因は何かで、継体天皇が百済武寧王から男弟王と呼ばれる存在であった事が分かります。

雄略天皇紀の「軍君」が男大迹王であると仮定して、齟齬《そご》が無いかを検証します。

もし西暦四六一年が亡命の年だとしたら、王弟の年齢は何歳でしょう。継体天皇の崩御年を天皇の二十八年である西暦五三四年とすると、軍君（男弟王）の誕生年は、崩御年齢八十二歳から逆算すると西暦四五三年前後です。男弟王は、ほぼ九歳にして、近淡海の豪族である三尾氏に預けられたと推算できます。

次は、継体大王崩御前の大事件について、です。

■疑問点⑦ 継体天皇二十一年の磐井の乱の原因は何か

『古事記』は、磐井の乱を簡潔に記述しています。「此御世竺紫君石井不従天皇之命而多无禮故遣物部荒甲之大連大伴之金村連二人而殺石井也」で終わりです。短い描写です。詳しく書けない理由があると思われます。現代語訳は「継体天皇の御代に、筑紫の石井、天皇の命に従わず多くの無礼あり、物部大連と大伴の連を派遣して、石井（磐井）を殺させた」です。反乱の原因を書き残していません。

これまでの検証により原因は明白です。

磐井の乱は、西暦五二七年に発生しています。その前年には男弟王（男大迹王）の磐余玉穂宮入りがありました。その際、正統大和（大倭）王である武烈天皇と太子、皇子が殺害されたと推定出来ます。

さて、我々（日本人）は、『日本書紀』編者に見事に騙されています。西暦五二七年は、倭国王の武が梁に遣使朝貢《けんしちょうけん》して、征東将軍号を与えられた西暦五〇二年から二五年しか経っていません。

ちなみに、戦後二五年は昭和四五年に当たります。筑紫国造磐井の君は、倭王武の子か孫なのです。半島南部と九州島北部を含む強大な海峡国家を支配した倭王の後裔なのです。

西の倭国と東の大倭国間の不可侵的な均衡の中で、百済渡来王子《コニキシ》による無道な大和侵攻が行われたのです。この頃、百済は筑紫倭国にとって領土を侵食する敵となっていました。筑紫倭国が、継体王朝に従わないのは当然なのです。男弟王こそ大和王に対する反逆者なのです。

すぐさま、戦端は切られました。

結果は、筑紫の三井郡の戦いで、筑紫倭王磐井が斬られ、筑紫兵は敗走しました。物部大将軍率いる大和の軍勢は、完勝できなかったようです。先に述べたように、継体天皇の皇子達が戦死した可能性もあります。物部の兵は、腹いせに、禁忌である墓荒しを行い、石人石馬を破壊し、宝物財宝を奪って撤退しました。戦後処理は、糟屋の屯倉の貢上で手打ちを行ったと伝えられています。

ここで疑問は何故、倭王武（筑紫の君石井の祖父または父王）の名前が伝わっていないのでしょう。継体王朝によって消されたのです。皇子の名は葛子《くずこ》に加えて、筑紫火中君、孫の筑紫火君の名が残されています（「欽明天皇紀」）。

なお、倭王武の名前が第三話で述べた「百済本記」に現れる、委意斯移麻岐彌《いのいしいまきみ》（倭の石井真君）である可能性があります。火中君、火君、真君、と名前に共通項が見られます。

次は、継体天皇紀に何故か挿入された安閑《あんかん》天皇と皇后の御歌《みうた》の不思議です。

■疑問点⑧ 安閑天皇の御歌の謎

『日本書紀』「継体天皇紀」七年に突然、安閑王と后《きさき》の御歌が出てきます。前後は、全て外交記事です。御歌の内容も含め、何かおかしいのです。天皇七年は、西暦五一三年です。

一体、書紀編者は、何を伝えたいのでしょう。

以下、勾大兄皇子《まがりのおおえ》（後の安閑王）と妃の御歌を紹介します。

訳文と原文（万葉仮名）を紹介します。

九月、皇子が春日皇女を妃に迎えられた、月夜に誘われて話に夢中になり朝方に及んだ時、突然の詩心が生じ、春詩が口からほとばしります。

皇子の問歌

八島国、妻待ちかねて、春陽の春日の国に、美女を、在りと聞きて、良女を、在りと聞きて、真木割き、桧板戸《ひのいたど》を押し開き、我入りまし、あととり、つま取りして、枕とり、つま取りして、妹が手を、我に巻かしめ、我が手をば、妹に巻かしめ、まさき蔦《つた》、たたきあそはり、ししくしろ、うまい寝んとに、にわつ鶏、かけは鳴くなり、野つ鳥、雉じは動よむ、愛しけくも、いまだ言わずて、明けにけり、吾ぎ妹《も》

（原文）野絁磨倶儞都磨々祁毎泥底播屢比能毎須我能倶儞々倶婆絁謎嗚阿利等枳々底與慮志謎嗚阿利等枳々底莽紀佐倶避能伊陀圖嗚飫斯毗羅枳倭例以梨魔志阿都圖唎都麼怒唎絁底魔倶囉圖唎都麼怒唎絁底伊慕我堤嗚倭例儞魔柯斯毎倭我堤嗚麼伊慕儞魔柯絁毎麼左棄逗囉　多々企阿蔵播梨矢泪矩矢慮于魔伊禰矢度儞儞播都等唎柯稽播儺倶儺梨奴都等利枳蟻矢播等余武婆絁稽矩謨伊麻娜以幡孺底阿開儞啓梨倭蟻慕

妃の返歌

こもりくの　初瀬の河ゆ　流れ来る　竹のいくみ竹よ竹　元へをば　琴に造り　末へをば笛に造り　吹き鳴す　みもろが上に　のぼりたち　我がみせば　つぬさはふ　磐余の池の　みなしだふ　魚も上に出て嘆く　やすみしし　我が大君の　おばせる　ささらの御帯の　結び垂れ　誰やし人も　上に出てなげく

（注記）返歌の傍点部、垂れ（陀例）と誰（駄例）は、葬礼の白き垂れ帛を連想させるものです。不吉な死もしくは死の予感です。

（原文）莒母唎矩能簸覩細能箚波庾那峨例倶屢駄開能以矩美娜開余嚢開謨等陛嗚麼莒等儞都倶唎須衞陛嗚麼府曳儞都倶唎府企儺須美母慮我紆陪儞能朋梨陀致倭我彌細麼都奴娑播符以簸例能伊開能美那矢駄府紆嗚謨紆陪儞堤々那皚矩野須美矢々倭我於朋枳美能於魔細屢娑佐羅能美於寐能武須彌陀例駄例夜矢比等母紆陪儞泥堤那皚矩

おかしい、おかしいのです。両歌が。同時に創られたとも思えません。

安閑天皇の御歌は、后との出会いの喜びの歌、春の歌、『古事記』の八千矛神《やちほこがみ》（大国主）の妻問い歌を想い起こさせます。一方、春日山田皇女の歌は死を伴う別れの歌です。哀悼の歌です。妃の返歌の中に、「倭我於朋枳美能」（わが大君の）との表現があります。皇子（勾大兄尊）に大君は、おかしい、不可解です。安閑天皇暗殺後に、皇后が我が大君を偲んで詠まれた御歌と思われます。

安閑天皇は、男大迹王または欽明皇子の放った刺客に殺されたと考えられます。

この歌は、安閑天皇と春日山田皇后を追悼すると共に、武烈天皇と春日娘子《かすがのいらつめ》皇后をも追悼する御歌であると確信します。両大君共に男大迹王に殺害されたと推論できます。理由は、武烈天皇が大和王、安閑天皇が河内王だからです。本州制覇を狙う勢力《せいりょく》にとって、両大王は、邪魔なのです。

◆大和王　武烈天皇（小泊瀬稚鷦鷯）　皇后　春日娘子命　大和磐坏丘《いわつきのおか》御陵

◆河内王　安閑天皇（勾大国押武金日王《まがりのおおえひろくにおしたけかなひ》）　皇后　春日山田赤見命　河内高屋丘御陵

『日本書紀』の編者は、皇后の名前の共通項（春日）を利用して、両大王への追悼の御歌を載せているのです。

大胆に歌の意味を解釈してみましょう。「楽しい時もありましたね、悲しい時もありましたね、両大王様、人生、それで善しとしましょう」との怨霊封じの御歌なのです。

以上の検証を基に、男弟王（男大迹王）の生涯と境涯を再現しました。

【年譜】

西暦四五三年　軍君（男大迹王）の誕生、一歳

西暦四五五年　百済蓋盧王（加須利君）即位

　同年　百済王弟軍君若狭渡来、九歳

西暦四六二年　百済武寧王（東城王の子）誕生、一歳

西暦四七五年　百済蓋盧王対高句麗戦で戦死、王子の文周王即位

西暦四七七年　百済文周王、佐平解仇に殺害される。

西暦四九七年　高麗（明治好王）軍、百済に来侵
西暦五〇一年　百済東城王（昆支の子）暗殺される。
　　同年　百済武寧王、即位。四十歳。男大迹王、四十九歳
西暦五〇三年　男大迹王、大和の忍坂に滞在。五十一歳
西暦五〇七年　男大迹王、葛葉宮を創設、天皇元年（『日本書紀』五十五歳）
　妃・稚子媛　子・大郎皇子、出雲皇女
　妃・広媛　子・神前皇女、茨田皇女、馬来田皇女
　妃・関媛　子・茨田大郎皇女、白坂活日姫皇女、小野稚郎皇女
　妃・倭媛　子・大娘子皇女、椀子皇子、耳皇子、赤姫皇女
　妃・荑姫　子・稚綾姫皇女、円娘皇女、厚皇子
　妃・広姫　子・兎皇子、中皇子
　この頃、正后の手白香皇女が欽明天皇を生まれる。
西暦五一一年　男大迹王、綴喜宮に移る。
西暦五一二年　武寧王、来攻した高麗軍を撃破、王五十一歳
西暦五一八年　男大迹王、弟国宮に移る。
西暦五二三年　武寧王崩御、六十二歳。男大迹王七十一歳
西暦五二六年　男大迹王、磐余玉穂宮を攻略、七十四歳

西暦五二七年　筑紫国磐井の叛乱（倭・大倭戦争）、男大迹王、七十五歳
西暦五三四年　継体天皇二八年崩到、八十二歳

なお、**表②**に百済武寧王と継体大王の年譜を比較できる継体大王紀を載せています。

【百済王家】

（四五二）毗有王子の軍君《コニキシ》誕生
（四五五）蓋鹵王即位（王都漢城）
（四六一）百済の武寧王誕生
蓋鹵王弟軍君若狭渡来
（四七五）高麗兵四万来寇蓋鹵王戦死
文周王即位（王都熊津）
（四七七）文周王弟昆支を内臣佐平に
秋、文周王弟昆支卒（亡）
（佐平解仇が暗殺？）

「継体大王紀」（史実を参考、推定）

★（四六一）軍君・男弟王九歳、亡命
☆三尾氏に預けられる
☆軍君が三尾稚子姫に入婿
★（四八四）妃雅子姫が元子である
大郎皇子を産む
☆軍君が尾張目子姫を妃に

継体帝

表②「継体大王紀」（復元）

西暦500年

（五〇一）武寧王　即位
（嶋王武寧四十歳）

（五〇三）武寧王が献鏡（男弟王へ）
（隅田八幡宮宝鏡）

（五一二）百済が任那四県を併合
（上哆唎・下哆唎・娑陀・牟婁）

（五二三）武寧王　薨去
（嶋王武寧六十二歳）

（五三八）百済の國号を南扶餘に変更
都を夫理に移す

☆軍君、意柴沙加宮に滞在

★（五〇七）継体大王が宮を創建
（河内國交野郡の葛葉宮）
☆継体、手白香皇女を后に
☆継体太子欣明皇子誕生
元年

★（五一一）山城國綴喜宮（営）建設
五年

★（五一八）山城國乙訓宮（営）建設
一二年

★（五二六）継体が大倭王宮を攻陥す
（天皇皇太子皇子が死亡）
二〇年

★（五二七）筑紫国造磐井の乱
継体元子の大郎王薨る
（大郎王四三歳）

★（五三四）継体天皇が薨る、八二歳
二八年

★（五三九）欽明天皇が即位
【欽明朝が始まる】

『古事記』の継体天皇の崩御年と崩御年齢が継体天皇二世である世子大郎王の記録の場合、『日本書紀』継体天皇二八年崩御、八十二歳の記述は、男大迹王（男弟王）の出自を残す事を目的に書かれたと推定します。「欽明天皇紀」における百済と任那関係記事で埋められた天皇の年紀は、継体天皇と欽明天皇の本貫がどこなのかを如実に物語っています。

前述した武寧王王陵に眠る武寧王の棺には、日本産の高野槇《こうやまき》の木棺が置かれていたそうです。男弟王が用意した可能性があります。男弟王は、三韓（朝鮮半島南部）が本貫の地なのです。欽明天皇崩御は、西暦五七一年、伽耶《かや》（任那《みなま》）滅亡は西暦五六二年です。

欽明天皇の遺訓を紹介します。

『日本書紀』欽明天皇三二年春三月五日、坂田の耳子郎君《みみこのいらつきみ》を新羅に遣使して、任那滅亡の故を問責。この月、高句麗の献物《けんもつ》と上表文を天皇に奉呈できず、良き日を待った。夏四月十五日、天皇が病に倒れられた。皇太子は不在、驛馬にて呼び寄せ、病床に引入れ、手を執って言われた。

「朕《ちん》の病、甚《はなは》だし、以後の事は汝（敏達《びたつ》天皇）に任す。汝すべからく新羅を討って任那を再興せよ。更に旧の如く任那と相和すならば、朕は思い残す事はない」と。

この月、天皇、遂に御殿寝所で崩御された、年齢はいくばく（若干）。

しかしながら、欽明天皇の想いは実現不可能なのです。

任那と筑紫倭国は、兄弟国家・連合国家といって良い関係です。筑紫倭国王である磐井君への攻撃は、任那王への背信でもありました。筑紫倭国の軍事力が、任那に対する百済や新羅の攻勢圧力をかろうじて支えていたのです。任那王が、大和王と筑紫王を殺した欽明王朝に従う訳がありません。うがった見方をすれば、白村江《はくそんこう》への派兵も、筑紫水軍壊滅のために欽明王朝が仕組んだ陰謀かも知れません、が、本書は、継体天皇までの謎の解明ですので、これ以上の深入りはしません。

なお、今回で謎解きを終わりますので、「第一話　神武天皇の謎」で紹介した表⑦「記紀勘校天皇年紀」の最終版を**表**③に載せておきます。本来、三大王の鼎立《ていりつ》ですので、一系の大王年紀では表わせません。無理に一系化した天皇年紀です。ご容赦下さい。

以下、継体天皇に関する検証結果のまとめです。

男大迹王の本貫は百済之国、幼名不詳。第二十一代蓋鹵王の王弟、九歳にして越前国三国に亡命、苦節を経て五十五歳にして樟葉宮で反大和蹶起、二十年後、大和磐余玉穂之宮に攻め入り、武烈天皇、太子、皇子を殺害、大和王となる。

阿花王《おくえおう》の王弟洪（允恭天皇）の渡来時期は、第六話で、西暦四〇五年前後と推論しました。蓋鹵王王弟である男弟王（継体天皇）の渡来は、西暦四六一年と考えられます。この頃、百済王家は、伽耶地域を百済の版図に取り込む為、恩義ある倭国を裏切り、その背後の大倭を味方とすべく動いていたと考えます。遠交近攻策です。策は実現しました。

継体天皇が大倭の実権を握り、西暦五二七年、筑紫倭国に攻め入ったのです。果たして成功だったのでしょうか。筑紫倭国の弱体化により、伽耶地域が新羅に接収され、百済は、宿敵である新羅

表③「記紀勘校天皇紀」（最終版）

御名	即位年	在位年数	崩御年	血統	分類
神武天皇	A. C. 181	20	A. C. 200	神武血統	南大和王
綏靖天皇	A. C. 200	8	A. C. 207	神武血統	南大和王
安寧天皇	A. C. 207	10	A. C. 216	神武血統	南大和王
懿徳天皇	A. C. 216	9	A. C. 224	神武血統	南大和王
孝昭天皇	A. C. 224	21	A. C. 244	孝昭血統	中大和王
孝安天皇	A. C. 244	26	A. C. 269	孝昭血統	中大和王
孝霊天皇	A. C. 269	19	A. C. 287	孝昭血統	中大和王
孝元天皇	A. C. 287	15	A. C. 301	孝昭血統	中大和王
崇神天皇	A. C. 302	17	A. C. 318	崇神血統	大和王
景行天皇	A. C. 317			崇神血統	大和王
五百城入彦王				崇神血統	大和王
品陀真若王				崇神血統	難波王
去来紗別王			A. C. 406	崇神血統	難波王
大雀王	A. C. 406	22	A. C. 427	崇神血統	難波王
去来穂別王	A. C. 427	6	A. C. 432	崇神血統	難波王
瑞歯別王	A. C. 432	6	A. C. 437	崇神血統	難波王
木梨軽王	A. C. 437			崇神血統	大和王
穴穂王				崇神血統	大和王
雄略天皇			A. C. 489	允恭血統	河内王
清寧天皇	A. C. 490	5	A. C. 494	允恭血統	河内王
飯豊女王	A. C. 494	1	A. C. 494	崇神血統	大和王
顕宗天皇	A. C. 494	3	A. C. 496	崇神血統	大和王
仁賢天皇	A. C. 496	12	A. C. 507	允恭血統	河内王
武烈天皇	A. C. 507	20	A. C. 526	崇神血統	大和王
継体天皇	A. C. 526	9	A. C. 534	百済血統	大倭王

と直接対峙する事になります。

伽耶と倭国の衰退が、西暦六六〇年の百済国の滅亡へと繋がるのです。

補章　前方後円墳の時代

■大和・河内の古墳

「第一話　神武《じんむ》天皇の謎」から「第八話　継体《けいたい》天皇の謎」まで、日本国成立までの歴史の真実を探求すべく、論考作業を進めてきましたが、奇しくも、前方後円墳の時代の初期から晩期までを検証してきた事にもなりました。

　歴史研究のために最も信頼のおけるのが、大王墳としての前方後円墳です。その規模、立地、分布、埋葬品から、権力の推移が読みとれます。たとえば、継体天皇の御子《みこ》とされる安閑《あんかん》天皇を河内《かわち》王、宣化《せんか》天皇を大和王と判断しましたが、根拠は御陵《ごりょう》のありかです。記紀の記事、伝承、『延喜式《えんぎしき》諸陵寮《しょりょうりょう》』などの記述と照らし合わす事で、記紀の記述を勘校《かんこう》・校正できます。

　前方後円墳の晩期の古墳（御陵）を推定・検証してみます。ほぼ六世紀築造とされる大型の古墳です。大和王、河内王と、勃興する北摂《ほくせつ》王の姿が浮かびあがってきます。

（大和の古墳）

◆狐井城山《きついしろやま》古墳（顕宗《けんそう》天皇御陵）墳丘長《ふんきゅうちょう》一四〇米《メートル》（約一〇〇歩《ぶ》）　五世紀後半・六世紀初頭

顕宗天皇を傍丘磐坏丘陵《かたおかのいわつきのおかのきたのみささぎ》に葬った。　（『日本書紀』）

◆西山塚古墳

（武烈《ぶれつ》天皇御陵）　墳丘長一一四米（約八〇歩）　六世紀前半

武烈天皇を傍丘磐坏丘陵に葬った。　（『日本書紀』）

（注記）武烈天皇を父王である顕宗御陵に追合葬した可能性が考えられますが、御陵候補を挙げるとすれば、西山塚古墳です。武烈天皇の崩御年を西暦五二六年とした場合、推定築造時期が合致し、かつ大王墓として許容できる御陵は、西山塚古墳のみとなります。大和古墳群では、殆どの古墳の前方部が西面する古墳の中で、本古墳は北面しています。特殊な御陵の様です。ただ、御陵の位置が『日本書紀』の記述（馬見古墳群・西大和）と一致しません。

なお、『古事記』は御陵の位置を伝えていません。

◆鳥屋見三才《とりやミサンザイ》古墳

（宣化天皇御陵）　墳丘長一三八米（約一〇〇歩）　六世紀前半

宣化天皇を大和国の身狭桃花鳥坂上陵《むさのつきさかのえのみささぎ》に葬った。　（『日本書紀』）

（河内の古墳）

◆白髪山古墳

（清寧《せいねい》天皇御陵）　墳丘長約一一五米（約八〇歩）　六世紀前半

清寧天皇を河内の坂戸原陵に葬った。　（『日本書紀』）

◆野中ボケ山古墳

（仁賢《にんけん》天皇御陵）　墳丘長約一二二米（約九〇歩）　六世紀前半

仁賢天皇を埴生坂本陵《はにゅうのさかもとのみささぎ》に葬った。　（『日本書紀』）

◆高屋城山古墳（安閑天皇御陵）墳丘長 約一二二米（約八〇歩）　六世紀前半

安閑天皇を河内の古市高屋丘陵《ふるちのたかやのおかのみささぎ》に葬った。（『日本書紀』）

大和と河内の旧来勢力の大王墓は、財力（資力）の低下により規模が縮小している事が分かります。ほぼ、古代尺で約一〇〇歩（一三八米）以下です。前に述べているように、盟主墓としての格式を備えた王陵の規模は、約一五〇歩（二〇八米）以上が標準です。次に述べる河内大塚山古墳と五条野丸山古墳が盟主墓に相当します。

河内と大和に築かれた両巨大古墳こそ新興王朝に相応《ふさわ》しい古墳です。大和や河内の人々は、新しい巨大御陵を観る事で、誰が王者なのかを知る事になるのです。なお、新興王朝の権力が確立すれば巨大古墳の必要は無くなります。暫時、方墳、八角墳等に移行します。大王古墳の大きさが財力と軍事力を表した時代は終わったのです。古墳時代の終焉です。

【終末期大型古墳】

◆今城塚古墳（大郎王御陵か）墳丘長一九〇米（約一四〇歩）　六世紀

大阪府高槻市所在

継体天皇を藍野陵《あいののみささぎ》に葬った。（『日本書紀』）

継体天皇御陵としては、やや小さい。継体大王の世子陵の可能性。

◆河内大塚山古墳（継体天皇御陵）墳丘長三三五米（約二五〇歩）　六世紀後半

大阪府松原市所在

偉大な大王古墳の大きさ、継体天皇の未完墓の可能性、大。

◆五条野丸山古墳（欽明《きんめい》天皇御陵）墳丘長三一八米（約二三〇歩）六世紀後半

橿原市所在

欽明天皇を桧隈坂合陵《ひのくまのさかあいのみささぎ》に葬った。（『日本書紀』）

偉大な大王古墳の大きさ、欽明天皇御陵の可能性、大。

参考までに、図①と図②に、第二十九代欽明天皇御陵（桧隈坂合陵）と第三十二代崇峻《すしゅん》天皇御陵（倉橋崗之上）と著者が推論する天皇古墳の外形と墓室の図、並びに石棺の写真を紹介しておきます。終末期の前方後円墳（御陵）と、それに代わる方墳（御陵）の御陵です。

外形が変わっても石棺が同様の様式である事が分かります。天皇御陵の内部写真は大変貴重です。本来、御陵の内部を観る事は許されていません。貴重な学術資料です。ここで崇峻天皇御陵として紹介した赤坂天王山古墳は、忍坂に近い奈良県桜井市倉橋の地にあります。驚く事に、自由に墓室に入れるようです。

■大王墓の比定

次に、第一話から第八話までの検証を基に大王墓の比定（推定御陵）結果をまとめました。墳丘長の歩数はおおよそです（図③に各地域大王の血統図をまとめてあります）。

表①　大和・難波歴代王の御陵　開化天皇から武烈天皇までの御陵

図① 五条野丸山古墳
（欽明天皇御陵）

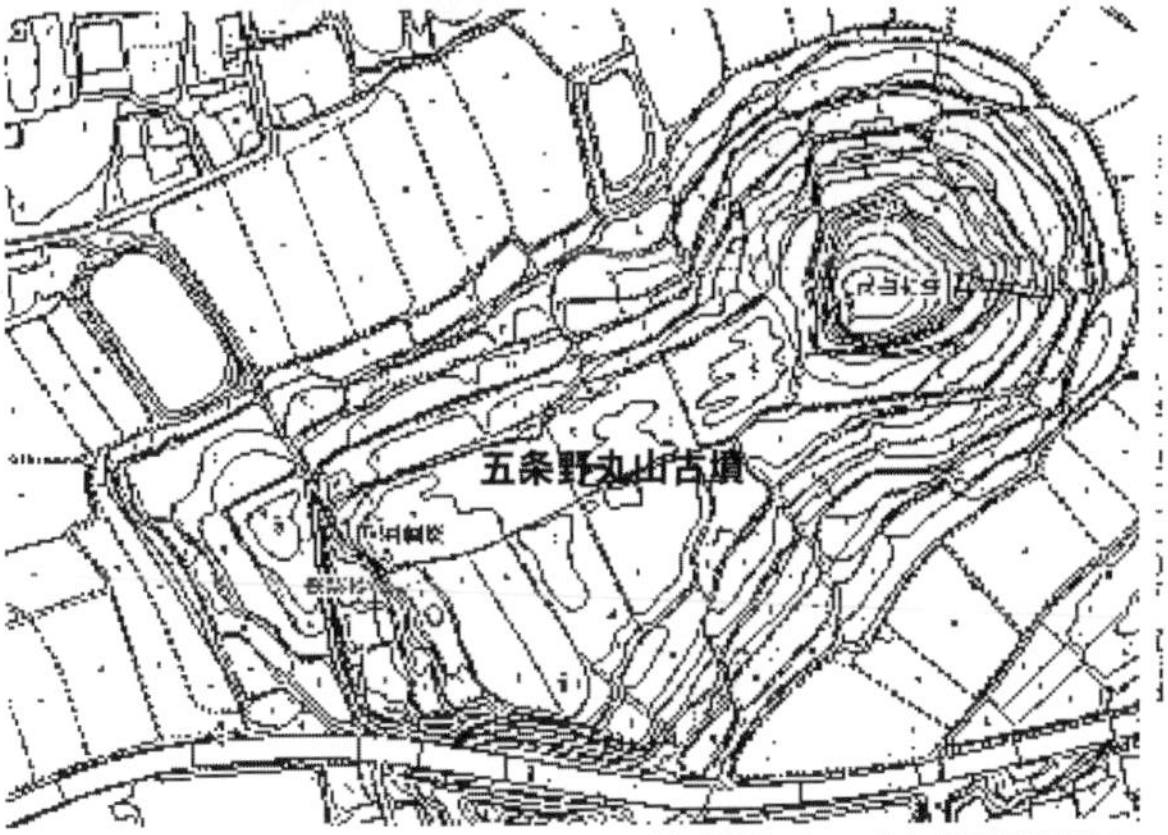

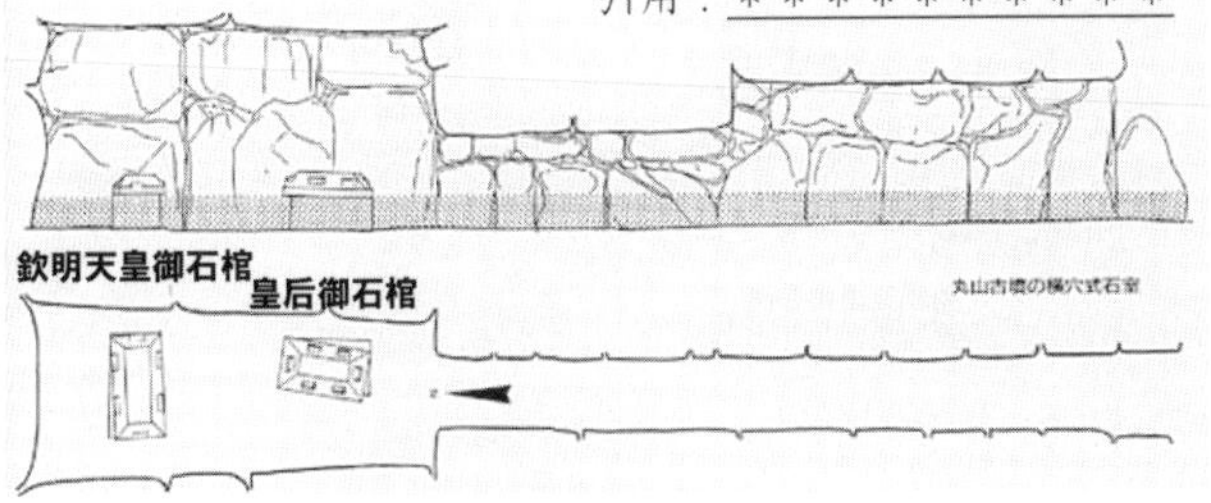

宮内庁発表資料ならびに奈良国立文化財研究所作成の地形図より、一部加工

図② 赤坂天王山古墳

（崇峻天皇御陵）

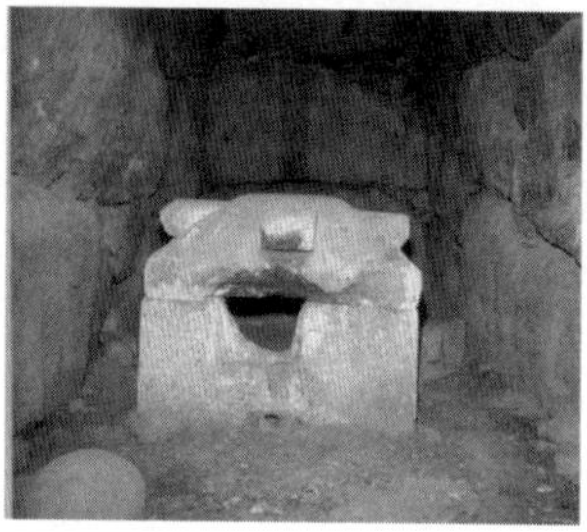

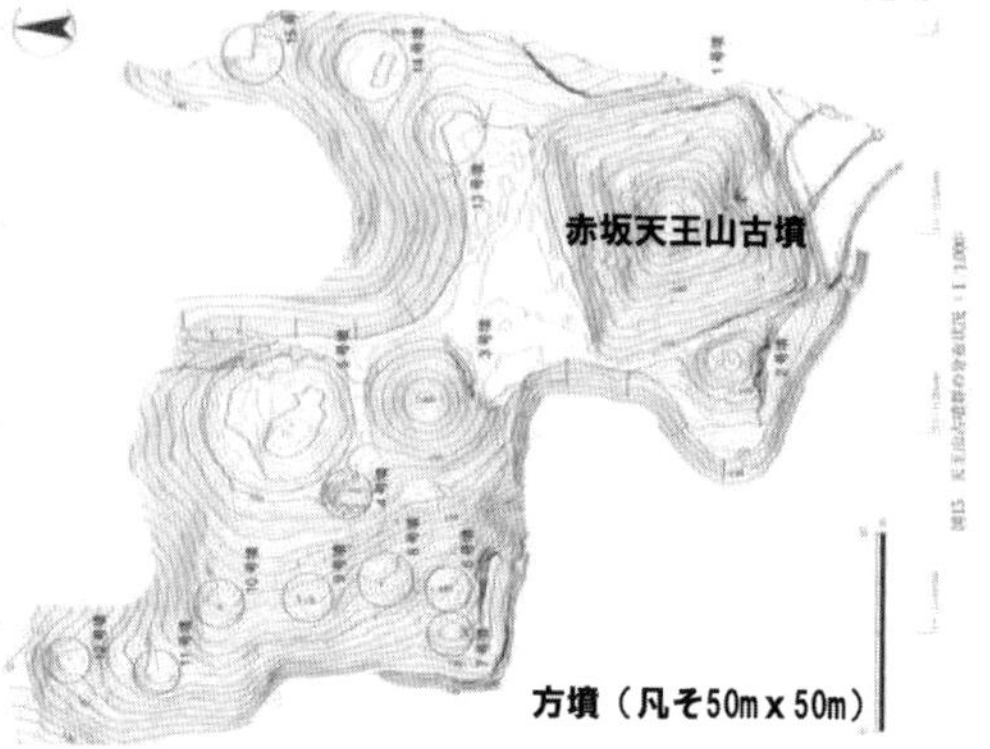

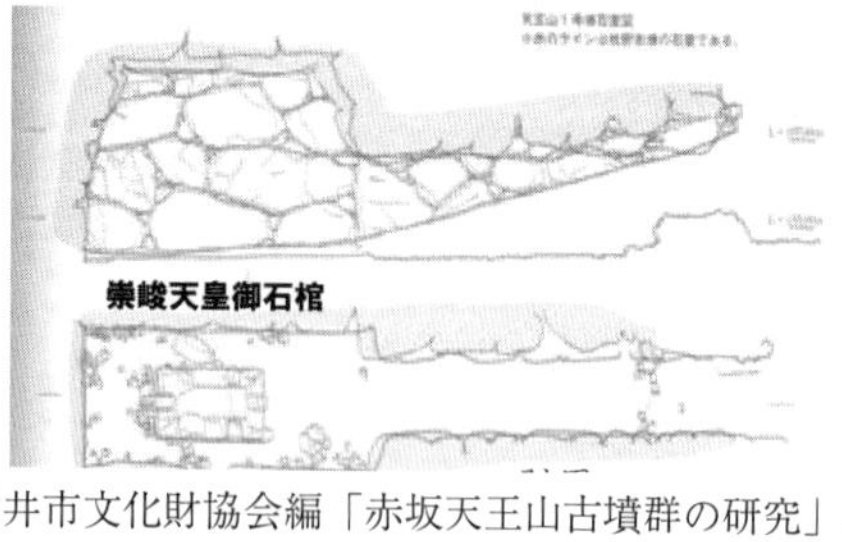

公益財団法人桜井市文化財協会編「赤坂天王山古墳群の研究」より、一部加工

図③ 古墳時代の大王血統図（再現）

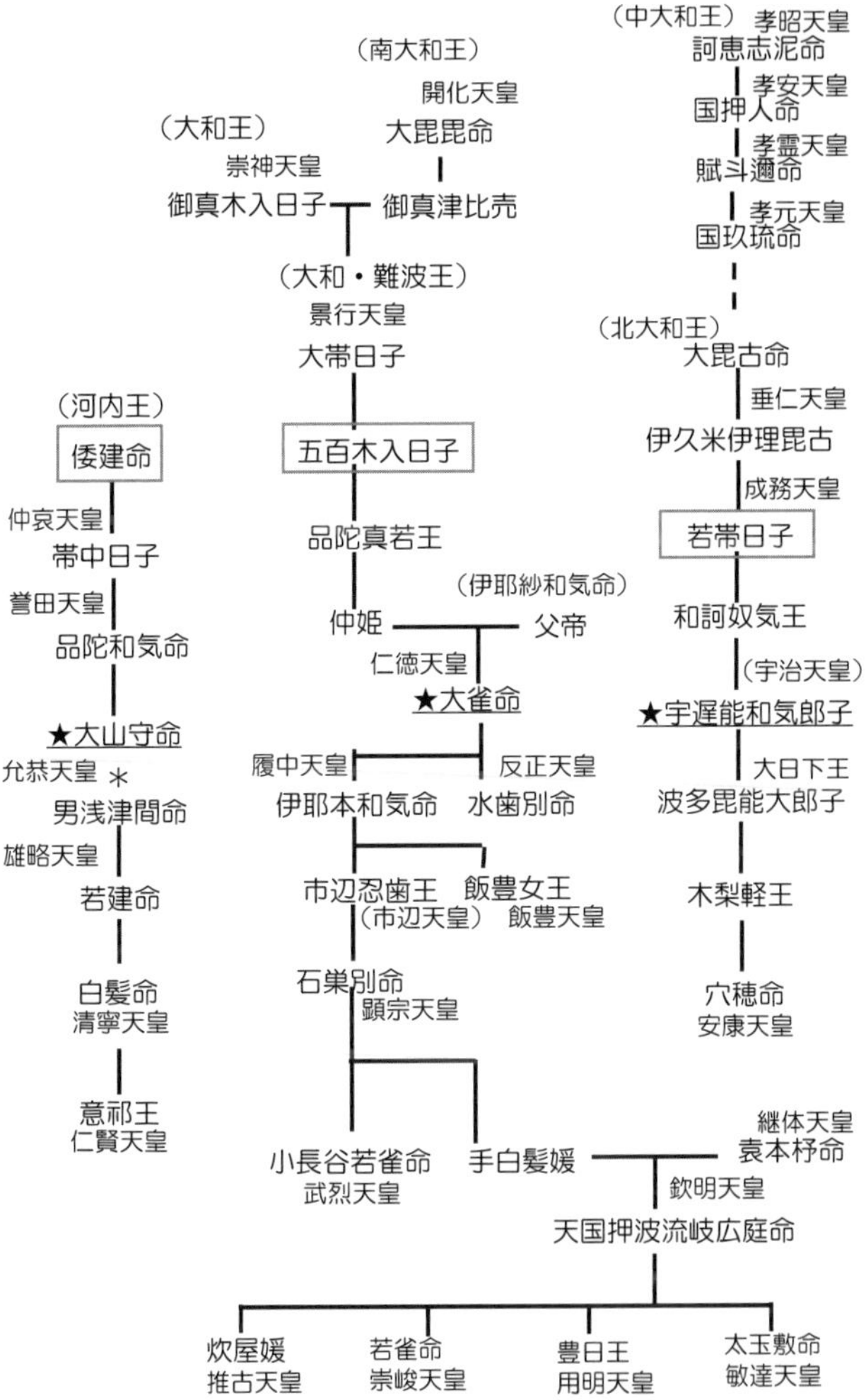

表① 大和／難波歴代王の御陵（推定）

大王名	推定御陵	墳丘長	所在	古墳群
開化天皇	（メスリ山古墳）	180歩	桜井市	鳥見山古墳群
崇神天皇	（行燈山古墳）	180歩	天理市	柳本古墳群
景行天皇	（渋谷向山古墳）	220歩	天理市	柳本古墳群
五百入彦王	（津堂城山古墳）	150歩	藤井寺市	古市古墳群
品陀真若王	（大塚山古墳）	120歩	堺市	百舌鳥古墳群
伊耶紗和気命	（上石津ミサンザイ古墳）	260歩	堺市	百舌鳥古墳群
仁徳天皇	（大仙陵古墳）	350歩	堺市	百舌鳥古墳群
履中天皇	（土師ニサンザイ古墳）	210歩	堺市	百舌鳥古墳群
反正天皇	（反正山古墳）	150歩	松原市	（古市古墳群）
市辺天皇	（屋敷山古墳）	100歩	葛城市	（馬見古墳群）
飯豊天皇	（北花内三歳山古墳）	60歩	葛城市	（馬見古墳群）
顕宗天皇	（狐井城山古墳）	100歩	香芝市	馬見古墳群
武烈天皇	（西山塚古墳）	80歩	天理市	大和古墳群

表② 河内歴代王の御陵（推定）

大王名	推定御陵	墳丘長	所在	古墳群
倭建命	（古室山古墳）	110歩	藤井寺市	古市古墳群
仲哀天皇	（仲津山古墳）	210歩	藤井寺市	古市古墳群
誉田天皇	（誉田御廟山古墳）	310歩	羽曳野市	古市古墳群
大山守命	（墓山古墳）	160歩	羽曳野市	古市古墳群
允恭天皇	（市之山古墳）	170歩	藤井寺市	古市古墳群
雄略父王	（前之山古墳）	150歩	羽曳野市	古市古墳群
雄略天皇	（岡ミサンザイ古墳）	180歩	藤井寺市	古市古墳群
清寧天皇	（白髪山古墳）	80歩	羽曳野市	古市古墳群
仁賢天皇	（野中ボケ山古墳）	90歩	藤井寺市	古市古墳群

表③　大和歴代王の御陵（推定）

大王名	推定御陵	墳丘長	所在	古墳群
孝昭天皇	（中山大塚古墳）	90歩	天理市	大和古墳群
孝安天皇	（西殿塚古墳）	160歩	天理市	大和古墳群
孝霊天皇	（東殿塚古墳）	100歩	天理市	大和古墳群
考元天皇	（燈籠塚古墳）	80歩	天理市	大和古墳群
大毘古王	（五社神古墳）	200歩	奈良市	佐紀古墳群
垂仁天皇	（宝来山古墳）	160歩	奈良市	佐紀古墳群
成務天皇	（石塚山古墳）	160歩	奈良市	佐紀古墳群
和訶奴気王	（陵山古墳）	150歩	奈良市	佐紀古墳群
宇治天皇	（コナベ古墳）	150歩	奈良市	佐紀古墳群
大草香王	（市庭古墳）	180歩	奈良市	佐紀古墳群
木梨軽王	（ウワナベ古墳）	180歩	奈良市	佐紀古墳群
安康天皇	（ヒシアゲ古墳）	160歩	奈良市	佐紀古墳群

表④ 大和／葛城大王の御陵（推定）

大王名	推定御陵	墳丘長	所在	古墳群
去来真稚王	（室宮山古墳）	170歩	御所市	
（一言主王）	（河合大塚山古墳）	160歩	河合町	

表⑤ 女王の御陵（推定）

大王名	推定御陵	墳丘長	所在	古墳群
百襲媛尊	（箸墓）	200歩	桜井市	鳥見山古墳群
御間城姫	（茶臼山古墳）	150歩	桜井市	鳥見山古墳群

表⑥ 百済の前方後円墳（最大墓）…参考まで

大王名	古墳名	墳丘長	所在	古墳内部
不詳	海南長鼓峰古墳	60歩	馬韓最南部	筑紫の古墳に酷似

表②　河内歴代王の御陵　倭建命《やまとたけるのみこと》から仁賢天皇までの御陵
表③　大和歴代王の御陵　孝昭《こうしょう》天皇から安康《あんこう》天皇までの御陵
表④　葛城《かつらぎ》大王の御陵　去来真稚《いざのまわか》王の御陵
表⑤　女王の御陵　百襲媛《ももそひめ》と御間城姫《みまきひめ》の御陵
表⑥　百済の前方後円墳　倭系吉支《コキシ》の王陵

さらに、畿内の大型古墳の埋葬王の御陵の分布を図④に示しました。

図④で、埋葬王を推定出来なかったのは、馬見《うまみ》古墳群の築山古墳（約一五〇歩）と川合大塚山古墳（一六〇歩）、北摂の太田茶臼山《ちゃうすやま》古墳（約一六〇歩）です。三基ともに、十分な大王墓の大きさを持ちます。川合大塚山古墳は、雄略天皇が葛城山《かつらぎやま》で出会った一言主命《ひとことぬしのみこと》の御陵なのでしょう

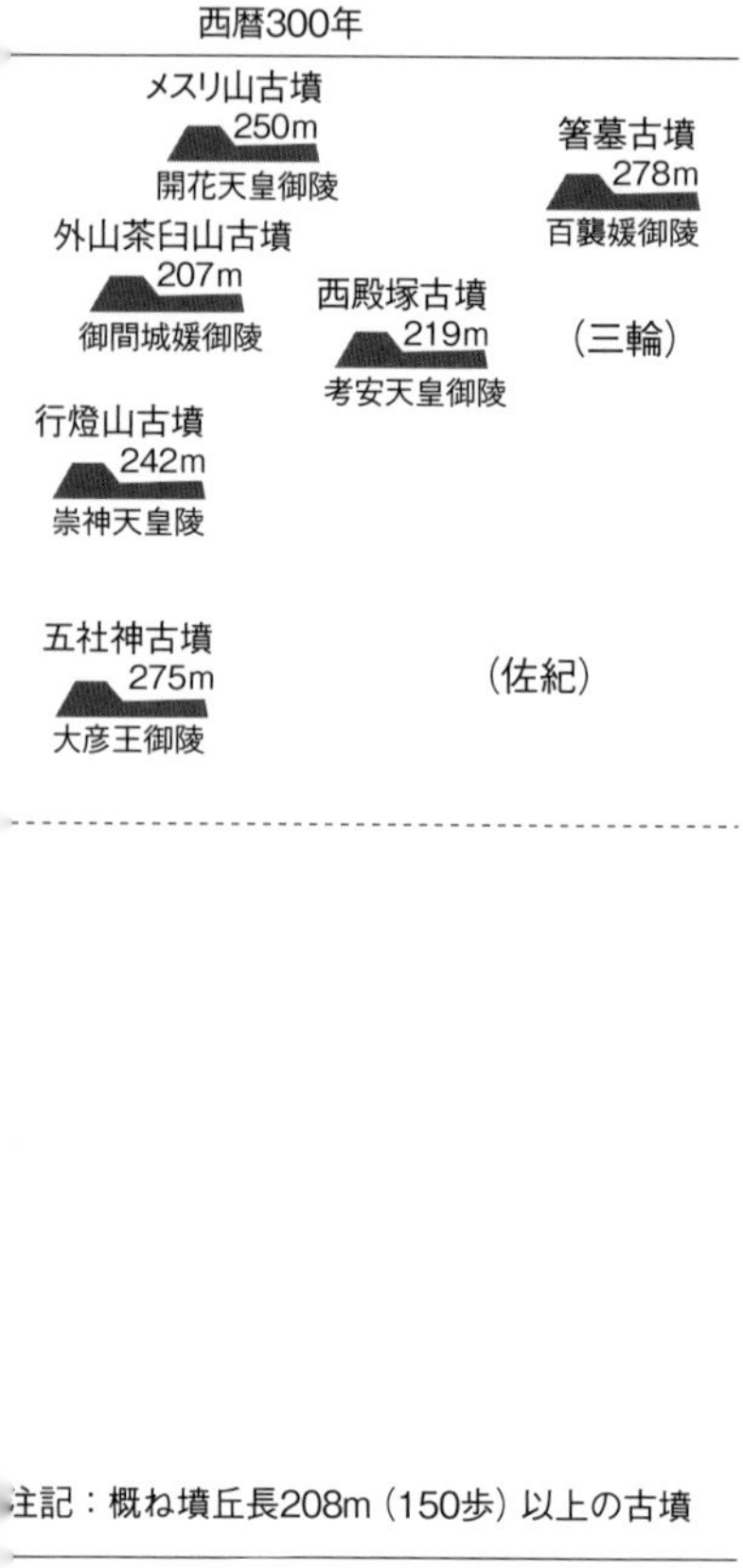

図④ 畿内大型古墳の分布と御陵名

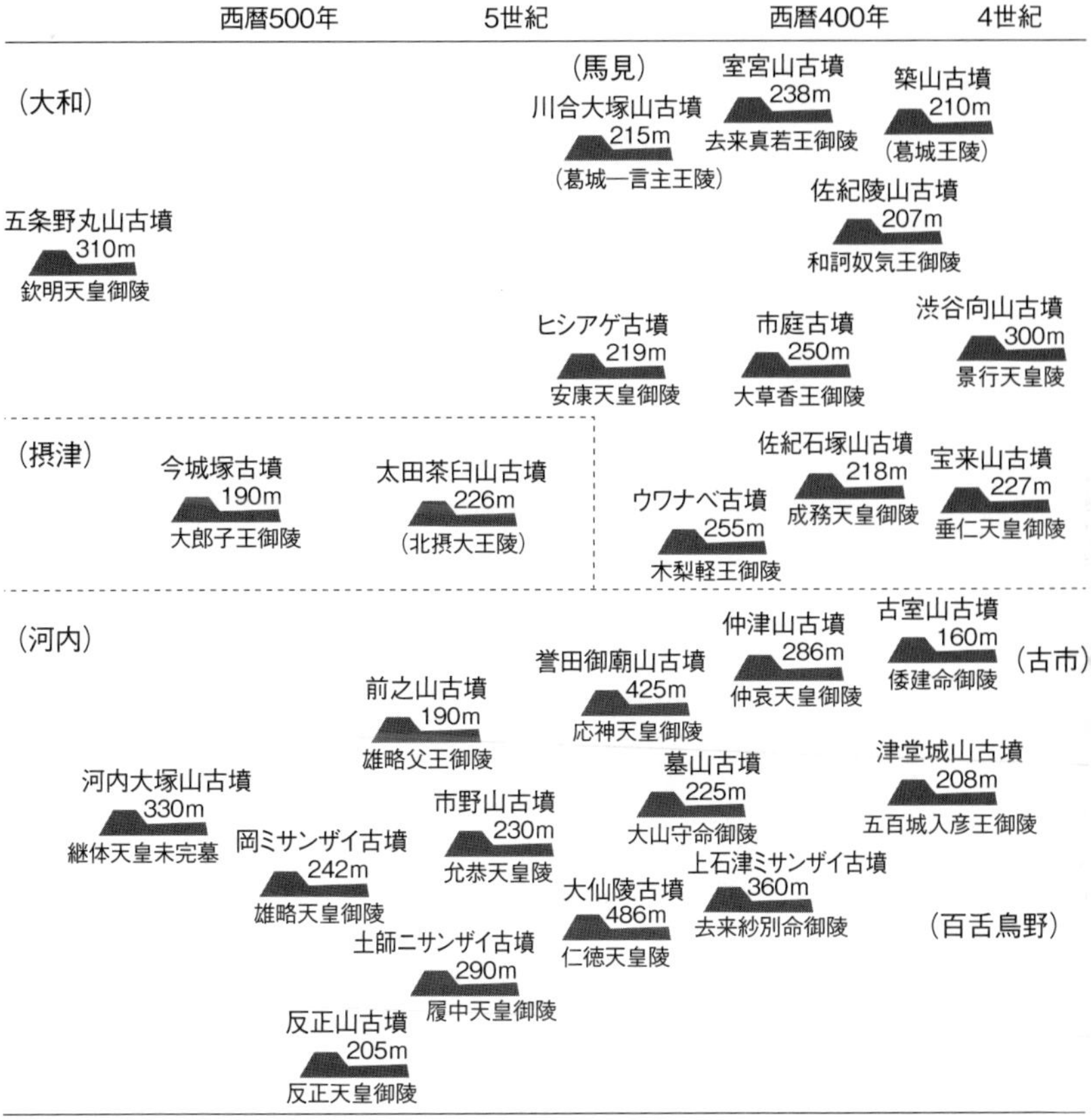

「百舌鳥・古市古墳群出現前夜」(大阪府近つ飛鳥博物館) 他に基づき作成。

か、確定は出来ません。

今回、白石太一郎著『古墳の語る古代史』から、多くを引用させて頂きました。深く感謝申し上げます。

最後に、欽明天皇の御子の時代が前方後円墳の終焉期となります。

天皇の皇子と皇女とされる四天皇の御陵は、次の通りです。
◆敏達《びたつ》天皇御陵　前方後円墳（墳丘長　約八〇歩）　太子西山古墳　太子町
◆用明《ようめい》天皇御陵　方墳　（一辺　約四五歩）　春日向山古墳　太子町
◆崇峻天皇御陵　方墳　（一辺　約三五歩）　赤坂天王山古墳　桜井市
◆推古《すいこ》天皇御陵　方墳　（一辺　約四〇歩）　山田高塚古墳　太子町
弑逆《しぎやく》された崇峻天皇の御墓が、三天皇の御墓の位置から離れているのも、何か暗示的です。武烈天皇御陵も一族の墓域から離れている可能性があります。図⑤に、武烈天皇御陵の可能性のある西山塚古墳の位置を示しました。

この古墳が武烈天皇御陵だとしたらすごい事です。西山塚古墳を継体天皇妃手白香皇女《たしらかのひめみこ》の御陵とする古墳学の泰斗白石太一郎氏の説もありますが、もし、最初の大和王の陵墓である西殿塚《にしとのづか》古墳の直下に、最後の大和王たる武烈天皇が眠っているとしたら、素晴らしい組み合わせです。西殿塚古墳の主の推定崩御年は、西暦二八〇年前後、武烈天皇の推定崩御年は西暦五二六年、約二五〇年間続いた大和の王朝の終焉です。

図⑤ 大和古墳群

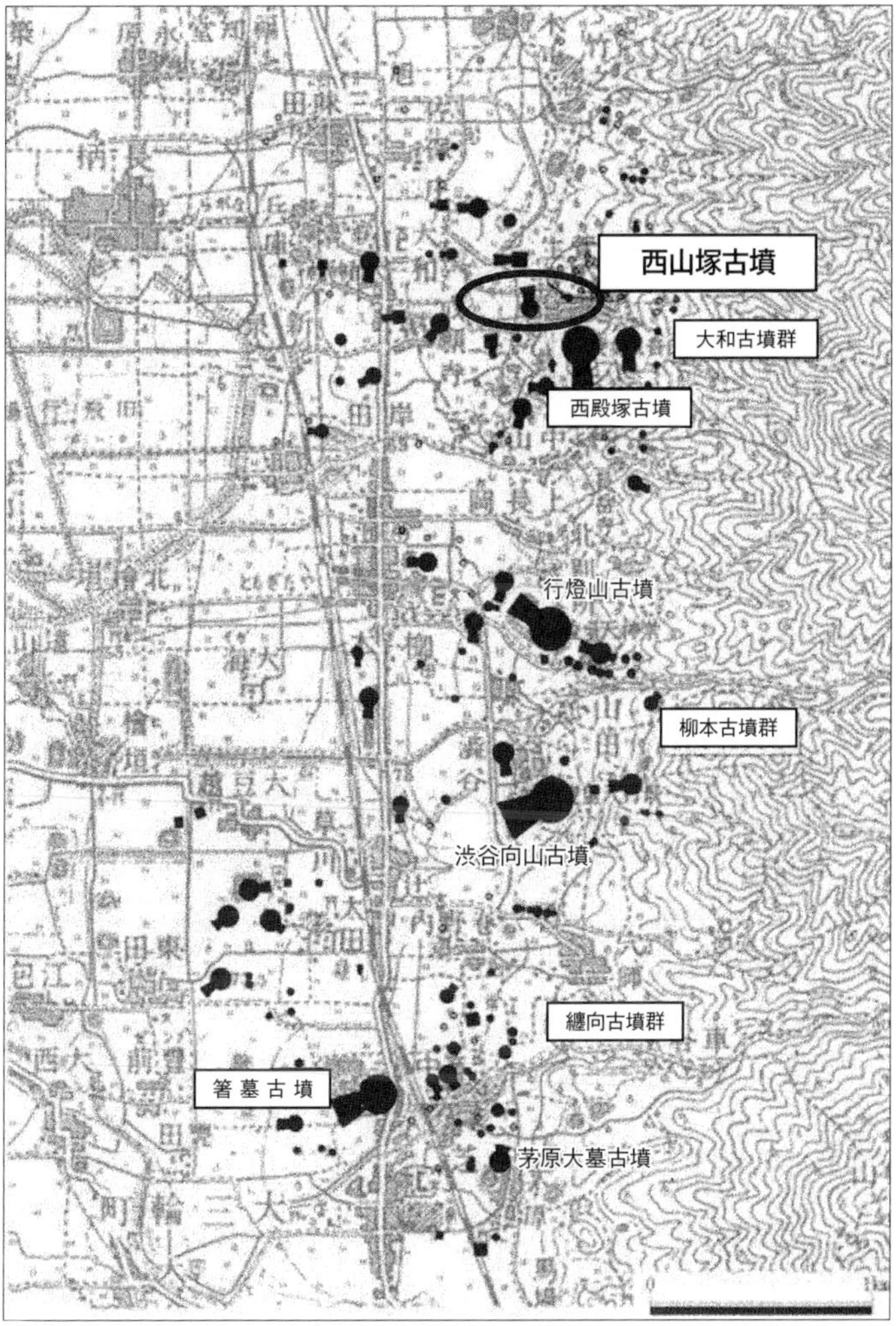

桜井市文化財課広報資料より、一部加工

旧王朝の終焉とともに新王朝・欽明朝が発足します。

【新日本国・欽明王朝】

新日本国は、継体天皇の嫡子である欽明天皇が創始します。万世一系の天皇が統治する天皇国家、欽明王朝の発足です。

欽明天皇の父王である「継体大王」の諱《いみな》は良く考えて作られています。継体天皇の継体とは、百済王家の血統を継《つ》なぐという意味なのです。高句麗王によって殺された第二十一代百済王である蓋鹵《カーロ》王の慧眼には感服します。男大迹《をほど》王（男弟王）の百済からの渡来以降、戦乱（高句麗×新羅）の半島南部から多くの百済人が大和に亡命し、百済の文化は日本列島で大きく花開くのです。

【新日本国史】

西暦五三九年　欽明王朝始まる。
西暦五九三年　四天王寺創建

西暦六〇〇年　第一回遣随使派遣
西暦六〇七年　法隆寺創建
西暦六三〇年　第一回遣唐使派遣
西暦六六三年　白村江の戦
西暦七一〇年　平城京遷都
西暦七一二年　『古事記』の完成
西暦七一三年　「風土記」撰進令
西暦七一八年　唐・日本国号を承認
西暦七二〇年　『日本書紀』の完成
（この頃）『万葉集』の完成
西暦七九四年　平安京遷都

エピローグ――「豊葦原千五百秋瑞穂國」

遺跡から掘り出された古代人骨のゲノム解析により、日本列島の人々には、①東南アジア起源の縄文人、②大陸渡来の弥生人に加え、③古墳時代に渡来した集団との混血が、さらに加わっていた事が分かって来ています。

稲作により豊かになった朝鮮半島南部は、雑穀しか出来ない朝鮮半島北部からの南侵圧力に、常にさらされていました。高句麗《こうくり》の南下です。鉄を産し、その鉄の農具で、米の収量を大きく高めた三韓（弁韓《べんかん》・辰韓《しんかん》・馬韓《ばかん》）や筑紫《つくし》は、北方勢力にとって最高の獲物（攻撃目標）だったのです。

うち続く戦乱と飢饉、使役に苦しむ三韓からは、北の勢力が南下する度、また、人相喰《ひとあいく》らうような酷い飢饉のたびに、海を渡って多くの避難民が、列島北の海岸に、流れ着いたと思われます。そのころの日本列島は、農具の鉄器化も十分ではなく、灌漑も十分に進んでいませんでした。また、農地を拡げる余地も十分にあったのです。村長《むらおさ》が、自分で貴種である國主《こにきし》を自称し、村民ともども渡来（帰化）した事も多かったと考えられます。

「安田家文書《やすだけもんじょ》」の「天皇の御歌は、皆朝鮮語であった」が示すように、古代の豪族の多くが朝鮮半島渡来と考えられます。河内《かわち》地方に多く存在する諸蕃《しょばん》の神社の祭神が、三韓や朝鮮半島北部を支配した王朝の王達と伝えられる事が、その証左です。さらに、「新撰姓氏録《しんせんしょうじろく》」には、百済《くだら》系氏族の三十九氏が載せられています。その中で宿禰《すくね》が六氏、連《むらじ》が十五氏、朝臣《あそみ》が三氏を数え、大和の朝廷に深く食い込んでいる事が分かります。

第一話から第八話までの検証で、崇神《すじん》天皇が伽耶《かや》渡来の王子、允恭《いんぎょう》天皇と継体《けいたい》天皇が百済渡来の王弟と推論しました。渡来王《こにきし》に従って、多くの人々が渡来したと考えられます。

これらの人々と國人が協力して、河内平野ならびに奈良盆地を豊かな農村地帯へと変化させました。米の収量が飛躍的に伸び、その蓄えられた富を使って豊かな水濠を持つ巨大大王墳が佐紀《さき》、百舌鳥野《もずの》、古市《ふるいち》、さらには馬見《うまみ》にと陸続《りくぞく》と造られました。巨大古墳は、大王にとっては、自らの財力と軍事力を誇示するシンボル、農民にとっては、貴重な農業用の溜め池でした。旧陸軍陸地測量部の河内と大和の地図は、溜め池だらけです。水濠を持つ巨大古墳の多くが、現在まで良く維持されて残っているのは、大きな溜め池だったからだと筆者は判断しています。

『日本書紀』は難解です。

万世一系の基本思想により編集されていて、天皇の皇子としての実の皇子に加えて、諸大王（有力豪族）の御子《みこ》も加えているので、日継ぎの皇子（大和王）がどなたなのかを判断しないと歴史の真実にたどり着けないのです。ただ、「景行《けいこう》天皇紀」の三太子の話（『日本書紀』）、応神《おうじん》天皇の三皇子の役割分担の話（『古事記』）が皇子の出自追究に極めて有用でした。『日本書紀』ならびに『古事記』

の編者が、後年の勘校《かんこう》作業に備えて書き残した「編者の遺言《いごん》」であると痛感しました。

さて、エピローグの最初に狙われていると述べた三韓と筑紫倭国《わこく》の地域こそ、古《いにしえ》の倭国の支配領域です。豊かな禾《いね》の國、巫女《みこ》王の支える「委《い》の國」が、倭国の中心・委奴《いぬ》國なのです。則ち、「豊葦原千五百秋瑞穂國《とよあしはらちいほあきのみずほのくに》」です。これだけでも、倭国が筑紫倭国を指し、大倭《やまと》（大和）でない事は明らかです。

すでに本文で紹介しましたが、今回、日巫女《ひみこ》の座す邪馬壹国を、やまいつこく（山伊都国）と読む事で多くの謎が氷解しました。邪馬壹国は、伊都国王の座す伊都国とは対であり、彦巫女制の國なのです。これで陳寿《ちんじゅ》の書いた伊都国についての「世有王皆統属女王國《よよおおありみなじょうおうこくをとうぞくす》」の意味もはっきりします。卑弥呼の魏への朝貢《ちょうこう》が、従前の奴国の中華王朝への朝貢から外れた「異例の遺使」であった事も、又明白になります。

今回、大和と河内で大切に守られてきた大王古墳の編年とその分布を手掛かりとして、地域毎の大王血統の再現を行いました。結果は、「補章　前方後円墳の時代」にまとめました。古墳時代は、大和王、難波《なにわ》王、河内王が覇を競った大倭《おおやまと》の三国志時代なのです。古墳時代の終焉とともに三国志の時代は終わり、新しい時代がはじまります。

ちなみに、日本經濟新聞の安部龍太郎氏の新連載小説「ふりさけ見れば」が始まっており、内容は、興味深い事に、大唐國の日本国號承認の経過を含んでいます。

まだまだ勘校は十分とは言えませんが、今回の『日本書紀』の謎解きで、かなり歴史の真実に近づけたと自負しています。さらに多くの方々が、違った見方で勘校頂く事で、日本の古代史が、より明瞭になって行くと確信します。

なお、検証を進める中で、現在文の資料だけでなく、『日本書紀』、『古事記』、『三国史記』、『魏志』東夷伝、等の原文（漢文）を精査しました。全部を読めたわけではありませんが、簡単な構文は、そのまま理解できました。漢字を尊重、使用して来てくれた多くの先人に感謝致します。

あとがき

令和元年九月十日、日本經濟新聞朝刊連載の池澤夏樹氏執筆の小説「ワカタケル」の三六〇話が完結終了しました。『日本書紀』の第二十一代雄略《ゆうりゃく》天皇（大泊瀬幼武《おおはつせわかたけ》大王）の活躍を追っており、ワカタケルの波乱の人生を描いています。この小説の第三五三話後段に「たしかにワカタケルは粗暴でした。それに対して、ワカサザキは生まれついての邪悪でした」とあります。ワカサザキとは、第二十五代武烈《ぶれつ》天皇、小泊瀬稚鷦鷯《おはつせのわかさざぎ》大王の事です。

武烈天皇は、生まれついての邪悪な大王だったのでしょうか、そうではありません。「第八話継体大王の謎」に詳述したように、小泊瀬稚鷦鷯大王は、崇神《すじん》天皇の血を引く正統な大和王で、百済王家の血を引く男大迹《をほど》王（継体天皇）に、宮殿を襲われ、天皇と太子・皇子らが、共に殺されるという悲劇に見舞われた大和王家最後の大王です。

『古事記』の武烈天皇の段は、短いので、全文を紹介します。

（『古事記』原文）	（意訳文）
小長谷若雀命坐長谷之列木宮	小長谷若雀命《おはつせのわかさざきのみこと》、長谷の列木《なみき》宮に坐して

治天下捌歳也此天皇无太子
故為御子代定小長谷部也
御陵在片岡之石坏崗也
天皇既崩無可知日續之王
故品太天皇五世之孫袁本杼命
自近淡海國令上坐
合於手白髪命授奉天下也

天下を治められること八年なり、この天皇太子なかりき
この故に、御子代として小長谷部を定められた
御陵は、片岡の石坏の岡にある
天皇、すでに崩御され、日継ぎ知らすべき王無し
この故を以て、誉田天皇の五世の孫の袁本杼命を
近淡海国より、天皇の座に上らしめて
手白髪皇女とあい合わせて、天下を授け奉るなり
（御子代に深い意味、第八話参照）

誰が袁本杼命《をほどのみこと》に天下を授け奉ったのでしょうか、袁本杼（男大迹・男弟王）が実力で王位を奪い取ったのです。『古事記』編者は、王位簒奪の史実を知りつつも、こうでも書くしかなかったと思われます。小泊瀬稚鷦鷯大王の太子はいないのでは無く、天皇、皇子と共に、殺されたのです。西暦五二六年に、伽耶《かや》王家の血統を継ぐ大倭王家は滅亡し、百済血統である継体王朝が始まったのです。

悲劇に見舞われ、悪しざまに書かれた小泊瀬稚鷦鷯大王、武烈天皇の名誉回復に本書が少しでも役立てば幸いです。

令和四年五月一日　横浜にて

参考文献

成書

『日本書紀（上・下）全現代語訳』　宇治谷孟　講談社学術文庫　一九八八年
『古事記（上・中・下）全訳注』　次田真幸　講談社学術文庫　一九八〇年
『古事記』　幸田成友　岩波文庫　一九四三年
『古事記の世界』　川副武胤　教育社歴史新書　一九七八年
『古代の東アジアと日本』　佐伯有清　教育社歴史新書　一九七七年
『大和の王権』　水野　祐　教育社歴史新書　一九七七年
『風土記の世界』　志田諄一　教育社歴史新書　一九七九年
『古代王権と語部』　井上辰雄　教育社歴史新書　一九七九年
『東アジアの歴史と社会』　吉田光男　放送大学教材　二〇一〇年
『支那通史（上・中・下）』　那珂通世　岩波文庫　一九三九年
『中国の歴史（中・下）』　貝塚茂樹　岩波新書　一九七〇年
『朝鮮史』　旗田　巍　岩波全書　二〇〇八年
『物語　韓国史』　金　両基　中公新書　一九八九年

『中世倭人伝』 村井章介 岩波新書 一九九三年
『日本語の起源』 大野　晋 岩波新書 一九五七年
『地形からみた歴史』 日下雅義 講談社学術文庫 二〇一二年
『葛城と古代国家』 門脇禎二 講談社学術文庫 二〇〇〇年
『蛇・日本の蛇信仰』 吉野裕子 講談社学術文庫 一九九九年
『卑弥呼と倭王』 安部英雄 講談社 一九七一年
『まぼろしの邪馬台国』 宮崎康平 講談社 一九六七年
『日本とは何か』 網野善彦 講談社 二〇〇〇年
『天皇陵の謎』 矢澤高太郎 文春新書 二〇一一年
『継体天皇と朝鮮半島の謎』 水谷千秋 文春新書 二〇一三年
『古市古墳群を歩く』 久世仁士 創元社 二〇一五年
『古代中国と倭族』 鳥越憲三郎 中公新書 二〇〇〇年
『帰化人』 上田正昭 中公新書 一九六五年
『地震考古学』 寒川　旭 中公新書 一九九二年
『磐井の乱』 田村圓澄　小田富士雄
『日本古代国家の秘密』 山尾幸久 大和書房 一九九八年
林　順治 彩流社 二〇一五年

『邪馬台国はなかった』　古田武彦　角川書店　一九七七年
『よみがえる九州王朝』　古田武彦　角川書店　一九八三年
『シンポジウム日本国家の起源』　石田英一郎　伊藤信雄　井上光貞　江上波夫　小林行雄　関晃　角川書店　一九七二年
『おおやまとの古墳集団』　伊達宗泰　学生社　一九九九年
『古墳の語る古代史』　白石太一郎　岩波現代文庫　二〇〇〇年
『前方後円墳の世界』　広瀬和雄　岩波新書　二〇一〇年
『万世一系のまぼろし』　中野正志　朝日新書　二〇〇七年
『海洋文明学入門』　日下実男　社会思想社　一九七六年
『日本民族文化体系3　稲と鉄』　森浩一　小学館　一九八三年
『漢字文化を考える』　中西進　大修館書店　一九九一年
『古代朝鮮語と日本語』　金思華　六興出版　一九八一年
『古代の日本と朝鮮』　上田正昭　井上秀雄　学生社　一九七四年
『大和朝廷成立期の研究』　坂本弘道　雄山閣　一九八五年
『日本書紀の謎を解く』　森博達　中公新書　一九九九年
『神功皇后を読み解く』　山田昌生　国書刊行会　二〇〇三年

『大阪府の歴史』　藤本　篤　山川出版社　一九六九年
『柏原市史　第三巻　本編㈡』　沢井浩三　柏原市役所　一九七二年
『漢字文化を考える』　中西　進　山本七平　梅原　猛
『日本古代史　文化の探求・文学』　鈴木孝夫　中嶋嶺雄　大修館書店　一九九一年
『日本史リブレット　古代の日本と伽耶』　上田正昭　福山敏男　社会思想社　一九七五年
『人物でわかる日本書紀』　田中敏明著　山川出版社　二〇〇九年
『ワカタケル』　古川順弘　山川出版社　二〇一九年
「ふりさけ見れば」　池澤夏樹　日本經濟新聞出版　二〇二一年
安部龍太郎　日本經濟新聞連載
二〇二一年七月二三日、連載開始～

参考電子網（インターネット）
○古代史獺祭サイト　「三国史記・百済本紀」　原文
○古代史獺祭サイト　「三国史記・新羅本紀」　原文
○古代史獺祭サイト　「三国史記・高句麗本紀」　原文
○古代史獺祭サイト　「古事記」　原文
○古代史獺祭サイト　「日本書紀」　原文

その他の資料
『解説・玉手の歴史』安田家文書（一七〇三年）（勝井翁解説 冊子）・
『卑弥呼　ここまでわかった邪馬台国』　歴史読本　二〇〇〇年一一月号

参考論文（電子網検索）
○「朝鮮半島原始時代農耕集落の立地」　後藤　直　一九九四年
（第四紀研究　三三巻（5）　一九九四年一二月　福岡市教育委員会）
○「七世紀の東アジア国際秩序の形成」　王小甫　二〇一〇年
（第一期日中歴史共同研究・報告書）
○「大和政権成立への一考察」　小島俊次　一九六八年
（法政大学（紀要）第二〇号）
○「古墳時代政権交代論をめぐる二、三の論点」　高橋照彦　二〇一一年
（大阪大学）
○「前方後円墳の設計理念と使用尺度」　須股孝信　一九九七年
（土木史研究　第一七号　建設技術研究所）
○「前方後円墳の設計原理と墳丘大型化のプロセス」　新納　泉　二〇一八年

（国立歴史民俗博物館研究報告　第二一一集）
○「前方後円墳の墳形計測と築造企画」　小沢一雅（年不詳）
（大阪電気通信大学）
○「河内大塚山古墳の研究動向と周辺域古墳群の復原」　川内眷三　二〇一四年
（四天王寺大学紀要　第五七号）
○「倭人の暦を探る」　谷崎俊之　二〇一六年
（数学セミナー五五巻（七）　大阪市大）
○「古事記と日本書紀の暦日」　谷崎俊之　二〇一七年
（大阪市立大学）
○「允恭天皇の実在性について」　奥田　尚　一九八八年
（追手門大学）
○「子代と名代について」　平野邦雄（年不詳）
（九州工業大学）
○「日本書紀編纂資料としての百済三書」　仁藤敦史　二〇一五年
（国立歴史民俗博物館研究報告　第一九四集）

参考書

『最新日本史図表』　松本洋介（他）　第一学習社　二〇〇四年
『最新世界史図表』　松本洋介（他）　第一学習社　一九九七年
『完全図解　日本の古代史』　井野澄江（他）　別冊宝島二一〇号　二〇一四年
『図説　古代出雲と風土記世界』　瀧音能之（他）　河出書房新社　一九九八年

辞典

『新修漢和大字典』　小柳司気太著　博文館　昭和七年
『明解　古語辞典　改訂版』　金田一京介監修　三省堂　昭和二八年
『岩波中国語辞典』　倉石武四郎著　岩波書店　昭和三八年
『韓日・日韓辞典』　尹亭仁編　三省堂　平成二一年

図表一覧

プロローグ

第一話　神武天皇の謎

第二話　崇神天皇の謎

第三話　神功皇后の謎

第四話　応神天皇の謎

図①　河内周辺の水路図
　伊達宗泰著『「おおやまと」の古墳集団』より、一部加工
図②　古代の河内尾張郷
　藤井寺市広報資料より、一部加工
図③　国分・松岳山古墳（墓室覆板の前後に謎の立石）　筆者撮影
図④　古代航洋船の構造
　松阪市ホームページより、一部加工
図⑤　飛鳥戸神社・社殿　筆者撮影
図⑥　渡来王の推定図　筆者作成

第五話　仁徳天皇の謎

表①　大王割拠の時代（三大王対照表）　筆者作成
図①　畿内の古墳群
　白石太一郎著『古墳の語る古代史』を一部加工
資料①「安田家文書」

第六話　允恭天皇の謎

宮内庁発表資料ならびに奈良国立文化財研究所作成の地形図より、一部加工
図② 赤坂天王山古墳
公益財団法人桜井市文化財協会編「赤坂天王山古墳群の研究」より、一部加工
図③ 古墳時代の大王血統図（再現） 筆者作成
表① 大和／難波歴代王の御陵（推定） 筆者作成
表② 河内歴代王の御陵（推定） 筆者作成
表③ 大和歴代王の御陵（推定） 筆者作成
表④ 大和／葛城大王の御陵（推定） 筆者作成
表⑤ 女王の御陵（推定） 筆者作成
表⑥ 百済の前方後円墳（最大墓） 筆者作成
図④ 畿内大型古墳の分布と御陵名（埋葬王、筆者推定） 筆者作成
図⑤ 大和古墳群
桜井市文化財課広報資料より、一部加工

【著者】
善積 章
…よしずみ・あきら…

1946年大阪府南河内郡玉手町生まれ。関西大学大学院工学研究科化学工学専攻修士課程修了。東芝入社後、総合研究所にて半導体用樹脂の研究開発に従事。その後、東芝ケミカルへ移籍。京セラが東芝ケミカルを吸収し、京セラケミカルとなって後、2010年退職。2011年からは6年間、横浜市理科支援員を務める。

Sairyusha

理系《りけい》が解《と》く『日本書紀《にほんしょき》』の謎《なぞ》

二〇二二年七月三十日　初版第一刷

著者――善積 章
発行者――河野和憲
発行所――株式会社 彩流社
〒101-0051
東京都千代田区神田神保町3-10大行ビル6階
電話：03-3234-5931
ファックス：03-3234-5932
E-mail：sairyusha@sairyusha.co.jp
印刷――明和印刷（株）
製本――（株）村上製本所
装丁――中山銀士＋金子暁仁

ISBN978-4-7791-2820-2 C0021
http://www.sairyusha.co.jp

諏訪神社 七つの謎

978-4-7791-2152-4 C0021(15・08)

古代史の扉を開く　　皆神山　すさ 著

諏訪神社の総本社である諏訪大社は古くから謎の多い神社である。縄文遺跡に囲まれ、精霊信仰を取り込んだ独自のミシャグチ信仰や狩猟の神、軍神、風の神という多様な貌を持つ諏訪明神……。それらを検証しながら諏訪信仰の本質に迫る。　四六判並製　2,500 円＋税

諏訪神社 謎の古代史

978-4-88202-339-5 C0021(95・05)

隠された神々の源流　　清川　理一郎 著

諏訪大社で行なわれる御柱祭、ミサクチ神の祭祀である御頭祭が語っているものは？　文化の波状理論とＫＪ法を駆使し、インド・ネパール、西アジア、南ロシア、古代オリエント等、世界史的視野から謎の神々の驚くべき素顔を解き明す。四六判並製　1,845 円＋税

諏訪神社 謎の古代史

978-4-88202-339-5 C0021(95・05)

隠された神々の源流　　清川　理一郎 著

諏訪大社で行なわれる御柱祭、ミサクチ神の祭祀である御頭祭が語っているものは？　文化の波状理論とＫＪ法を駆使し、インド・ネパール、西アジア、南ロシア、古代オリエント等、世界史的視野から謎の神々の驚くべき素顔を解き明す。四六判並製　1,845 円＋税

天照大神は夫余神なり

978-4-7791-1764-0 C0021 (12・02)

神の妻となった女性たちの古代史　　皆神山　すさ 著

神に仕えた女性たち（大物主の妻・倭迹迹日百襲姫、豊鍬入姫、倭姫、宮簀姫、神功皇后）、とくに天照大神の御杖となって各地を巡幸した豊鍬入姫と倭姫の足跡を追跡し、古代伝承に遺る物語の深層を探り続けて導き出された“歴史ロマン紀行”。　四六判並製　1,900 円＋税

邪馬台国と狗奴国と鉄

978-4-7791-1855-5 C0021(10・02)

菊池　秀夫 著

弥生末期の鉄の分布を通して邪馬台国論争に迫る！　森浩一氏（同志社大学名誉教授）推薦。目次／第１部 新たなる論争の幕開け　第２部 弥生時代を見直す　第３部 狗奴国の原像　第４部　大和王権のふるさと　弥生鉄器出土遺跡一覧付。　四六判並製　1,900 円＋税

海の古代史

978-4-7791-2484-6 C0021(18・05)

幻の古代交易者を追って　　布施　克彦 著

古代日本列島における人と物の移動の姿！ 文化・文明の伝播。黒曜石や土器、貝殻のアクセサリーなどの産地と遠く離れた出土地。銅器や鉄器の朝鮮半島からの輸入の担い手は⁉ 古代交易者の姿を追って、南九州、奄美諸島、沖縄、先島諸島、韓国南部へ……。　四六判並製　1,800 円＋税

日本古代国家の秘密

978-4-7791-2174-6 C0021(15・10)

隠された新旧二つの朝鮮渡来集団　　林　順治　著

だれが日本をつくったのか?!　通説とは異なる日本誕生の真相！「記紀」編纂の総責任者藤原不比等は、加羅から渡来した崇神・垂仁＋倭の五王と百済から渡来した兄弟王子（昆支と余紀）を秘密にした。そのカモフラージュを暴く。　四六判上製　1,800 円＋税

解析『日本書紀』

978-4-7791-2316-0 C0021 (17 07)

図版と口語訳による『書紀』への招待　　相原精次著

『日本書紀』の全体構造を七層に分解、図表化し、層ごとに登場する主な人物関係を系図化して示す。『日本書紀』の特色、読み方、楽しみ方を親しみやすいビジュアル化した編集のもとに解析。口語訳は簡明にし、単語解説および事項解説を付した。　菊判上製 5,500 円 ＋ 税

古墳が語る古代史の「虚」

978-4-7791-1914-9 C0021 (13. 07)

呪縛された歴史学　　相原精次著

全国に散在している多くの古墳の詳しい発掘調査が行われないのはなぜか。「古墳といえば前方後円墳 ＝ 大和」というイメージの強さが、何かを見落とさせているのでは？「古墳時代」という言葉で隠された墳墓研究の史的実態に迫る。　四六判並製　2,500 円＋税

秦氏と新羅王伝説

978-4-7791-1527-1 C0021(10・04)

皆神山　すさ 著

八坂神社に纏わる謎―新羅の牛頭山に座す須佐之男命の御神魂を遷し祀った―を含めて、渡来氏族とその遺跡に９つの謎を設定し、その解明を通して日本民族の総氏神・須佐之男命が、古朝鮮族の始祖霊であり、兵主神であるとする。　四六判並製　1,900 円＋税

穴師兵主神の源流

978-4-7791-2410-5 C0021(17・10)

海東の古代史を繙く　　皆神山　すさ 著

全国にある兵主神の源流を求めて、目を北東アジアに向けたとき、朝鮮半島を舞台に繰り広げられる高句麗、新羅、百済、任那諸国の覇権争いに倭王権の関与が見られる。住吉大神とは何者だろうか。日本古代史は“一国史観”では何も見えてこない。　四六判並製　2,000 円＋税

高句麗建国物語

978-4-7791-2521-8 C0022(19・02)

金 基興著／尹 大辰 監訳・愛沢 革 訳

韓流ドラマ「太王四神紀」の「朱蒙」でも知られる高句麗の建国神話を、『三国史記高句麗本紀』を読み込むことによって、神話と事実を再構成し、新しい建国の姿を描く歴史物語。

古代韓国史への誘いの書。　四六判並製　2,000 円＋税

馬子の墓

978-4-88202-703-4 C0021(01・03)

誰が石舞台古墳を暴いたのか　　林　順治　著

天皇家の隠されたルーツを明らかにする話題作。日本人単一民族説を根底から覆しアイヌ系蝦夷の存在を明るみに出した石渡信一郎の驚くべき発見を辿り、新旧二つの朝鮮渡来集団による日本古代王朝成立の史実を明らかにする新歴史紀行。　四六判上製　3,800 円＋税

隅田八幡鏡

978-4-7791-1427-4 C0021(09・04)

日本国家の起源をもとめて　　林　順治　著

謎の文字「日十（ソカ）」大王に始まる国宝「人物画像鏡銘文」の 48 字に秘められた驚くべき日本古代史の全貌！銘文はどのように解読されたか？　邪馬台国はどこか？　万世一系天皇の神話とは？　誰が石舞台古墳を暴いたか？　四六判上製　3,800 円＋税

古代 七つの金石文

978-4-7791-1936-1 C0021(13. 09)

日本古代成立の正体を知る　　林　順治　著

偶然に見つかって奇跡的に出土した七つの金石文。そのメッセージの読み方で古代史像は大きく変わる。"似たる共通の運命をもつ七つの金石文"を一連のつながりの物語として読み解くことで、日本古代史の驚くべき秘密が明らかされる　四六判上製　2,000 円 + 税

アマテラスの正体

978-4-7791-2022-0 C0021(14. 06)

伊勢神宮はいつ創られたか　　林　順治　著

アマテラスは、日の神と呼ばれ、六世の孫を人にして神、神にして人の初代天皇神武として即位させた。万世一系天皇の物語『古事記』と『日本書紀』の神代女神アマテラスはいかに生まれたか？　その秘密と史実を明らかにする。　四六判上製　2,500 円 + 税

八幡神の正体

978-4-7791-1855-5 C0021(12・12)

もしも応神天皇が百済人であったとすれば　　林　順治　著

八幡神出現の欽明天皇の世から現在まで、日本人の信仰の対象となった八幡神とは⁉"八流の幡と天下って吾は日本の神と成れり"と宣言した八幡神が、第十六代応神天皇ならば……。日本国家の起源及び律令国家「日本」によるエミシ 38 年戦争の本質を衝く。　四六判上製　2,200 円＋税

法隆寺の正体

978-4-7791-1964-4 C0021(13. 12)

もし聖徳太子が仏教王蘇我馬子であるならば　　林　順治　著

聖徳太子は実在したか？　現法隆寺は推古時代に建立されたのか、それとも天武天皇のころか？　聖徳太子が"大王蘇我馬子"の分身だとすれば、誰が虚構の聖徳太子をつくったのか？1300 年余の法隆寺と聖徳太子の秘密のヴェールを剥ぐ。　四六判上製　2,300 円 + 税